サピエンティア 66
sapientia

帝国日本が創造した植民地表象

조선영화의 시대: 제국 일본이 만들어낸 식민지 재현

朝鮮映画の時代

梁仁實［著］

法政大学出版局

朝鮮映画の時代◎目次

序章　帝国日本における朝鮮映画とは何か——1
朝鮮たらしめるもののゆくえ

第1章　『大地は微笑む』における「朝鮮」とその周辺——21

第2章　映画『春香伝』の越境と翻訳の不／可能性——71

第3章　インターナショナルな朝鮮映画へ——109

第4章　京城の映画館における植民者と被植民者の「交差」——159

第5章　児童映画から「少国民」の物語へ——195

第6章　在日朝鮮人の映画への接合——235
映画からの排除と参入
終章　帝国日本で「朝鮮／映画」を観るということ——273
あとがき　285
索引

序章　帝国日本における朝鮮映画とは何か
——朝鮮たらしめるもののゆくえ

1　問題の素材と朝鮮映画のローカリティ

一九世紀末にフランス・パリで大衆文化の一つとして登場した映画は、直ちに日本や朝鮮半島、中国などアジア各国にも広がった。現在では何かができると同時に世界に広まるのが当たり前だが、一九世紀末の時代にここまですぐに移動しながら広がったものは映画のほかにない。それほど映画は人々を惹きつけ、スクリーンのなかにのめり込んだ魅力的な娯楽であった。

また、この一九世紀末から二〇世紀初頭は帝国日本が拡大していく時期でもあった。この拡大に伴い、人々やモノ、資本が帝国内を移動し、ここには映画や様々な文化商品も付随していた。朝鮮半島において映画は今まで楽しんできた見世物とは異なっていた。今までの見世物は道端や市場で上演されるものを偶然通りかかった人々が観衆となり、楽しむものであったが、映画は見世物を主催する側、コンテンツを提供する側（映画制作）、観衆の態度を一新した。

映画は見せ物としての商品になるまで、上映する側にも製作する側にも資本と技術を要するものであった。製作する側は深い専門知識をもった人々を集めなければならなかったし、上映する側も映写技師や弁士（無声映画の時代）、楽団など様々な職種の人々を集める必要があった。植民地朝鮮（以下、朝鮮）では映画草創期から必要な人材と資本をすぐ集めるすべもなく、それらは内地から流れてくるようになった。内地と朝鮮との間で多くの映画人、映画、そしてそれに伴う情報が往来した。本書は朝鮮と帝国日本、在朝日本人と朝鮮人、在日朝鮮人と日本人との関係を映画というツールから俯瞰することを目標とする。具体的には朝鮮映画というものが内地にてどのような回路で上映され、どのように受容され、どのように消えたのか。その過程において朝鮮はどのように認識されていたのかを考えてみたい。

また、内地のスクリーンでは、朝鮮映画以外にも朝鮮をみる機会があった。いわゆる「朝鮮劇」というもので、物語の主な舞台が朝鮮の映画である。本書ではこうした朝鮮劇も対象にいれながら、内地で朝鮮映画や朝鮮がどのように認識されていたのかについて考えていきたい。とりわけ、一九二〇年代に内地で流行した朝鮮劇（第1章を参照されたい）は、一九四〇年代に再び異なる形で流行りだす。この二つの時代の朝鮮表象はその間の内地における朝鮮認識の変遷を示す。

さらに、本書では映画作品そのものより、内地で上映されるようになった朝鮮映画にかかわった人々やフィルムの移動に注目する。内地と朝鮮を移動したフィルムの流通と消費には、そこに携わった人々の「文化交渉」の過程が含まれる。ここではこの「文化交渉の場」となった帝国日本と朝鮮との間でいかに映画が移動したかを明らかにしていく。そのために、本書では朝鮮や帝国日本に関する研究、映画研究、社会史研究などの視点を交差させながら、複合的な視点を提示する。朝鮮や帝国日本に関する研究では世相や政治的・経済的状況を、映画研究と社会史研究では映画分析と映画受容の歴史や観客の受容過程、映画館研究などを参照する。

また、本書では一次資料として戦前映画にかかわった人々の手記や映画評、映画フィルムや映画ジャーナル、新聞記事などを用いた。当時の資料は日本語の文献はもちろんのこと、朝鮮語の新聞や雑誌、評論も数多く残っているので、それらも参考にしている。在日朝鮮人や在朝日本人と映画とのかかわりを検討するために、在朝日本人や在日朝鮮人のエスニック・メディアも一次資料として用いた。

ところで、朝鮮映画も朝鮮劇も朝鮮を「特殊な地域」としてスクリーンに登場させていた。「ローカリティ」とも「郷土色」とも「地方色」とも「ローカル・カラー」とも称されたこの「朝鮮らしさ」は特に定義されず、内地で封切られる朝鮮映画や朝鮮劇をめぐる批評でよく使われた。

朝鮮映画にこの「ローカリティ」を求める傾向は、内地のジレンマの一つでもあった。なぜなら、ローカリティとは「未開や未熟」「遅れた」「前近代」「朝鮮語を使う」などの要素を合わせもち、植民地的近代とは相反するものだからであった。朝鮮は「文明」「進んだ」「近代」「国語を使う」地域になるべく、植民地政策の成功例になる必要もあった。内地と変わらない発展した朝鮮をスクリーンに映すか、ローカリティを前面に押し出すかは、植民地支配が終わるまで映画人たちの頭を悩ませた。映画理論家兼監督の帰山教正は、朝鮮映画が企業的に成功するためには内地で配給する必要があり、内地の人は「地方色」を出す朝鮮ではなく、「文化的な日本」としての朝鮮を求めているとした(1)。

すなわち前近代的で未熟で独特の伝統衣装を身にまとい、内地の人々に「理解不能な」朝鮮語を話す朝鮮のローカリティは、在日朝鮮人の観客や一部評論家の目を引いた。しかし、こうした朝鮮は植民地政策があまり進んでないことを意味するので、映画人たちは、総督府の政策のもと近代化され洋装をし、学校で「国語」を学んだ都会化された姿も描く必要があったのである。

本書の第5章で論じる朝鮮映画の『수업료［授業料］』と『집없는 천사［家なき天使］』は、こうしたジレンマをある程度克服した作品のように見えた。例えば、陸軍中尉であり、朝鮮総督府朝鮮史編修官でもあった黒田省三は、朝鮮映画のローカリティの問題について次のように論じている。朝鮮映画に朝鮮特有の風習や習慣が描かれるのは当然であり、朝鮮のことを描かない映画は朝鮮映画とはいえない(2)。しかし、ここで現れる「地方色」はあくまでも「朝鮮を背景とした朝鮮民衆の生活を描くことから自然に滲み出るもの」であり、綿密に描こうとすると朝鮮らしさが消えてしまうので、「地方色」は自然な「香り」に留めるべきだとした。黒田は内地の作品で関西の方言が出てくる『浪速女』(3)や岩手弁が出てくる『馬』(4)が成功したのは、観客が理解できなさそうな関西や東北の訛りや風習は削除するか、改めたためであるという。しかも、観客は方言は多少なりとも理解できるが、朝鮮語は方言ではなく外国語のようなものなので、朝鮮語が登場する朝鮮映画ではなく、「国語」の映画を作るべきだと主張した。ローカリティは内地の雑誌で朝鮮映画が紹介されるたび、必ず出てくる単語の一つであった。

そもそも朝鮮映画にローカリティが見られるようになったのは、制作環境が貧弱なためであった。朝鮮映画界はスタジオを建て、室内撮影を行うほどの資本がなかったので、必然的に屋外撮影が多くなり、自然の風景や人々の生活ぶりがフィルムに映るようになったのである。このローカリティについて、在日本留学生を集め、劇団を作り、映画部の活動もしていた朱永渉［주영섭］は、朝鮮で作られる作品が「何時も素朴なセンチメンタリズムに包まれた新派」であり、必然性のない内容を補うために「風物を挿入」するという。こうしたものでは「活きた風俗・生活」を描くことはできないが「外地の人々は好

奇心から美しい風景」と思うし、「故郷を離れた人々は映画に出てくる家屋や衣装をみる」だけで喜ぶ。しかし「外地に絵葉書を売る」のと同様で、同じ風景の絵葉書を二度購入する人はいないとした(5)。内地に移出された朝鮮映画を見るのは主に在日朝鮮人であり、それは作品の完成度とは関係なく、「故郷の家屋や衣装」が出てくるからである。朝鮮映画はローカリティによって評価され、それはまた絵葉書に描かれる風景のようなもので、そのなかの人々の生活や考え方などは見られてなかったのである。

第3章で述べるように、ローカリティは朝鮮映画が内地で人気を得る一つの要因になるが、その分、批判も多くなる。そもそも朝鮮映画とは何なのか。朝鮮では、多くの資本と専門技術を持った人々を集めることができた在朝日本人の手により映画制作は始まった。映画の興行性を見込んだ人々が、釜山という都市で映画会社を立ち上げたのである。制作とスタッフは在朝日本人、俳優は朝鮮人で構成されたこの会社の様々な作品は、在朝日本人のネットワークによって内地にも「朝鮮映画」という名で移出されるようになった。朝鮮映画とは朝鮮で製作された映画を指し、撮影スタッフや俳優のエスニック属性を問うのはさほど意味を持たないのである。

さて、一九三〇年代以降は内地と朝鮮を往来する映画人も増えた。技術スタッフ、俳優、音楽、監督、そしてシナリオ(第5章を参照すること)まで、多くの分野に内地の映画人がかかわるようになった。第4章で論じるように、一九三〇年代の京城は植民地的近代化が進められていたが、内地から朝鮮にきた映画人たちには、京城の近代化よりも「近代にそぐわないもの」が目に付いたようである。例えば、朝鮮の聖峰映画園製作の『軍用列車』に協力するために朝鮮にわたっていた東宝専属俳優の佐々木信子は、撮影が終わった後のインタビューでこう語っている(6)。

図序 –1 『冬の朝鮮』の撮影中に買い物している俳優たち
出典：「半島のロケだより『冬の朝鮮』」『松竹』1939 年 5 月号。坪内博士記念演劇博物館図書室所蔵。

京城は大変近代都市的様式を備へてゐるけど、朝鮮の服は何處となしに近代都市にはそぐはないものがあるように思ひます。矢張り古い悠久な時代に相應し（ママ）のではないかしら

京城の建物や都市は近代的だが、街を歩く人々は「朝鮮の服」を着ているので風景にそぐわないという。インタビューを行った水井れい子は、京城には「断然信子さんの目に映ずるだけの東京人的な、又は躍進的な光彩がなかった」ため、「建築物より劣る京城人の出現を如何ともしがたい」のだろうと述べている。ここで対比されるのは「進んだ東京」と躍進した内地の映画人の目に映る「劣る京城人」と

朝鮮の映画人である。

しかし、ローカリティあるいは郷土色とも呼べるこうした「朝鮮らしさ」は、ロケのために朝鮮を訪れた映画人たちの楽しみの一つでもあった。一九三八年に『冬の朝鮮』の撮影のため朝鮮に行った松竹の東山光子は、朝鮮呉服店で「土地独特の麗しい反物を離しともなく」楽しんだという(7)(図序-1参照)。彼女にとって朝鮮の服は「土地独特の麗し」さを表すものだった。このように「朝鮮らしさ」は時には東京や内地と対照的なものになり、時には独自性を楽しむツールとなった。

本書は、帝国日本を行き来する映画が時には朝鮮との二項対立を際立たせ、時には「朝鮮らしさ」を賞賛したコンテクストに注目する。朝鮮で制作された朝鮮映画がどのように内地で流通し消費されたか、内地で制作された映画で「朝鮮らしさ」がいかに描かれたかに注目し、その受容のされ方を考察したい。

2　在日朝鮮人が好む朝鮮映画と朝鮮モノ

内地で朝鮮映画を上映すると、主な観客は在日朝鮮人と内地の知識人であった。在日朝鮮人の多くは低賃金で長時間の単純労働で生計を営んでおり、入場料は彼らにとって非常に高額であった。在日朝鮮人史研究者の外村大によると、一九二〇年から一九四〇年までの「五年毎について全国および主要府県の有業者の職業構成比」は示せるものの、「年次によって職業の分類の在り方は異なり、職業構成の推移を詳細かつ綿密に分析することは困難」である(8)。しかし、この表から「大雑把に」いうと在日朝鮮人では「すべての時期を通じて炭鉱・鉱山労働者、工場労働者、土建労働者、日雇い人夫などのいわゆる単純労働者が多数を占め」るが、時期が下ると、「古物商や行商、露天商、飴売りなどを含む普通商人以外」が増え、「低賃金、長時間労働、非衛生的、危険な作業を伴う」職業に就く人が多かった。しかし、東京などではいわゆる「有識業者」の割合（一九四〇年当時約二・七五％）が高く、全国平均（一九四〇年当時〇・五九％）とは傾向が異なる。

ところで、在日朝鮮人たちは高い出費にもかかわらず、「ふるさと」から届いた映画や朝鮮モノ（舞踊やレコード、演劇など）を観に行き、耳で母国語を聞き、目でスクリーン越しに朝鮮の風景を楽しんだ。映画はもとより、演劇など朝鮮からくるものは入場料が非常に高く、在日朝鮮人は劇場まで行って抗議することもあった。一九三一年三月一七日の『朝日新聞』大阪版によると、「朝鮮俳優新興劇団[9]一派が出演する」今里劇場に朝鮮人約五〇名が集まり、「四〇銭の入場料は高い」と言いながら劇場の水戸口を突破し、劇場内に「雪崩れ込んだ」事件があったという。[10] 映画も同様に四〇～五〇銭であり、在日朝鮮人にとってかなりの負担となっていた。[11] 在日朝鮮人にとって朝鮮からきたもの、あるいは内地で作られた朝鮮モノであれば、「日本化」されていてもよかった。朝鮮の衣装や家屋が観られ、朝鮮語が聞こえるものであれば、彼らは場所を問わず出かけた。朝鮮半島に古くから伝わる物語「春香伝」を、村山知義の新協劇団で上演した時を振り返って金スチャンは次のように書いている。[12]

> 私は初日のあの移住民観衆達が始終批評のない笑ひとさゞめきをもって嬉々として悦んでゐる中にゐて、何とも形容の出来ない感に浸つてゐた。私はふと思い出した。レッシングの「ユーデン」をハンブルクで公演にかけた時、特別区域の猶太人達が雲霞のやうに群をなして押し寄せて来たこと

を。（中略）それは美しく愉しい芝居である。それに移住民は長い間あの立派な朝鮮の建物やその山河、追想をそゝる親しみ深い百姓達の姿、きらびやかな衣裳、粋な家具等を見てゐなかつた。しかもそれ等をすつかり許した気持ちでながめ、あの大きな笠や二尺もある煙管や手鼾をかむのや、哀號を上げること等を、又×（ママ）度程愛情をもつて受け入れられることはなかった。（中略）そして朝鮮の言葉でなければ愛することの出来なかつた春香伝が、遥か数千里の異郷の地で、朝鮮服をつけた日本内地の演技者達に依つて語られ動作づけられてゐる光景を、朝鮮の人である自分達が眺めてゐるという奇妙な事実の中には、自分の實を見せびらやかすやうな誇らしさと共に何とも言へない涙ぐましさがある。

朝鮮半島からやってきた公演や映画や歌だけでなく、日本人が演じる「朝鮮モノ」でも主な観客は朝鮮人であったことがうかがえる。本書では内地で作られた朝鮮を舞台にした映画や演劇、歌、レビューなどを朝鮮モノと称し、そうした映画のことを朝鮮劇と呼びたい。朝鮮劇は第1章で、朝鮮モノは『春香伝』を例に第2章で詳しく検討するが、内地でこうした作品は一九二〇年代から一九三〇年代まで作られ続けた。

このように朝鮮映画や朝鮮モノをみるために在日朝鮮人が集まることについて、当局（警察など）も注目しており、その結果、朝鮮映画の上映禁止処分まで出るようになった。なかでももっとも有名なのは一九三六年大阪の新世界・パーク劇場における『洪吉童伝』の上映禁止処分であったが、それ以前にも上映許可が下りなかったものがある。例えば、一九三四年夏に朝鮮で起きた大水害を救援するため、

演劇舞台と朝鮮の劇映画、そして水害の状況を伝えるニュースをいっしょにかける企画があった。この企画は南鮮水害救済会が主催し、朝鮮の新聞『東亜日報』大阪支局が後援するもので、今里劇場で行われる予定であった。(13)東亜日報社が撮影した「南鮮罹災地実写」と尹白南の映画『正義는 이긴다［正義は勝つ］』(14)を上映し、少女声楽舞踊のほか劇団自由舞台によるシュプレヒコール『南鮮の兄弟へ』を披露するはずであった。(15)東京でなく大阪で行われたのは、大阪で在日朝鮮人の人口が増えていたことも理由の一つであったといえる。

この二年後の一九三六年の大阪では、朝鮮映画『洪吉童伝』がパーク劇場で二週間の上映許可を得ていたが、一週間で打ち切られた。禁止の理由は「第一、観客が全員朝鮮人なので治安衛生上の問題あり」「第二、朝鮮語トーキー映画の上映は同化運動に支障あり」だった。(16)当局は朝鮮映画を観に集まる観客の在日朝鮮人を単なる受動的な存在とみなさず、なんらかの行動を起こす存在として考えたのかもしれない。映画史研究者の藤木秀朗は日本映画史における映画観客の位置を「近現代史を織り成す重要な社会主体として」とらえる新たな視点を提示しているが、(17)在日朝鮮人の観客も日韓の映画史において重要な存在であるに違いない。

さて、この『洪吉童伝』の上映禁止について、中野重治は以下のような感想を語っている。(18)

朝鮮由来の無邪気な忍術映画が、一週間やつたあと大阪で後続けるのを禁止されたことは浅野もよく知つている事実だろう。名目上の責任者である警察側の説明によれば、映画そのものは検閲を通つて一週間も見せたのだから悪くも何もない。しかし大阪の朝鮮人にひどく人気があつて、そのため小屋が朝鮮人で一ぱいになるのがいけないのだ。しかも朝鮮着物を着てくるものが多く、大いに朝鮮気分を出すのが悪いというのだつたことは、ここで一つの民族性が他の別の文化を破壊していることを恰好に説明するものであろう。つまり日本の警察は、民族的なものが文化を破壊することを認めて、そこで法律に従つて二つのうちの前者を禁止したわけだ。

朝鮮映画を観に映画館に集まる在日朝鮮人は「朝鮮着物を着てくるものが多」く、「朝鮮気分を出すのが悪い」と当局はみなしていた。しかし、上映禁止処分は在日朝鮮人の「民族的なもの」が「文化を破壊する」ことを認めてしまう結果になったと中野は考えていたのである。

内地において朝鮮モノは在日朝鮮人のほか、いわゆる知識人も好んだ。例えば、雑誌『日本映画』の「映画館診てあるき」は東京や各地方の映画館でどのような作品が上映され、観客はどのような人々であるのかを伝えるコラムだったが、京都の朝日会館の上映映画と観客層について「選擇された番組、三十錢といふ廉い料金、やはり独立の壁画で飾られた中二階の洒落た喫茶室。そこへもつてきて、音楽、新劇（最近では新築地の『綴方教室』や『春香伝』が上演された）等々の高級芸術がすべてこの演芸場で演られ」ており、朝日会館は「京都の文化人の唯一のオアシス」であると述べている。(19)『春香伝』については第2章で詳しく論じるが、この公演には在日朝鮮人と内地の文化人が集まった。

さて、こうした観客性について先行研究を少しみてみよう。韓国のメディア研究者のユ・ソンヨン［유선영］は、朝鮮半島における通俗文化が「劇的な変化」を迎えたのは室内上演館が登場してからだとしている。今まで様々な見世物は路上や空き地で上演され、観客は村を訪れる演者や旅廻り芸人の舞

図序 –2 『旅路』の広告
出典：『国際映画新聞』1937 年 6 月上旬号, 30 頁。坪内博士記念演劇博物館図書室所蔵。

台を無料で受動的に見ていたが、室内上演館の登場により、通俗文化を楽しむためには決まった時間に決まった場所に出かける「積極的な存在」となり、さらに入場料も払うことになったという[20]。映画を観に行く観客は好きな映画を選択し、その場所まで行くだけで、すでに従来の見世物の観衆よりは積極的な行為を営む存在である。在日朝鮮人は数少ない朝鮮映画を求め、いつでもどこでも朝鮮モノや朝鮮映画に集まっていた「積極的な存在」であった。

内地に朝鮮映画を配給しようとした業者は、在日朝鮮人を主な観客として想定していた。一九三〇年代半ばから内地でも朝鮮でも映画はトーキー化され、在日朝鮮人は東京や大阪の映画館で朝鮮語を楽しむことができた。同様に在朝日本人も京城で日本語のトーキー映画をそのまま楽しむことができるようになる。内地の映画興行者はこうした朝鮮映画の受容に素早く対応し、パンフレットや新聞広告も映画のタイトルくらいは朝鮮語と日本語を併記した。例えば、『軍用列車』のパンフレットには朝鮮語で大きく「군용렬차」と書いてあり、明らかに朝鮮語リテラシーのある人向けである。新聞広告でも、一九三八年八月一一日付朝日新聞に載った『漁火』の広告では、「漁火어화」となっている。

こうした広告は、一九三七年に東京の江東地区にある映画館吾嬬館で『나그네［旅路］』を上映する際、

朝鮮語の宣伝文を用いたのが最初のようである（図序-2参照）[21]。『国際映画新聞』の記事によると、「朝鮮語トーキー『旅路』の上映に際して何時も撒くチラシに朝鮮語の宣傳文をいれ」ており、「館の人は「朝鮮語のチラシはうちが初めてだらう」と云ってゐるがその真偽別として、そのチラシを半島人の顔見知りの人に依頼して、半島人の多数住居している處を特にマークして配布させ」興行に成功した。さらに、ここに推薦人として挙がっているのが崔承姫や朴外仙、趙澤元であった。推薦の言葉はないものの、氏名にハングルの振り仮名がつけられ、日本語や漢字が読めない在日朝鮮人でも誰だかわかるようになっていた。朝鮮映画を上映する内地の映画館の広告文に朝鮮語が用いられ、さらに朝鮮人文化人の名前が推薦人として掲載されたことは、映画館側にも朝鮮映画の主な観客は在日朝鮮人であるという認識がある程度は広がっていたことを裏付けている。だが、アジア・太平洋戦争が激化し、朝鮮半島で製作される映画や新聞のほか、日常生活でも朝鮮語の使用が禁止されると、こうした併記は姿を消していく。

3　帝国のなかの国際映画

さて、内地で朝鮮映画はどのように位置づけられていたのか。前述したように朝鮮映画は在日朝鮮人も観客として想定し、朝鮮半島だけでなく、内地にも配給されていた。しかも、在日朝鮮人が大勢居住する大阪では「朝鮮映画で儲けた」という業者もいた[22]。

一方内地では日本映画を海外に輸出すべく、輸出する作品リストに朝鮮映画も含めていた。日本は一九三一年に満洲事変を起こして満洲国を樹立し、国際連盟から脱退して一九三七年には日中戦争に突入した。映画研究者の古賀太によれば、この頃は鉄道省国際観光局（一九三〇年）、日本学生英語協会（一九三二年）、国際文化振興会（一九三四年）、日本ペンクラブ（国際ペンクラブ・日本センター）や国際学友会、国際映画協会（一九三五年）というように、「国際」が大流行した時代でもあった。[23] 少なくとも映画は、欧米で認められる作品を作りたいと夢見ていたが、厳しい国際情勢のため、映画の海外輸出も困難な状況となった。そこで日本はドイツの力を借りて、日独合作映画『新しき土』（日独版：アーノルド・ファンク監督、日英版：伊丹万作監督）を完成させた。

また、一九三七年、一九三八年、一九三九年には国際映画協会や国際文化振興会が日本映画の産業規模や技術水準、注目すべき作品などを紹介する欧米向けの『国際年鑑』をそれぞれ刊行した。[24] とりわけ、一九三八年版には「半島」や「朝鮮」をKOREAと表記し、『旅路』や朝鮮の映画製作会社の現況、所在地なども詳しく記されている。太田恒彌が「朝鮮における映画製作」を一九三八年版に、岩崎昶が「朝鮮映画」という記事を一九三九年版にそれぞれ書いている。朝鮮映画の『旅路』のほかにも、朝鮮人女性が登場する内地の映画『有りがたうさん』（松竹、一九三六年）が紹介された。これは清水宏監督が上原謙を主役に抜擢し、伊豆の街頭を走るバスに集まる客と運転手の会話やその風景を、トラッキング手法で撮った作品である。最初から最後まで伊豆でロケーションをし、久原良子が演じるチマ・チョゴリを着た女性が登場した。ここに出てくる在日朝鮮人たちはバス運賃を払う余裕もなく、路上を歩いており、仕事を求めて住居を転々としている。

この『国際年鑑』は英語で発行されており、明らかに海外向けであるが、この時代の日本映画界において「国際」という言葉がどのように使われていたのかに少し注目したい。そもそも一九三〇年代の日

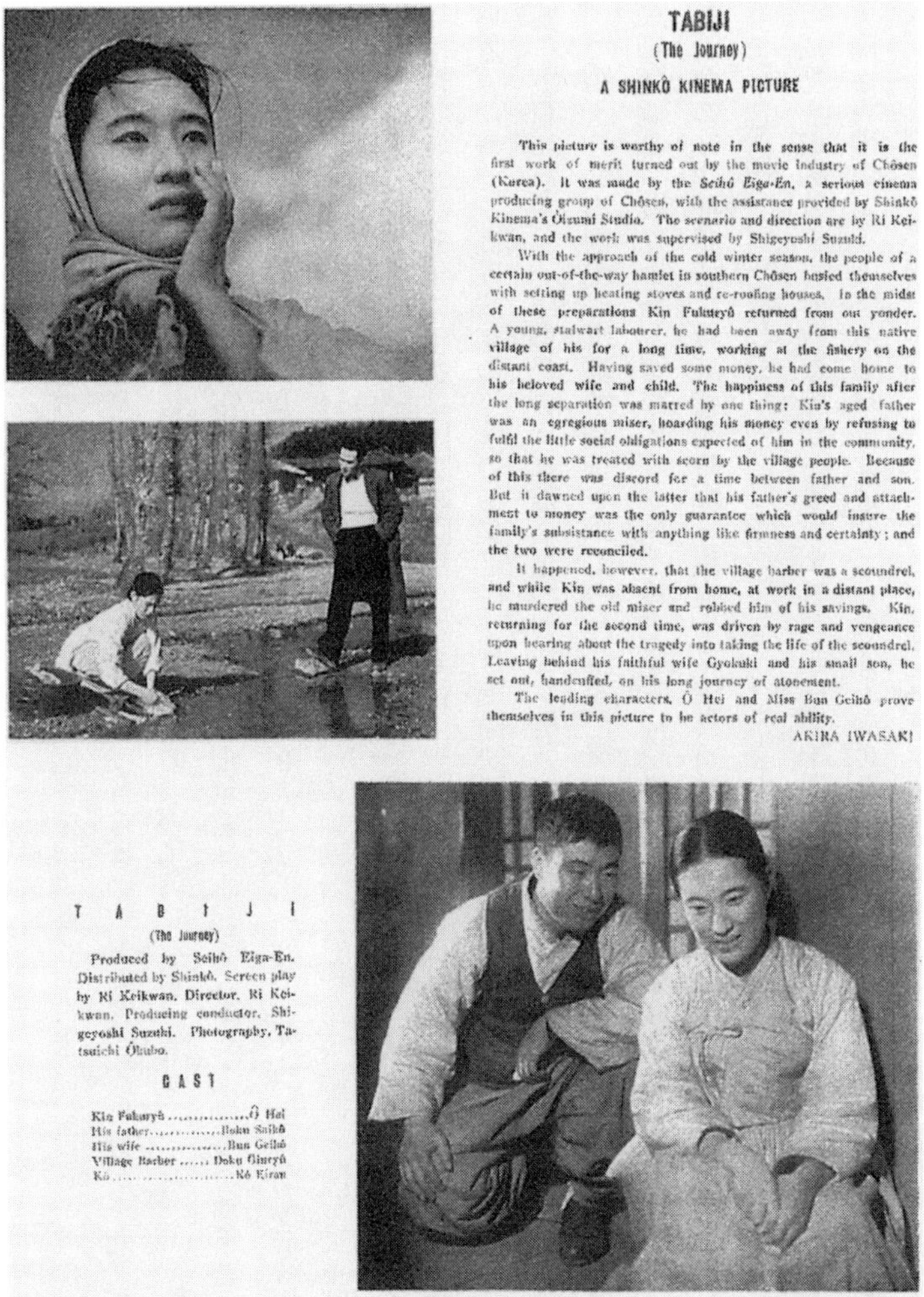

TABIJI

(The Journey)

A SHINKÔ KINEMA PICTURE

This picture is worthy of note in the sense that it is the first work of merit turned out by the movie industry of Chôsen (Korea). It was made by the *Seihô Eiga-En*, a serious cinema producing group of Chôsen, with the assistance provided by Shinkô Kinema's Ôizumi Studio. The *scenario* and direction are by Ri Keikwan, and the work was supervised by Shigeyoshi Suzuki.

With the approach of the cold winter season, the people of a certain out-of-the-way hamlet in southern Chôsen busied themselves with setting up heating stoves and re-roofing houses. In the midst of these preparations Kin Fukuryû returned from out yonder. A young, stalwart labourer, he had been away from this native village of his for a long time, working at the fishery on the distant coast. Having saved some money, he had come home to his beloved wife and child. The happiness of this family after the long separation was marred by one thing: Kin's aged father was an egregious miser, hoarding his money even by refusing to fulfil the little social obligations expected of him in the community, so that he was treated with scorn by the village people. Because of this there was discord for a time between father and son. But it dawned upon the latter that his father's greed and attachment to money was the only guarantee which would insure the family's subsistance with anything like firmness and certainty; and the two were reconciled.

It happened, however, that the village barber was a scoundrel, and while Kin was absent from home, at work in a distant place, he murdered the old miser and robbed him of his savings. Kin, returning for the second time, was driven by rage and vengeance upon hearing about the tragedy into taking the life of the scoundrel. Leaving behind his faithful wife Gyokuki and his small son, he set out, handcuffed, on his long journey of atonement.

The leading characters, Ô Hei and Miss Bun Geihô prove themselves in this picture to be actors of real ability.

AKIRA IWASAKI

T A B I J I

(The Journey)

Produced by Seihô Eiga-En. Distributed by Shinkô. Screen play by Ri Keikwan. Director, Ri Keikwan. Producing conductor, Shigeyoshi Suzuki. Photography, Tatsuichi Ôkubo.

CAST

Kin Fukuryû ....Ô Hei
His father....................Boku Saikô
His wife ....Bun Geihô
Village Barber ...... Doku Ginryû
Kô ....Kô Kiran

28

図序 -3　英語版『国際年鑑』に載っている『旅路』のシーン
出典：Kokusai Eiga Kyokai ed., *Cinema Year Book of Japan 1938*, Kokusai Bunka Shinkokai, p. 28.

本映画界では、いかなるものを国際映画としたのだろうか。映画評論家の岩崎昶は「「国際映画」とは外国向けに作られた『新しき土』のような「輸出映画」とは異なり、日本における一流作品が、ひたすらその芸術的優秀性によって、海外の観衆の支持を受けるもの」と定義し、自分が一九三八年にベネチア国際映画祭の選考委員会に入ると、清水宏の『風の中の子供』などを選んだ(25)。

映画研究者の岩本憲児によると、日本で最初の映画年鑑は一九二五年の『日本映画年鑑 大正十三・四年版』(朝日新聞社)で、以降一九三〇年まで五冊出たという。さらに、これ以降も様々な編集元や発行元が出しており、海外向けの年鑑も四冊出ている。この四冊は三冊の英語版、そして英語版とは体裁を異にするロシア版である。英語版は一九三七年、一九三八年、一九三九年に、ロシア版は一九四〇年に出た。一九三七年の年鑑は国際映画協会が発行、一九三八年と三九年版は国際文化振興会が発行している。なお、一九三八年の年鑑の編集と序文は国際映画協会が担当した。国際映画協会は一九三八年四月一五日に解散し、その仕事は国際文化振興会が引き継いだ(26)。

このように内地で「国際映画」をめぐって議論が交わされるなか、朝鮮でも「輸出映画」や国際性について論じられていた。専修大学を卒業後ドイツに留学した安哲永は、朝鮮に戻ると一九三七年九月一一日付の『東亜日報』に「輸出映画と現実――張赫宙氏の『旅路』評論を読んで」を寄稿した。彼はここで「『旅路』のような輸移出映画を模倣してみようとする映画人が多い模様である。興行成績としては成功を収めるかもしれないが、まだ朝鮮映画の標準が確立されてない今日、現実性に対する映画人の欠陥を表現しようとするのは実に遺憾といわざるをえない」とした。内地でも朝鮮でも「国際映画」や「輸出映画」は議論の中心にあったが、朝鮮映画とのかかわりでいうと、両地域の映画関係者が注目したのは『旅路』であった。これについては第3章で詳しく論じたい。
朝鮮映画は帝国と植民地の二項対立を軸としながら、常に時代や社会、情勢で揺れ動く両者の関係を表す場でもあった。本書では主に内地において朝鮮映画がどのように受容されていたのかを考察する。そして、朝鮮映画・朝鮮モノがどのように内地と朝鮮を行き来したかを捉えなおし、従来の研究が見落としていた問題を検討したい。そのために本書は以下の六つの章に分けて、それぞれの時代と映画の受容の仕方について考えたい。第1章では、内地で朝鮮劇が作られる背景と一九二〇年代の朝鮮映画の受容について考え、第2章では一九三〇年代内地と朝鮮を往来していたいわゆる文化人の交流について論じる。第3章では内地に朝鮮映画が受容される際のローカリティが一九四〇年代の戦時体制の強化とともに消えていく様子を、第4章では少し視点を変え、京城における大型映画館とその観客だった在朝日本人について、第5章ではローカリティが消えたあとに登場した「少国民映画」について考察する。そして第6章では内地に受容される朝鮮映画の主な観客であった在日朝鮮人が映画とかかわっていく様子をみていく。終章では戦前の映画人たちが戦後どんな道を歩んだのか、また、現在残る課題についても述べたい。

注

（1） 帰山教正「朝鮮映画の印象」『映画旬報』第五一号（一九四二年六月一一日号）、一八〜二〇頁。
（2） 黒田省三「朝鮮映画雑感：『授業料』『家なき天使』の次に来るもの」『映画評論』第一巻七号（一九四一年七月号）、四八〜四九頁。

（3）『浪速女』溝口健二、松竹、一九四〇年。

（4）『馬』山本嘉次郎、東宝、一九四一年。

（5）朱永渉『キネマ旬報』第六五九号（一九三八年一〇月一日号）、「朝鮮映画展望：論評、學藝」『文章』第一巻三号、一九三九年、一五四～一五六頁。

（6）水井れい子「朝鮮から」『東宝映画』一九三八年六月号、九頁。

（7）『冬の朝鮮』は雑誌『松竹』（一九三九年五月号）には製作中であるという記事が、『映画朝日』には「編集中である」という記事（「大船撮影所二人訪問」『映画朝日』一九三九年六月号）があるものの、上映記録はなく、日本映画データベースの検索にも出てこない。

（8）外村大『在日朝鮮人社会の歴史学的研究』緑蔭書房、二〇〇四年、八六頁。

（9）京城の映画館・団成社で作った演劇団体である。なお、団成社については第4章を参照されたい（「『新興劇団創立 극계의 동지들이 모아 새로운 연극단을 조직［新興劇団創立 劇界の同志らを集め新しい演劇団を組織］」『毎日申報』一九三〇年一〇月二五日付）。

（10）「「入場料が高い」と雪崩れ込む 観客総立ちの大困難 朝鮮劇団出演の今里劇場で」『朝日新聞』大阪版、一九三一年三月一七日付。

（11）「日本에잇는우리들의文化生活 그비참한상태의一면［日本にいるわれらの文化生活 その悲惨な状態での一面］」『조선신문［朝鮮新聞］』第二号、一九三六年三月一日付。ただし、朴慶植編『朝鮮問題資料叢書（解放前）』第五巻、アジア問題研究所、一九八三年からの引用。

（12）金スチャン「劇評 春香伝（移民観衆の中で）」『テアトロ』第五巻五号、一九三八年、三〇～三二頁。なお、金スチャンはほかの活動の痕跡が見かけられず、職業や身分については不明である。

（13）「大阪在留同胞들이 映画、音楽大会［大阪在留同胞らが映画、音楽大会］」『東亜日報』一九三四年八月三一日付。

（14）一九三〇年『東亜日報』が製作した啓蒙映画で、尹白南監督、西川秀洋撮影。

（15）『ポスターでたどる戦前の新劇』関西学院大学博物館展示図録、二〇一八年。

（16）「同化에支障된다고朝鮮映画禁止［同化に支障されると朝鮮映画上映禁止］」『朝鮮中央日報』一九三六年七月二

〇日付。

(17) 藤木秀朗『映画観客とは何者か——メディアと社会主体の近現代史』名古屋大学出版会、二〇一九年、二八頁。

(18) 中野重治『映画雑感——素人の心もち』大日本雄弁会講談社、一九五八年、一六七〜一六九頁。

(19) 「映画館診てあるき　京都の巻」『日本映画』一九三八年九月号。

(20) 유선영「근대적 대중의 형성과 문화의 전환」『언론과 사회』［ユ・ソンヨン「近代的大衆の形成と文化の転換」『言論と社会』］第一七巻一号、二〇〇九年。

(21) 植村侃司「映画館に於ける宣傳の實際　朝鮮語トーキー『旅路』の上映に朝鮮語を使用した特異宣傳」『国際映画新聞』第一九九号（一九三七年六月上旬号）、三〇〜三一頁。

(22) 「朝鮮映画の全貌を語る」『映画評論』一九四一年七月号、五四〜六〇頁。

(23) 古賀太「解説　日本映画の水準と国際性」アーロン・ジェロー他監修『日本戦前映画論集——映画理論の再発見』ゆまに書房、二〇一八年。

(24) *Cinema Year Book of Japan 1936–1937*, Kokusai Eiga Kyokai; Kokusai Eiga Kyokai ed., *Cinema Year Book of Japan 1938*, Kokusai Bunka Shinkokai; *Cinema Year Book of Japan 1939*, Kokusai Bunka Shinkokai.

(25) 古賀太、前掲「解説　日本映画の水準と国際性」五〇八頁。

(26) 岩本憲児「戦時下における外国語版『日本映画年鑑』刊行の背景を探る」『日本大学芸術学部紀要』第五五号、二〇一二年、七一〜八四頁。なお、本書でよく用いている資料の一つに『国際映画新聞』がある。岩本は、『国際映画新聞』は民間の立場から、『国際映画年鑑』は外務省との関係から生まれた出版事業なので、同じ「国際」がついたジャーナルでも立場が異なると説明している。

第1章　『大地は微笑む』における「朝鮮」とその周辺

1　内地における映画ジャーナルの登場

内地の映画ジャーナルには、早くも一九二〇年代から朝鮮映画についての記事がしばしば登場するようになった。ここでいうジャーナルとは、映画関連雑誌や大手映画製作会社の日活などが発行したファンのための雑誌、そして映画館の作った映画プログラムなども含む概念として用いる。さらに、こうした月刊誌・週刊誌ばかりでなく、大手新聞社も朝鮮や朝鮮で作られた映画を興行的によい素材として捉えており、朝鮮／映画は内地の文化映画や教育映画によく登場するようになった。こうして朝鮮映画や朝鮮素材は興行性を必要とする劇映画にも登場するようになったのである。ここで朝鮮と映画の間に「／」をいれたのは、朝鮮や内地の映画、そして朝鮮映画、という三つの意味合いを込めた概念として用いているためである。

本章ではまず一九二〇年代の内地において朝鮮／映画が映画ジャーナルや新聞にどのように紹介されていたのかを考察し、ついで関東大震災後の一九二五年に松竹・日活・東亜の大手三社が競作した『大地は微笑む』による朝鮮の表象について考えたい。なお、一九二〇年代の映像はフィルムそのものが現存していない作品が多いため、主に朝鮮／映画をめぐる言説に注目することにした。

ところで、二〇〇〇年代以降、帝国日本時代の新聞や雑誌が次々と復刻されている。例えば『朝日新聞』は二〇〇七年に、「戦時下の植民地様相伝える朝日新聞外地版 復刻へ」という記事を一面に掲載した。(1) 朝日新聞西部本社に保存されていて、今まで一部の研究者しか目にできなかった『大阪朝日新聞』(以下、「大朝」とする)の「朝鮮版」や「満洲版」「台湾版」などを復刻するという内容であった。このときはまず一九三五年から一九四五年までの分が復刻されたが、その後も順次復刻されている。

「大朝」は植民地全域で広く読まれていた。とりわけ、植民地朝鮮(以下、朝鮮とする)においては、「朝鮮版」が創刊される一九一五年までは在朝日本人を中心に、そのあとは日本語が解読できる朝鮮人の間でも広く読まれていた。「朝鮮版」ができるまでは本土と同様の記事を、「朝鮮版」ができてからは朝鮮の政治や経済や文化関連の記事を朝鮮で読んでいたのである。これは「満洲版」や「台湾版」でも同様のことがいえる。

本章ではそのなかでも今まで注目されなかった「大朝」に連載された「映画劇」『大地は微笑む』(一九二五年一月から五月まで連載)を取り上げることにする。(2) 日本映画史上初めて三社競映した作品であり、新聞の連載が終わってない段階で映画化が進み、連載と映画化をめぐる読者の反応が同時に見られたテクストであるためだ。新聞には毎日のように読者の感想が掲載されたのである。さらにこの映画劇をめぐるコンテクストに加えて、当時の有名画家が描いたこの連載小説の挿絵が与える視覚的快楽にも本章は注目する。新聞の読者たちが映画化される前からひいきの俳優で「架空の配役」をして、それを共有していた。新聞という活字メディアの読者は、新聞より視覚的快楽の強い映画のファンになり、この感覚についてもそうして楽しんでいたのである。

読者の感想は、「大朝」に『大地は微笑む』が連載中、連載小説の下段に設けられた「スクリーン」[3]という匿名の投稿欄で活字化された。月刊誌や週刊誌といったジャーナルとは異なり、毎日発行される「大朝」の「スクリーン」欄は読者が匿名で率直にスピーディーに新聞社に意見を言える場であった。読者どうしは面識はないが、映画と朝鮮に関する知識を持ち、投稿という行為を通して、新たな共同体を形成した。この共同体で朝鮮はどのように認識されていたのか、本章で考察したい。

残念ながら、『大地は微笑む』のフィルムは現存がまだ確認されていない。[4]しかし、一九二五年の一月から五月までの五か月間、「大朝」で大きく宣伝され、「日本映画史に例のない同時三社競映」[5]であったため、活字資料が非常に多いのも本章でこの作品を取り上げる理由の一つである。[6]「大朝」が企画し後援した作品だったため、当時としては珍しく制作過程や新聞連載中の記事が数多く残っているのである。したがって本章は、一次資料にフィルムテクストではなく、「大朝」と『東京朝日新聞』（以下、「東日」とする）の一九二五年一月から五月までの記事と、映画雑誌『キネマ旬報』、『映画と演芸』を用いる。『キネマ旬報』と「大朝」系列の資料がほとんどであるが、[7]ほかのメディアはこの作品について報道しなかったため、一次資料から除外した。[8]

『大地は微笑む』が連載された一九二五年は、日本のメディアが大衆化に向かって様々な変化を迎えた時期だった。この年に大衆雑誌『キング』が創刊され、日本初のラジオ放送が始まり、大阪と東京では新聞の購読者が増加していた。翌一九二六年に映画館は全国で一〇五七館、入場者数は延べ一億五三七三万五〇〇〇人を記録した。(9) こうした大衆文化の変化は検閲方式にも影響を与え、地域ごとの検閲から全国(内地)統一の検閲方式に変わる原因となった。

このように『大地は微笑む』は、帝国日本の大衆文化、とりわけ映画という媒体のなかで他者である朝鮮と日本が交差する作品であった。『大地は微笑む』は映画の検閲が都道府県ではなく全国的に統一される直前のものとしても研究価値がある作品なのである。

しかしながら、一九二〇年代の映画やメディアの状況、そして『大地は微笑む』に関する研究は今まで十分な蓄積があったとはいえない。(10) また、読者の「スクリーン」欄に着目した研究も、管見のかぎり見あたらない。(11) この「スクリーン」欄は読者が活字を読んだあと、小説のこれからの展開と映画化について議論したり、朝鮮の表象をめぐって語り合える数少ない共同の経験の場であった。本章はこれまで等閑視されてきた新聞読者の能動的な経験に注目し、今まで研究されなかった映画劇、映画化、そして新聞の読者に注意を払いたい。

メディア研究者の山本武利は、「戦争とその報道を抜きにして、近代のメディアの発展は語れない」とし、その例として「維新・明治初期の新聞、明治中期の通信、大正期の映画、昭和期の放送」を挙げる。(12) 『大地は微笑む』はまさに、新聞、映画、放送という複数のメディアをまたぐ作品であった。また、挿絵の活用により、読者に映画化の具体的なイメージを与えるなど映画的感覚(視覚的快楽)も提供していた。まだ小説が連載中でも、読者は挿絵を見て、映画化した際の俳優のイメージや朝鮮の風景を容易に想像できたのである。この作品はまさに「文学と映画が浸透し合う形で出現した特異な作品」であった。(13) 本章ではこの新聞小説の挿絵と社会的・歴史的コンテクスト、読者の感想を中心に、帝国日本の大衆文化のなかの植民地という他者との遭遇について検討したい。

2　映される客体から撮る主体へ

一八九六年頃映画が日本に輸入されて以来、しばらくの間日本は映される客体であった。海外から持ち込まれたカメラやカメラマンによって日本の隅々まで撮られていたのである。シネマトグラフを発明したリュミエール兄弟は世界各国にカメラマンを送り、世界の風景をカメラに収めた。日本ではリュミエール社のコンスタン・ジレルというカメラマンが、同社の日本側代理人・稲畑勝太郎宅の食事風景や、相撲、剣道などの試合を撮影した。映画の草創期にはこのように映される客体であった日本は、日露戦争を経て映像を撮る主体へと変化した。自らカメラを持ち、映像を撮るようになったのである。そして、ドキュメンタリー[14]では、その一〇年後の一九〇七年に、『韓国皇太子殿下、伊藤大師韓国大宮入京の風景』（吉沢商店製作。以下、『韓国皇太子』とする）で朝鮮という他者に遭遇する。この作品は、伊藤博文が映画を政治的に利用しようと、吉沢商店に製作を依頼したものであった。[15] 一九〇八年には横田商店が『韓国一周』を製作し、内地でも公開された。

朝鮮では一九一〇年代末から本格的に映画の製作や配給が始まり、大衆娯楽として親しまれるようになった。「朝鮮総督府までもが朝鮮統治はいいものだと活動写真で自慢し、世間は活動写真のものになってしまった。これは「遊び」であると見下されていた娯楽が大衆の思考を支配するにはもっとも大きな力を持っていることを知ってしまったためである」と当時の雑誌は論評している。[16]

内地では一九〇八年九月には有力紙『大阪毎日新聞』(以下、「大毎」とする)が活動写真班を設立し、その最初の題材に同紙の九〇〇〇号記念行事を選んだ。「大毎」系の雑誌や新聞にも映画関連の記事が掲載され始めた。寺川信によると、この記念行事では新築の濱寺公会堂で上映会が催され、「吉野山の櫻」「宮島」などの実写映像が公開されたという。(17) この後、同活動写真班は新聞社の運営を経済的に支えるため、大阪名所の実写に広告を挿入するようになり、映像によって商品の消費を促す宣伝媒体の役割を果たしていく。(18) 伊藤博文や「大朝」の活動写真班の考えはこの点で共通していた。政治もメディアも大衆も映像の力を借り、おのれの宣伝に利用しようとしたのである。

3　映画ジャーナルのなかの朝鮮/映画

朝鮮/映画を語る『キネマ旬報』

一九二〇年代には、内地の映画雑誌にも朝鮮を素材にした内地の映画や朝鮮から移入した朝鮮映画が少しずつ登場した。二〇一九年に創刊一〇〇周年を迎えた日本でもっとも古い映画雑誌『キネマ旬報』もその一つである。楽譜の出版から始まったこの雑誌は映画関連ニュースを伝えるパンプレットとなり、五〇〇部程度を印刷して神田と浅草のハガキ専門店や楽器店の入口に置かれた。(19) 発行初期は日本映画より洋画の批評と紹介に力を入れていたが、一九二三年の関東大震災後に一時的に兵庫県に拠点を移したことをきっかけに、日本映画にも興味を示すようになった。関東大震災以降、日本で映画は娯楽の代表となり、一九二三年に七〇三館だった映画館は一九二四年には一〇一三館に急増した。また、一九二四年には日本映画史上初めて封切映画における日本映画の比重が西洋映画より高くなる。こうしたなか映画雑誌は東京に残っていた『活動画報』[20]は廃刊、『活動倶楽部』[21]は編集部がままならず、『活動写真』[22]も同様の状況であった。『キネマ旬報』は関西に発行所を移したため飛躍的に発展していくことができたのである。[23]

朝鮮映画が日本に移入されはじめたのは一九二〇年代からである。『キネマ旬報』は一九二四年一二月一日号で、日本に初めて移入された朝鮮映画『海の秘曲』を紹介した。この記事では東京の日本橋にあった劇場で封切られるという情報のほか、あらすじと感想が紹介されていたが、「試験作という言い訳では逃げられない低俗な作品」[24]だと酷評した。

その後も朝鮮から内地へ『운영전〔寵姫の恋〕』[25]『신의 장〔闇光〕』などが日活により次々と移入され、様々な映画雑誌に紹介されたが、好評を得るにはいたらなかった。評価に変化がみられたのは一九二六年製作の『아리랑〔アリラン〕』からである。『アリラン』の内地の受容については第3章で詳しく述べることにする。

『キネマ旬報』は一九二〇年代に朝鮮映画を様々な角度から取り上げた。「揺籃期の朝鮮映画」[26]や「朝鮮映画をめぐって」[27]は、その一例である。前者の記事は映画草創期から一九二〇年代半ばまで朝鮮で製作された映画を列挙し、こうした朝鮮映画が内地で幼稚で誠実に作られてないものとして認識されているのは、資本家に対する反感が作品ににじみ出ており、思想の問題もあるとした。しかし、さらに問題なのは、朝鮮では屋外撮影しかできない環境で、それに合わせて台本を作るしかない上に、「シナリオ・ライター」もおらず照明とカメラの質も低いと述べた。また「朝鮮映画をめぐって」は、朝鮮映画が朝鮮でさえも興行に成功していないのは「未熟な撮影と不完全なフィルム現像」による汚いプリントのせいだと指摘した。他にも朝鮮半島全体に配給館が少なく、映画を作っても出資金を回収できず、資本家は映画に投資しようとしないとも述べている。さらに「朝鮮映画の現状」(28)では、前述した二つの記事よりも具体的で詳細に朝鮮映画の現況を語る。朝鮮人の方が日本人よりも洋画（ハリウッド映画やヨーロッパ映画）を観る目があり、よく観ているが、それでも朝鮮映画が封切られると、朝鮮人はみんな観に行く。それにもかかわらず、朝鮮では映画製作や映画配給がなぜ不振なのかについても分析している。つまり、資金難のため優秀な人材を持続的に雇用できないこと、シナリオ・ライターが不在なうえ、朝鮮の文壇は左派的傾向が強く、文学作品を原作にすることもできない、それで安全策として朝鮮の伝説などを映画化するようになったという。また、検閲制度と常設映画館の少なさが朝鮮映画の発展を阻害しているとした。内地の大手映画製作会社はもっと朝鮮映画に関心を持つべきだと結論している。

『キネマ旬報』はこうした時局分析記事のほか読者の映画評も掲載し、朝鮮映画『승방비곡［僧房悲曲］』(29)については細部まで言及している。(30)『화륜［火輪］』(31)や『바다와 싸우는 사람들［海と戦ふ人々］』(32)等の映画の紹介や関連記事も掲載していた。

前述した『大地は微笑む』のように、一九二六年頃には内地の映画にも朝鮮人は主人公として登場していたので、朝鮮映画には日本映画界全体が高い関心を持っていたともいえる。『キネマ旬報』は朝鮮映画の個々の作品を論評するだけでなく、一九二七年に業界紙『国際映画新聞』ができるまで、朝鮮の映画産業についても内地に伝える役割を担っていた。朝鮮にいた映画人は『キネマ旬報』を読んで内地の映画界や洋画の動向を把握しており、内地では『キネマ旬報』や『国際映画新聞』などで朝鮮映画の現状を知ることができた。

朝鮮／映画をめぐる言説

前述したように、内地に朝鮮映画が紹介され始めたのは一九二〇年代であった。映画雑誌『活動雑誌』は「朝鮮で映画の製作を開始」[33]というタイトルで、こう記している。

映画界の発展に伴い朝鮮にも多くの常設館が経営され居れるが朝鮮人の俳優によつて製作さるゝ映画はまだ何人の手にても計画されない。今回釜山の名流たる（中略）映画により内鮮親和の実を図ると同時に内地人に広く朝鮮の事情を紹介することとなり（中略）同社の映画は日活松竹等と提携して内地の各館に上映さるゝ事となるはずだといふ。（傍線は引用者）

この記事で注目すべきは、朝鮮で映画を製作するのは「内鮮親和の実を図ると同時に内地人に広く朝鮮の事情を紹介する」ためだと認識されていることである。内地の人々に朝鮮の風物詩を教える役割が期待されていたのである。ここでいう映画とは『海の秘曲』であるが、この作品については後述する。

内地ではこの頃大手新聞社が映画雑誌を創刊し、そこでも朝鮮はしばしば取り上げられるようになった。例えば、一九二四年に大阪毎日新聞出版部は雑誌『芝居とキネマ』を創刊し、巻頭記事は「左團次一座の満鮮行　大歌舞伎植民地巡業のうらおもて」だった。[34]「満鉄の社員や、中幹部連中が」「植民地暮らし」をしていると「浪花節芝居」か「古ぼけた活動位」しか見られないというので、その在満日本人を慰安する目的で市川左團次壽美蔵が一六人を引率して満洲と朝鮮に渡り、見世物を上演した経緯を記している。

一方で、「朝鮮キネマと松竹の朝鮮劇」[35]という記事（一二月号）では、映画『海の秘曲』の李周環［이주경］と李彩田［이채전］、「朝鮮キネマのスターである女優「李月華」」を写真付きで紹介している。李月華［이월화］[36]は自宅で撮影したスナップ写真を掲載した。彼女たちは、『活動雑誌』が「内鮮親和の実を図る」ために朝鮮に設立されたと報じた映画会社・朝鮮キネマ所属の俳優である。『芝居とキネマ』は、朝鮮の映画が「内鮮親和」のために作られたとは明記しなかったものの、「朝鮮キネマ」のほかにも松竹の「朝鮮劇」の写真を並べ、朝鮮／映画をこれから紹介していく姿勢を示した。

『芝居とキネマ』のこの写真は、李月華が自分の部屋で編み物をしながらカメラを見上げる構図である。こうした構図は朝鮮関連の写真や絵でよく見受けられた。女優という近代的職業に就く李月華が私的領域である自宅で伝統的な女性の役割とされる編み物をする姿は、モダンと伝統が交差する植民地女性の「映された客体」の表象であった[37]。

李月華は、映画に出演する前から、トルストイの小説が原作の舞台『カチューシャ』でヒロインを演じるなど、「新しい女性」を象徴する女優として知られていた[38]。朝鮮でカチューシャとは「女優に対する家父長的なまなざしを再生産しながら西欧的価値に傾けられた虚栄と放蕩のイメージとその転落、流浪、破滅のイメージを同時に与えるメタファ[39]」であった。『芝居とキネマ』が掲載した李月華の写真は、こうした朝鮮における女優に対する視線に内地日本の植民地女性に対する視線が重なる場であった。

一方、在朝日本人は映画業界では主に製作と流通、興行部門で活躍した。『海の秘曲』は釜山在住の日本人の資金、朝鮮人舞台俳優の出演、在朝日本人の技術力が結合した作品であった。

一九二〇年代の日活を皮切りに、内地の大手映画会社は続々と朝鮮へ進出する。すでに朝鮮でも朝鮮人たちが一九一〇年代から長編の劇映画を製作していたが、この分野にも経済力の豊かな在朝日本人が参入していった。『海の秘曲』を製作した朝鮮キネマにも在朝日本人が資金を出している。[40]

内地では、一九二四年一〇月一四日から二〇日まで大阪の三越呉服屋で開かれた映画博覧会（後援・大阪毎日新聞）で初公開された。この博覧会には文部省、警視庁、大阪府、松竹、日活、帝国キネマ、東亜、朝鮮キネマ、ユナイテッド・アーティスツ、パラマウント、フォックス、ユニバーサルの各支店、スターフィルム、日米映画、デヴリー、大阪アクメ、寺田、浅沼、神戸藤岡、イリス商会などが参加した。[41]『海の秘曲』は一九二五年に正式に内地に輸入され、[42]東京朝日会館で試写会を行うことが決まった。

しかし、試写会では注目されたものの、正式に上映されずにそのまま朝鮮に戻ってしまった。その理由について、在朝日本人で映画研究者の前田夢郎は「この悲惨なる送還は揺籃期の朝鮮映画とは云え断じて映画価値なき為によるものではない、当時は震災直後内地に流言されたる鮮人××事件の為民族的反感のみで『海の秘曲』を一蹴したものである、決して作品が見られない愚劣物ではなかった」としている。[43]朝鮮映画が内地で受け入れられるにはそのときの政治や社会状況も大きく関係し、震災後の「民族的反感」が『海の秘曲』の価値を決めたのである。それでも同作品で朝鮮キネマは三〇〇〇円とも六〇〇〇円ともいわれる黒字を計上し、その収益で専属の朝鮮人俳優と監督、スタッフを雇用できた。[44]

このときに入社した朝鮮人スタッフに尹白南もいた、と安鐘和は回顧している。しかし、尹白南は自分が朝鮮キネマに入社した後に、『海の秘曲』や『寵姫の恋』や『闇光』が製作されたと主張する。『寵姫の恋』は尹白南が監督である。尹白南によると、『寵姫の恋』が「歴史的な作品」であり、密陽などでロケーションを行い、そこの「券番の芸妓全部」を登場させるなど製作費もかけていたにもかかわらず、『海の秘曲』より興行成績がよくなかったのは、撮影技師が「極度の近視眼」で「ピント」を合わせられず、「不明瞭な」作品を作ってしまったからだという(45)。当時朝鮮の映画界でカメラなど技術担当はほとんど内地からきた人々が担っており、給料も非常に高かったが(46)、朝鮮キネマのある釜山で腕のいいカメラ技師を探すのは容易なことではなかった。そこで尹白南は京城に行き、尹白南プロダクションを創立、カメラ技師の西川秀洋と提携し、映画を作るようにした。西川は京城でカメラを扱える唯一の技師であった。

一方、京城で映画製作にかかわっていた在朝日本人に遠山満がいた。遠山満は京城で遠山満プロダクションを作り、映画製作をしていた。遠山の本名は島田緑で、一九二五年から内地の映画界で剣戟俳優として活躍していたが、一九二五年から一九二六年に海を渡り、遠山満と其一党という一座を組織して、一九二七年には満洲と朝鮮を巡業した。一九二九年には渡米したが、一九三〇年には日本に戻ったのち、再び満洲と朝鮮への巡業に出た。一九三〇年七月には京城の分島周次郎が経営していた中央館で舞台上演し、興行に成功している。この成功以降再び中国や平壌などの巡業に出た遠山一座は同年一〇月京城に戻り、舞台上演を再開、一一月には映画製作のプロダクションを作ろうとした(47)。京城の興行界では分島周次郎がその手腕を認められ、資本や映画館を所有しており、遠山満はこの分島と提携したのである(48)。分島は「大日本映画興行株式会社」の撮影所として、資本金一〇万円の「京城撮影所　遠山プロダクション」を設立し、その取締役に遠山満、佐藤勝太などが名前を連ねた(49)。遠山は京城撮影所で一九三一年

に『금강한［金剛恨］』『남편은 경비대로［国境警備の歌］』『룸펜은 어디로［ルームペンはどこへ］』の三本を製作し、内地に戻った。この第二回作品として作った『国境警備の歌』（全七巻）の広告をみると、「新しい春は宇宙全域に来ました。わがキネマ界にも春は来ました。わが遠満プロダクションを末永く愛してくださ い」と呼びかけている。[50] 遠山満以降朝鮮で製作プロダクションを作ろうとする在朝日本人はおらず、京城の在朝日本人は主に映画興行にかかわることになる。

なお、朝鮮の映画人たちは遠山満の映画製作に好意的ではなかった。さらに、彼のプロダクションで作った『금강한［金剛恨］』には映画『アリラン』の主演兼監督を務めた羅雲奎が出演したため、彼まで朝鮮の映画人たちに非難された。映画監督尹逢春の回想によると、朝鮮人が経営者の常設館団成社の弁士控室に三〇名余りの映画人が集まり、遠山満を批判する集いが開かれたくらいであった。[51]

ところで、朝鮮で製作された朝鮮映画のほかに、内地では「朝鮮劇」と呼ばれるジャンルがあった。朝鮮劇とは朝鮮を舞台にし、朝鮮人が登場する映画を指す。一九二〇年代のこれらの映画は朝鮮まで撮影に行ったわけではなく、内地で撮影したものがほとんどであった。その代表的作品が松竹蒲田の『逆流に立ちて』（一九二四年）であり、安田憲邦が監督を、諸口十九と川田芳子、林千歳などが主演を務めた。この作品は「我が国に於ける最初の試みたる朝鮮を背景とせる人情劇[52]」で、「未だ嘗て一度も試みられたことのない朝鮮を背景にした映画[53]」でもあった。この映画で主演の一人であった林千歳は『劇と映画』で「朝鮮にまで出かけずに其土塊の気分を出来る丈出そうというものだから、第一にそれらしい感じの上から何かと不便至極なのは野外実景で種々な案の中から其場所を千葉県下に索めることに[54]」したという。日本の劇映画史上初めて朝鮮を舞台にしたわけであるが、ロケーションはいかにも「朝鮮ら

図 1-1　『逆流に立ちて』の一場面
出典：『映画と演芸』1924 年 10 月号（筆者所蔵）。

しい風景」を内地で探して行った。千葉県では次のような「朝鮮らしい風景」を見つけることができた。[55]

何しろ朝鮮は平壌から程遠かぬ郊外の打つゞく畑——甘黍や蜀黍の——なども欲しいし、裕々たる流れ——大同江の漫々たる河面は見出せないまでも涸れてゐない水際を、それから土手の上の道を、また川邊の——白衣に日光を浴びた朝鮮の女達の群れが布を晒すに似合はしいその洗濯場などを畫に為なければならないので、それには丁度先づ我慢の出来る適度に適當な流れも土手も、畑をも索めることが出来た。

この林千歳の言葉は、『逆流に立ちて』が描き出そうとした朝鮮らしい風景がどのようなものであったのかを明らかにしている。川の流れや作物、そして川の畔で洗濯をする女性たちの姿などが、この時期からすでに映画のなかで「朝鮮らしい風景」として表象されていた。

さらに林は「最も近い国の割に最も知り得なかった朝鮮の風俗、習慣、国民性そうしたものは随分我々に一種の好奇心的な興味をより多く與えられて」いると述べている。朝鮮が舞台であっても現地ロケーションはこの頃まだ行われておらず、帝国日本内で映画人（俳優や製作者、関係者など）の移動が活発になるのはようやく一九三〇年代になってからで、一九二〇年代に内地において朝鮮はまだまだ「見知らぬ好奇心」を呼びおこす「隣国」として位置づけられていた。

一方、この作品は「背景も衣装も道具もすべて朝鮮風俗を写したもの[56]」であったが、「筋の運びのたどたどしさ」や「地方色が出ないのは困ったこと」だと清水千代太は批判した。[57]また、「内容、形式共に非現実性を帯び朝鮮人を侮辱し、朝鮮人観を内地人に誤認せしめたる責任のある作品」と手厳しい評論もみられた[58]。これを書いたのは前田諒一、前田諒三郎という別名をもち、京城映画研究会のメンバーとして活躍していた前田夢郎であった。現地ロケや十分な資料の考証もなく作られた朝鮮劇は、在朝日本人の目からみると朝鮮の現実とかけはなれたものであったといえる。

大阪毎日新聞が発行する雑誌『芝居とキネマ』は、この『逆流に立ちて』を「松竹の朝鮮劇」として紹介した[59]。しかし、「朝鮮劇」の説明や定義はなく、おそらく「朝鮮を舞台にした劇映画」という意味で使ったのだろうが、『逆流に立ちて』は朝鮮ではなく千葉で撮影され、朝鮮人の役も日本人俳優が演じた映画であった。内地の映画で朝鮮を舞台とした作品はこの他にも、「日本初の純粋な冒険連続活劇映画」の『世界の女王[60]』(一九二五年)、「北鮮」が舞台の『国境の血涙[61]』(一九二六年)、主人公が内地から新しい生き方を求め朝鮮に渡る『自由の天地[62]』(一九二六年)などがあった。いずれの作品でも松竹の「朝鮮劇」と同様に、日本人俳優が朝鮮人を演じた。

松竹がこのようにいわゆる「朝鮮劇」を製作し批判されているときに、日活は朝鮮映画の配給に乗り出した。日活が発行していた雑誌は『海の秘曲』を製作した朝鮮キネマが『闇光』一〇巻を完成したとし、「前の映畫『海の秘曲』同様日活の手に依て封切公開されることになった」と伝えている[63]。そして、日活は三本の朝鮮映画を相次いで内地で配給した。そのなかの一本である『海の秘曲』は内地の試写会などで一部には公開されたものの、一般公開には至らなかった。

このように朝鮮映画や朝鮮劇はかつてないほど注目され、映画雑誌にもその影響がみられるようになった。以下では同じ小説を映画化し三社競映として話題を呼んだ『大地は微笑む』を中心に、当時の朝鮮／映画について考えることにしたい。

4　『大地は微笑む』をめぐるコンテクスト

「大朝」と『大地は微笑む』

一八七九年大阪で創刊された「大朝」[64]は、一九二三年一月一日に一万五〇〇〇号記念懸賞として、長編小説、創作劇（芝居の戯曲を意味する）、映画劇の三種類の文学作品を公募するという広告を出した。[65]賞金は五〇〇〇円で、[66]総理大臣の給料の五倍にあたる金額であった。[67]当選結果は八月二八日の「大朝」で発表された。映画劇部門は全国から三〇七編が集まり、[68]明治大学法学部三年生の吉田百助著「大地は微笑む」が選ばれた。九月三日からは「大朝」で連載が始まる。しかしわずか二日後、連載は中止された。関東大震災が起こり、[69]新聞の紙面は震災関連記事と写真で埋め尽くされたのである。[70]翌々年の一九二五年一月一日に『大地は微笑む』の連載は再開され、以降「東朝」との共同連載となった。

『大地は微笑む』は当初「紙上映画」と銘打って掲載されたが、映画よりは小説に近い読み物であった。[71]しかし、「大朝」社内でも名称が統一されておらず、一月一三日からは「映画劇」と欄名を変えている。「紙上映画」は新聞史上初の試みであり、すぐ映画化できるよう工夫されていた。連載欄の所々に四角の枠が見えるが、これは実際に映画化するときの字幕に備えたものであった。

まだトーキーではなかった無声映画の時代に、字幕は映画を理解する上で不可欠だった。[72]この『大地は微笑む』は三篇構成だったが、各篇の冒頭で必ず登場人物をくわしく紹介している。例えば、「この

大地は微笑む

図 1-2 『大地は微笑む』の新聞連載（文中の四角の枠内が映画では字幕になる）
出典：『大阪朝日新聞』1925 年 1 月 22 日付。

長い物語に入るに先だつて、読者の便利のためまづ第一篇において活躍する主要の人物を作者に代わつて紹介しやう[73]」といった、あたかも弁士の語り口のようであった。『大地は微笑む』の連載そのものが映画化を念頭においていたのである。

　また、「大朝」には「演芸と映画」欄があり、映画や芝居、公演などの情報が掲載されていたが、『大地は微笑む』の下段にも「スクリーン」欄があり、読者の感想や意見が寄せられていた。次項で詳しく述べるが、この「スクリーン」欄は読者が映画化に積極的にかかわる場でもあった。

映画ファンの投書と映画化

　では「スクリーン」欄に寄せられた読者の感想はどのようなものであったのだろうか。しかしこの問題を考える前に、まず、「紙上映画」のあらすじをみてみよう。前述した通り、『大地は微笑む』は全三篇で構成されていた。「第一篇」は、一月一日から一月一七日まで掲載された。頑固な保守主義者である法学博士の父親に反発し、自由主義に憧れていた慶一（男性主人公）は、父親のお金を盗み出したが捕まってしまう。

そして、「第二篇　朝鮮の北境」は、一月一八日から三月四日まで掲載された。鴨緑江の工事現場で働くことになった慶一は、そこで京城の女学校を卒業して帰郷していた秋蓮と恋仲になる。しかし、「馬賊」に襲われて町は燃えてしまい、[74]二人は東京に行くことになる。「第三篇」は、三月五日から四月三〇日まで掲載された。秋蓮は名前を秋子に変え、慶一の妻となっている。そして、慶一と父親の諍いが頂点に達したとき、秋子がかけたレコードの子守唄により、二人は和解するのであった。新聞紙上の連載は全三篇構成であったが、映画では日活と松竹が連載と同様に前・中・後篇の三部に分け、東亜キネマは短期間で映画を完成させるため、前・後の二部に分けた。鴨緑江の街が焼打される場面から中篇（日活、松竹）と後篇（東亜キネマ）がはじまる。

新聞小説の第一篇が終わり、第二篇がはじまった頃から、『大地は微笑む』の映画化を望む声が紙面に顔をみせるようになる。朝鮮の風習から映画化したときの配役にいたるまで、読者の声はじつに多様だった。この読者の投書をまとめたのが表1-1である。

表1-1からわかるように、読者は映画の配役や曲、さらには撮影技術に関しても意見を寄せている。そして、かれらは日本帝国内のどこからでも投稿し、ときには議論しあった。表1-1をみると、居住地は大阪や和歌山、京都などから京城や大連まで広がっていた。[75]この「スクリーン」欄は年齢、性別、地域、考え方も異なる匿名の人々がほぼ同時間に同じ物を読み、同じ紙上で議論し合うものであったのである。例えば、二月一三日の京都岡崎生が「おとなしい朝鮮娘」と題して「秋蓮の行動は不自然」と言うと、その二日後の二月一五日にはこれに反対する意見が三つも掲載される。別々の場所に暮らす三人が同じ意見を寄せていて、同じテクストを異なる場所で同時に読み、同時に反論するという新聞紙上

表 1-1 『大阪朝日』の「スクリーン」欄に寄せられた投書

日付	タイトル	読者名	内容
1月18日	『大地は微笑む』を早く映画に	一ファン	早くフィルムに
1月18日	『大地は微笑む』を早く映画に	森の宮生	配役に投票を
1月18日	『大地は微笑む』を早く映画に	大行同人	俳優や監督を監督したい
1月27日	『大地は微笑む』を早く映画に	松山市M・M生	朝鮮でロケを
1月30日	『大地は微笑む』鮮人としての希望	東京季生	朝鮮人からみた『大地は微笑む』
2月3日	愛憎が尽きた	不明	今までの映画界
2月4日	尊くも美しい	北区一少女ファン	美しい物語に
2月13日	おとなしい朝鮮娘	京都岡崎生	秋蓮の行動は不自然
2月15日	内地娘より新しい	大阪鮮人の友	現在の朝鮮娘は新しい
2月15日	内地娘より新しい	大阪青木艶子	秋蓮の自由な心のままの振舞がなつかしく微笑れる
2月15日	内地娘より新しい	天王寺紗栄草生	秋蓮は一歩進んだ日鮮親善論者
2月18日	歓喜に満ちて	浪朗生	映画の公開を待っている
2月18日	自ら製作せよ	奈良HF生	朝日自らが映画を制作せよ
2月21日	大地は微笑むに就て	映二路	できれば映画全篇を一度に公開を
2月22日	鮮人は新しい	京城通洞八王女生	『大地は微笑む』は親善に適する
2月23日	私のお願い	草生	秋蓮を美しい人に
2月24日	芸術的に作れ	長崎島津生	映画を芸術的に
2月27日	役々の扮装	小坂U生	松竹の配役
3月1日	朝鮮の女学生の話	公陽生	朝鮮での思い出
3月3日	慶一に扮する俳優	山口県辻有田豊	井上に関して
3月4日	朝鮮俳優に	神秘善徹生	できれば朝鮮の俳優を
3月5日	スターを厭う	上井	できれば新人を
3月6日	感じたこと	佐賀市　笹の昏子	配役について
3月7日	真剣味	和歌山県三船萩露生	俳優に望むこと
3月7日	役割をかうしたら	大連　俊一生	配役
3月11日	「大地は微笑む」の撮影	豊前中志魔登宙路	撮影は単純で印象的なものに
3月28日	映画界の試合	青木生	配役
3月31日	「大地は微笑む」の作曲	九州　M生	新曲を作曲してほしい

注：日付はすべて1925年であり，媒体は『大朝』である。

である種の「共同体」を形成していたのである。こうした意味で、この「スクリーン」欄はそれ自体がメディアとなり、相互のコミュニケーションを確認する場でもあったといえよう。

この匿名の読者を一つにまとめたのはもちろん『大地は微笑む』という映画劇であるが、その前提となったのは、日本という新たな帝国のなかで高まりつつあった日本語リテラシーと視覚的快楽であった。日本語共同体としての帝国日本と『大地をめぐる』の登場人物に対する映画監督のような目線が合致し、この二つの要素が「大朝」の「スクリーン」欄を「平滑空間」に見せかけていたのである。

「平滑空間」とは、「諸々の境界と差異が撤廃もしくは破棄されるとともに」「均質的な空間」にしてしまう〈帝国〉のイデオロギー空間を指す。[76] しかしながら、「平滑空間」のなかで差異とは「葛藤を引き起こすことのない」、「必要なときには棚上げすることのできるような類い」のものである。ここで注目すべきは、植民者である日本人のみならず、被植民者の立場にあった朝鮮人もこの投書の場に参加していたことである。この投書欄は、「きわめて多くの断層線によって縦横に横切られているからこそ、連続的で均質的な空間であるかのように見えているに過ぎない」。〈帝国〉はそれぞれの差異をみえないものにし、投書欄は映画劇のなかにみられる日本人と朝鮮人の差異、あるいは日本と朝鮮の差、そして読者たちの様々な立場の差異について、「内鮮融和」や朝鮮の若い女性に対する視線に転換させ、均質なものにしていた。こうした意味で投書欄は映画の大衆化と新聞の大衆化により成り立ち、一九二〇年代のメディアの一断層を示してもいた。

ところで、映画に関する投書は、朝鮮でのロケと配役が中心となっていた。例えば三月七日の「役割をかうしたら」や三月二八日の「映画界の試合」などをみると、まず、配役を予想したあと、各映画会社が決めた配役に意見している。まだ映画が撮影途中であるため、完成したものをみていない読者たちは映画会社の配役には不満を表し、自分たちが考えた配役に固執した。一九二〇年代には、多くの映画雑誌や新聞が映画スターの情報や写真を提供していたため、読者は連載小説の挿絵のイメージと物語の文脈に合う俳優を選んでいたのである。投書欄は、映画化に積極的にかかわろうとしたファンの発話の場であり、一九二〇年代のメディアの一面を表してもいた。

『大地は微笑む』の連載が始まってから一か月経った二月九日付の「東朝」は、帝国キネマが映画化に向けて準備をしていると報じた。その翌週の二月一六日付「大朝」に、こんどは松竹が映画化のため打ち合わせをする予定であるという記事が載る。しかし、帝国キネマは計画を取りやめ、日活と東亜キネマと松竹の三社競映となった(77)。

各社の主なスタッフは次のようであった。まず、松竹蒲田では原作者の吉田百助が脚色を担当し、「オールスターカスト」と称されるほど松竹蒲田のトップスターが勢ぞろいした。牛原虚彦と島津保次郎が監督し、日本映画界を代表する女優栗島すみ子が「李秋蓮」役を演じた。また、松竹蒲田は、ヨーロッパを巡遊してきた俳優・井上正夫の「帰朝第一作品として全力をそゝ」いだという(78)。

日活では、日本映画を近代化したといわれる村田實が監督を務める計画であったが、撮影開始直前に倒れたため、溝口健二を含む三名の監督に交代した。同社は広告でも「敢えてその真価を満天下に問う」という表現を使うほどこの作品に自負心を持っていた。日活版は、第一篇は溝口健二、第二篇は若山治、第三篇は鈴木譲がそれぞれ監督を務めた。東亜キネマはこの二社に遅れて参加を表明し、曾根純三脚色、坂田重則監督、根津新や高田稔などが主演を務めた。

ところで、朝鮮のロケが実現するかどうかは読者の大きな関心事であったが、「大朝」側が封切日を早めたせいでその時間がなくなってしまった。最初予定していた正確な封切日はわからないが、松竹版を監督した牛原によると、新聞社側が封切日を四月一〇日に繰り上げてしまい、「既に調査計画をおわり初夏に予定していた中篇の鴨緑江ロケーションも断念しなければならなかった」[79]という。一般の封切り予定は日活と松竹が前篇四月一〇日、中・後篇は日活と松竹が四月一一日、東亜が四月一七日、後篇（東亜）が四月二二日であった。四月一〇日には「大朝」主催の試写会が大阪中之島公会堂で行われたが、ここには日活と松竹の二社は間に合わせたものの、東亜は間に合わせることができず、四月一一日に封切りした。東京では四月一一日に三社そろって前篇を封切るはずであったが、日活のみが間に合い、松竹は検閲の問題で四月一二日となり、東亜は四月一五日となった。日活の中・後篇と東亜の後篇は一七日、松竹の中・後篇は一九日に上映が開始された。

検閲はまだ道府県の警察部が行っていたので、大阪で封切られた映画でも東京で改めて検閲を通す必要があった[80]。このため、同原作、同タイトルの三社競映作にもかかわらず、封切日はバラバラになったのである。この検閲方式が内務省により統一されるのは一九二五年七月一日からであった。

三社すべてが前中後篇（あるいは前後篇）がそろうと、「大朝」は「ファンの熱望をみたす『大地は微笑む』試写会」を五月一日と二日に大阪中央公会堂で開くことにした。ここで映画のテーマ曲である童謡「クックコック」（北原白秋作詞、中山晋平作曲）と舞踊も同時に発表した[81]。松竹版監督の牛原は「すでに三社とも前後篇を完成したが、封切を急いだ関係から市中常設館で上映できなかった場面もその後スッカリつぎ足され監督の手で心ゆくまで整理されたので、当日上映されるものは完成された画期的大映画で」と述べている。つまり、この試写会より前に封切られた映画は、未完成だったということである。「大朝」は試写会一日目は日活版と東亜版を、二日目は松竹版と東亜版を上映した。しかし、五月一〇日に東京の日比谷公園で開かれた大正天皇の銀婚式の記念として映画の上映会を『朝日新聞』に依頼されたときは、三社の映画を同時に上映している。公園の三方にスクリーンを設置し、三社の作品を同時に上映したのである。

松竹版で監督を務めた牛原は、封切日が迫るなか編集作業に追われ、父親の葬式にも参加できなかったといい、この作品にまつわる思い出は「苦しきことのみ多かりき」と回顧している。[82]『朝日新聞』と全関西映画協会は一九二五年度日本映画金賞と監督賞を松竹の『大地は微笑む』に与え、三社競映は幕を閉じた。

さて、「大朝」に映画劇として連載されていたとき、読者の関心は映画化の可否と朝鮮ロケという二つの流れになっていた。前述したように「大朝」は二月二〇日の記事で日活が鴨緑江周辺でロケを行うことを決めたと報じているが、実際には封切日に追われ、実行できなかった。それでも、第二篇は「朝鮮のローカル・カラー」を強調するために、第一篇や第三篇より長かった。[83]日活は朝鮮でのロケは叶わなかったものの、朝鮮の風景や風習をスクリーンに表そうとし、大勢の在日朝鮮人のエキストラを動員した（図1-3）。

この朝鮮の「ローカル・カラー」は「異国の顔」を持つ主人公・秋蓮を演じる岡田嘉子のイメージと相俟って、エキゾチックな朝鮮表象を作り出した。日活版『大地は微笑む』の広告では、「李秋蓮」役の岡田嘉子の姿が常に話題となった。彼女が演じた朝鮮の娘は「手に持たれた水仙の様に純白併しどこ

図 1-3　『大地は微笑む』（松竹版）の広告。二人の登場人物のバックに『朝日新聞』社屋の看板が反転して映っている
出典：『映画と演芸』1925 年 5 月号（筆者所蔵）。

か淋しい美しさが溢れて」いると評された[84]。また「すその長い白いチョゴリが輝くばかりの清純な韓国娘[85]」ともいわれた。岡田嘉子は母方の祖母がオランダ人の血を引くことから、当時日本の映画界で「もっとも異国的な顔」とされる個性の強い俳優であった。

この作品に出演が決まったとき、岡田はすでに『街の手品師』で人気を得ていたが、その相手役に起用された新人の中野英治が「入社一作目」で一躍人気を呼び、松竹の井上正夫を圧倒した。中野英治は当時一九歳の新人俳優で、井上正夫は四一歳の名優であった。中野は、この競作で日活が松竹に勝つことができたのは溝口監督のおかげだと述べている[86]。朝鮮では日活版は、京城の喜楽館と平壌の偕楽館でも上映されることになり、京城では「未曾有の人気を得た[87]」。松竹版は、日活より三日遅れた同年四月一八日、京城の大正館で

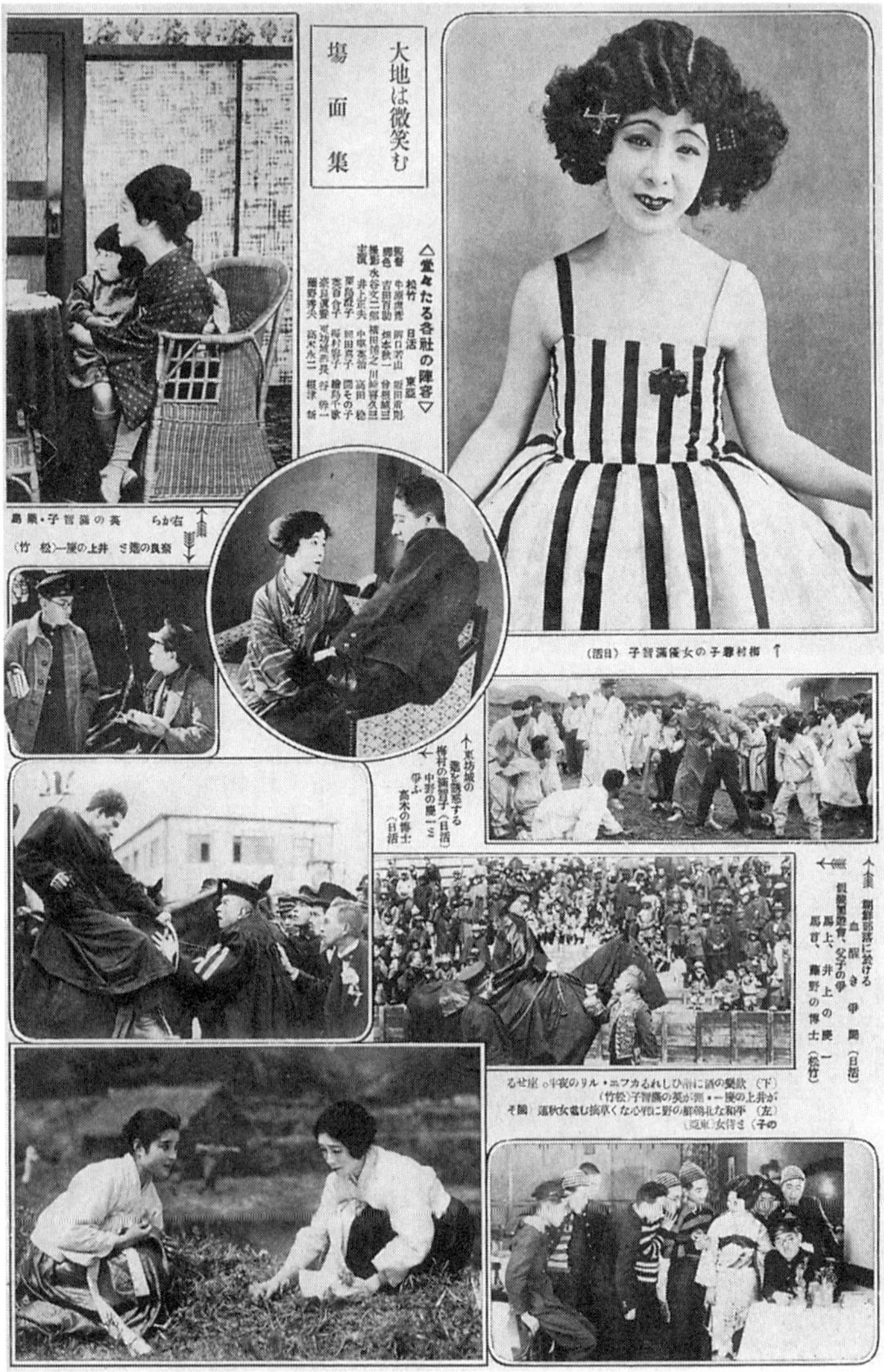

図 1–4 『大地は微笑む』の在日朝鮮人エキストラ（下から 3 段め右）
出典：「大地は微笑む　場面集」『映画と演芸』1925 年 5 月号（筆者所蔵）。

上映されたが、注目されないまま終わってしまった。

このように「大朝」では好評を博したが、朝鮮で上映された際の朝鮮人観客の評価は芳しくなかった。第4章で説明するが、内地からきた日本映画は京城の南村にある日本人経営館で上映され、在朝日本人が主な観客であった。ここで映画をみた一部の朝鮮人観客は、その描き方が「朝鮮人を侮辱したもの」と感じた。ある朝鮮人観客は「このような映画は当然島国日本の外に出さないことを願うが、朝鮮人の首都である京城でこんな×俗な映画を公然に我々の前に持ってきて（中略）我々としてはあらゆる侮辱を感じる」と不快感を露わにした。[88] 内地にて製作された植民者の朝鮮劇とそこに描かれた朝鮮を植民地の京城のスクリーンでみる経験は、朝鮮人にとって「侮辱的」であった。

ちなみに、日活の『大地は微笑む』が朝鮮で話題になっていた頃、もう一つの日活の『世界の女王』も朝鮮で上映されていた。『世界の女王』も『大地は微笑む』と同様に日活系列の喜楽館で封切られ（一九二五年四月）、『大地は微笑む』に次ぐ人気を得た。[89] いずれの作品も少なからず朝鮮を背景にしていることに共通点がある。『世界の女王』についてもう少し述べると、原作・脚色・監督は三枝源次郎で、山本嘉一と高島愛子が主演を務めた。日本最初の「純冒険連続活劇映画」であると評価されたこの作品は、考古学者の谷崎博士が古物収集のため、娘の節子と一緒に朝鮮に数年間暮らしている場面から始まる。ある日、節子が買い求めた上半身だけの仏像は、巷で問題となっていた三島公爵家の秘密を握るものでもあった。そこから様々な事件が起こる。節子はこの仏像の残る半身を探し、二つをあわせると、どこかに隠された三島公爵家の宝物の所在が解ると思い、「内地」へ帰る。しかし、その船のなかでこの仏像を狙っている人々と戦うことになる。ここで、朝鮮は考古学者が古物を収集するために滞在する場所である。考古学がもっとも発達した時期が一九世紀から二〇世紀までであり、この時期に帝国による植民地争奪が盛んだったことを考えると、この映画の主人公の職業そのものが植民地と深い関係を持っていると考えられる。登場人物の職業、内地や内地人に優しい朝鮮の女性や年配者と、威嚇的な男性とのジェンダー的構造、そして様々な立場は植民地と帝国の映画を考える上で重要な問題であるがここで詳しくは述べない。

5 『大地は微笑む』と朝鮮表象

では映画劇『大地は微笑む』やその映画は朝鮮をどのように表象していたのだろうか。フィルムが残っていない現在、手がかりは新聞に連載された小説と読者の投書である。まず新聞小説のなかの朝鮮について考察し、それから投稿欄のなかの朝鮮について考えてみたい。

「朝鮮娘」と匪賊

映画劇『大地は微笑む』は前述したように、一九二五年一月一日から四月三〇日まで延べ一一九回連載された。このうち一月一八日から三月四日までの分が「朝鮮の北境」篇である。新聞小説のため挿絵も一緒に連載されたが、この挿絵も「大朝」と「東朝」では異なっていた。「東朝」では、後述する『正チャンの冒険』の漫画家・樺島勝一が担当、「大朝」では一九二〇年に同社の学芸部に入社した古家新が挿絵を担当していた。古家の画風は「未来派モダニズム」として、樺島の画風は実写的マニエリスムとして評価されていた。実際に二人の絵をみてみると、古家は登場人物を描く際、役割を強調する大胆なタッチだが、樺島の絵は比較的淡白である。例えば、朝鮮が初めて登場する第一八回の挿絵で、古家は人物と物を大胆に強調するが、樺島は人物と自然の調和を描いた。

もう少し具体的にみてみよう。「第二篇」の最初の回（通算第一八回）は秋蓮が輿のなかで外の風景を見つめているところから始まる。彼女は京城の学校に通っているため、しばらくの間、鴨緑江周辺の故郷には戻っていなかったのである。この初回の挿絵では秋蓮は髪を一つにまとめているが、この髪型は朝鮮の風習に合わないと読者から指摘された。

その指摘を受け、「大朝」の「スクリーン」欄には「朝鮮では髪の形によって処女と既婚女が分かれるので、秋蓮に一度既婚を意味する結髪の画がありましたが、すぐすっかり改まりました。私は朝鮮風俗の絵を見て涙ぐましいほど親しさを感じるのです」（一月三〇日付、鮮人としての希望）という声も届いた。この読者は「東京季生」と名乗っているので、おそらく朝鮮半島の留学生と考えられるが、ここでいう「朝鮮風俗」は朝鮮の若い女性のイメージを指している。こうしたジェンダー・イメージは挿絵のみならず、樺島が描いたほかのマンガにもうかがうことができる。

「東朝」の挿絵担当・樺島は同紙や『アサヒグラフ』にもマンガを連載していたが、それらのなかにも朝鮮を女性として象徴したテクストがあり、『大地は微笑む』の挿絵と共通している。『正チャンの冒険―チョウセン』(90)（以下、「正チャン」とする）がそれで、ここで「チョウセン」は「暗く魔法使いが人々を抑圧する城」として描かれている。その「城」には「抑圧されたチョウセンフジンとヒメ」がいたが、主人公が彼女たちを救い出す。様々な地域を冒険しながら旅行している「正チャン」にとって、「チョウセン」は異国であった。「正チャン」は当時正チャン帽子を流行らせるなど、キャラクター商品としても人気が高かった。この人気は「正チャン」を連載していた『朝日新聞』主催の「正チャンとリスの新年会」に集まった子どもたちの様子からもうかがえた。この日の様子を伝える新聞写真を見ると、子どもたちは「正チャン」のキャラクターと同様の帽子と服を身につけている。舞踊と芝居、そして「正チャン」の原作者である織田小星が舞台に登場して語る面白い話は子どもたちのみならず、子どもをつれてきた大人たちも喜ばせたという。[91] また、ラジオ放送がはじまると「明日の正チャン」という番組も盛り込まれた。

「正チャン」は日本のみならず、朝鮮でも人気があった。「大朝 朝鮮版」によると、京城の三越呉服店出張所は一九二五年二月一日から一三日まで「こどもデー」を開催していたが、ここで「内地児童愛護連盟」の佐田至弘が「正チャン」から題材を取った話をし、子どもたちが喜んだという。[92]「正チャン」をどの程度の人が読んでいたか正確な統計はないが、これらの記事を見る限り、当時日本と朝鮮で相当な人気を集めていたことがわかる。このような冒険、見物、異郷、子ども、女性といったキーワードは、一九二〇年代の映画のなかで朝鮮を表象する際、用いられるものでもあった。

とりわけ朝鮮の女性を表象の対象としている代表的な例は、妓生（キーセン）である。妓姓は朝鮮を観光する人がお土産にする絵葉書にしばしば登場していた。[93] 一九二〇年代にはすでに朝鮮を代表するものとして、日本で開かれる展覧会などにも「出張」していた。例えば、一九二六年三月一日から一二日まで大阪の三越呉服店で開かれた朝鮮物産展覧会にも、京城から一〇人の妓生が来ていた。彼女たちが朝鮮物産を「宣伝」するために列車に乗ったという記事もあった。[94]

「大朝」と「東朝」の挿絵担当の二人の画風がもっとも対照をなすのは、第二三回（一月二三日付連載分）である。この回で悪党役の道士王鈞烈が初めて登場し、その場面が挿絵に描かれている。「目は熊のように小さく鋭く、眉は毛虫のように太く、脚は枯木の肌のようである」と描写された彼について、「大朝」の挿絵は脅威を強調しているのに比べ、「東朝」はそれほど脅威を表してはいない。「大朝」の古家は、目と髭を強調し、今にも飛び出してきそうな人として描いた。しかし、「東朝」の樺島は大木の陰に隠れ、何かを覗いているような人として描いている。この挿絵の相違は大阪と東京の相違でもあった。当時、大阪の全人口の五％が朝鮮人であったが、東京では〇・九％に過ぎなかった。一九二七年の統計によると、大阪在住の朝鮮人は四万九六〇人、東京では一万六〇八三人であった。[95]大阪では朝鮮人がコミュニティを作り、日本人と分断されていたが、東京では朝鮮人も日本人のコミュニティのなかに住んでいた。[96]朝鮮人は大阪では可視的な存在であるがゆえに脅威を与える存在であったが、東京では不可視的な存在であるがゆえに脅威を与えるまでは至らなかったのである。

ところで、新聞小説『大地は微笑む』では、主人公・秋蓮のやさしさは様々な場で強調される。例えば二月八日の掲載分では、例の王鈞烈との会話で、「みなさんもよく考えてもらおう。私は内地とか、当地とか、又支那とか、欧州とか、左様いう区別は人の交流に於いては更に関を設けない存念です」と強調する。彼女は続いて「「神の前」にならばすべての人は同胞なのにー」と一人でつぶやくが、この場面が王鈞烈との対立を明確に示している。王鈞烈は「内地」から来た二人の男性を自分たちのコミュニティに受け入れることを拒否し、彼らが苦労しているのは「神の罰」を受けているからだと断言する。しかし、秋蓮はすべての人間は平等であるため、彼らを受け入れ、温かく接するべきであると語る。

ここで平和と共存に脅威を与えるのが朝鮮の若い男性であることに注目する必要がある。秋蓮や彼女の父親（年配）の日本人に対する好意は愛情として表れるが、王鈞烈の拒否感は脅威そのものであった。また、王鈞烈が河の向こう、つまり「匪賊」たちが住んでいる場所とこの町を往来する存在であったこともの ちに脅威になっていく。そして、この第二篇の最後に王鈞烈は「匪賊」とともに町に現れ、町の平和を壊す。[97]「帝国」の外と中の境界を往来していた王は結局敵となり、平和な町を滅ぼしたのである。

投書欄にみる朝鮮

では、この『大地は微笑む』のなかの朝鮮について、読者はどのように受け止めていたのだろうか。映画劇『大地は微笑む』の下に設けられていた「スクリーン」欄は、「東朝」にはない「大朝」の特徴であった。ここでは「大朝」の一九二五年一月から四月までの間に「スクリーン」欄に寄せられた投書のうち朝鮮に関わるものを取り上げ、その朝鮮像を考察してみたい。

まず、表1‐1をみると、全二八本の投書のうち朝鮮と関連するものは、一〇本である。そのほとんどは秋蓮に関わっており、細かい描写や朝鮮の風習についてのコメントも含まれていた。一月二七日付の松山市のM・M生からの投書が最初で、「第二篇」は「是非御苦労だが朝鮮までいってやってもらいたい」と述べ、その理由として「鴨緑江の彼らは何をしても内地では得られまいし、又吾々は見物人があの地の実際の風物に接した時何に胸が躍るかわからない。こんな所は全く劇を離れて写真になってもかまわない」とした。映画の構成要素としてではなく、「劇を離れて写真になっても」かまわないので、「実際の風物」としての朝鮮をこの映画に求めていたのである。

さて、これらの投書で興味深いのは、映画劇『大地は微笑む』のなかの秋蓮の行動をめぐる議論である。この議論をまとめると次のようになる。

①「男女不同席」の思想によって教育を受け内地の女学生よりも遥かに厳格な教育を受けて来た朝鮮娘の秋蓮が自発的に訪問するということは彼女が余程の風変わり者でない以上或いは不自然で無いかと思いました（京都・岡崎生、二月一三日付）

②といっている京都岡崎生［①の内容を指す］に、朝鮮娘の現在の思想は内地人では想像も及ばぬほど新しいことを、何時までもオンドルにくすぶっていないことを父の新人振と共に喜びます（大阪・鮮人の友、二月一五日付）

③岡崎生様の秋蓮に対する御批評は最もだと思ひますが又一面都会に出てそこで新しい教育を受けた彼女の自由な心のままの振舞がなつかしく微笑れます（大阪・青木艶子、二月一五日付）

④「あたしがお見舞いしてあげる」純な美しい同情心、秋蓮はたしかに一歩進んだ日鮮親善論者である（天王寺・紗栄草生、二月一五日付）

⑤今は内地娘よりも朝鮮の娘の新しい思想は日本人では実際想像も及ばぬほどであります。何れ映画に化して美しいシーンとして現れるでしょうが、その際は鮮人と云うものをウント理解してほしいです。大地は微笑むは今や内地人が高唱している親善に適した読み物として申し分ありません（京城通洞八王女生、二月二二日付）

この議論は「岡崎生」という人が『大地は微笑む』の秋蓮の行動が朝鮮の風習、つまり「男女七歳不同席」にそぐわないと指摘したところから始まった（投書①）。この指摘について、一五日には三人の応答が、二二日には朝鮮の首都京城からの応答があり、「大朝」が植民地を含む日本帝国内で同時に読まれていたことがわかる。このなかでおそらく日本人であろう②③④の人々は、秋蓮が近代的教育（植民地の教育）を受け、新しい思想を持っており、さらに自ら行動する姿は「一歩進んだ「日鮮親善論」者である」としている。「日鮮親善論」は「内鮮結婚」あるいは「内鮮恋愛」でかなえるものであったが、このテクストは最後の第三篇で慶一と秋蓮を結婚させる。このように「日鮮親善論」としてこのテクストを受け止めようとする傾向は、投書⑤のなかの「親善」という言葉からも推察できる。植民者側が「内鮮融和」や「内鮮親善」の手段として用いたのは「内鮮結婚」であった。「内鮮結婚」は朝鮮人男性と日本人女性の組み合わせが多かったが、稀に日本人男性と朝鮮人女性の場合もあった。例えば、一九二五年に朝鮮人を妻とする日本人男性は一組のみであった。一九二二年には四組、一九二三年には三組、一九二四年には二組が朝鮮人女性と日本人男性との結婚であった。しかし、朝鮮人男性と日本人女性の場合は、一九二五年をみても、夫を入籍させたものも含めて二八組であった(98)。

⑤の投書は、この新聞連載を植民者たちとほぼ同時に読み、視覚的に感じることができた被植民者の様子を示す。しかしながら、この⑤には、被植民者の不安と亀裂も若干うかがえる。この投書の前半は「大朝」の二月一五日付に掲載された投書（②③）に対する感謝の気持ちを表す。後半は「青木艶子様と紗栄草生様たちの秋蓮に対する御批評は實に我等鮮人に対して理解心のお強い方です。その御理解して下さる美しいお心は我等鮮人にとってどれ程嬉しいか分かりません」という文章から始まり、「私は

右二人に熱く感謝しております」という文章で終わっている。ここでいう「右二人」とは前半で取り上げた二人を指す。「鮮人は新しい」というタイトルは、二月一五日の「内地娘より新しい」と題する投書から取ったタイトルであり、植民者側の「御理解くださる美しい心」により、ようやく朝鮮人である自分の意見が言える場が開かれたのである。

このような植民者と被植民者の錯綜した関係は、一月三〇日付の「東京季生」による「『大地は微笑む』――鮮人としての希望」にも見て取れる。「殊に第二篇に入って朝鮮を取扱ってある点に於いて朝鮮人なる私は事件がどう展開するか興味を持って」おり、「人々は内鮮融和を口にしますが」と述べていて、ここでも「内鮮融和」が使われている。

内鮮融和や内鮮親善という言葉は別の投書にもみられた。二月二三日付の「私のお願い」という「草生」の投書は以下の通りである。

私の願いはやさしい、秋蓮さんを上もない美しい人にしていただきたいのです。またすみませんけれども朝鮮女子（女学生）等の衣服の着方をよく考えてください。どんなに着れば美しいか、どんな作り形が美しいか、それには上衣は長く、下衣は短くしたいのです。（中略）ついでに秋蓮が「あたしお見舞いして上げるわ」というのは人間本性の美しい心です。これを内鮮親善読者論者たちからは考えたくもありません。（傍線は引用者）

この投書は、「内鮮親善読者論者」たちと距離をおきつつ、伝統衣装の着方などの朝鮮の風俗に重点をおいている。風俗や生活のなかでも朝鮮の女性に関するものに焦点を当てていた。三月一日付の「朝鮮の女学生の話」という「公陽生」の投書は、京城に旅行で行ったとき、偶然「朝鮮の女学生」に会ったが、「その正しい日本語、美しいその動作」などを「秋蓮にみます」という。この『大地は微笑む』は朝鮮や朝鮮人を登場させながらも、朝鮮語のセリフやそれらしいものは見当たらない。秋蓮は「正しい日本語と動作」を振る舞う理想的な「朝鮮の娘」像を再現していたのでる。

ところで、『大地は微笑む』のキャスティングを「朝鮮俳優に」まかせるべきだという意見もあった。三月四日付のこの投書はこう主張する。

私は朝鮮キネマ第一回作品「海の秘曲」を見た。第一回作品としては實に上出来であつた。貴社の「大地は微笑む」の第二篇の登場人物などをぜひ朝鮮俳優自らやつたならば我々フアンの多くを如何に喜ばせるだろうと思う。終わりに臨み貴社の日鮮親善の偉大なる大小説「大地は微笑む」を感謝する次第である

こうした朝鮮人役に朝鮮人俳優を使うべきであるという議論は、一九三〇年代末から一九四〇年にかけ、国民総動員体制に入ったとき、朝鮮映画を再発見しようとする動きの中で現れた。例えば、『日本映画』（一九三九年八月号）は「朝鮮映画の現状を語る」のなかで、「日本映画に登場する半島人の役として、半島のスターを招聘して出演させること」などを提案した。このような考え方は日朝合作映画や宣伝動員映画を作る際、「内鮮一体」を訴える有効な方法の一つとして一九三〇年代以降提案されていく。

このように朝鮮映画や朝鮮劇に対する内地の関心は、内地の文化人や知識人の「朝鮮を知らせたい」気持ちが強く反映されていたが、一九四〇年代になってもこの基本的な考え方は受け継がれた。例えば、一九四〇年四月に東京で朝鮮映画『志願兵』の試写会に行った人は、同時上映で清水宏が監督した文化映画『ともだち』(京城や朝鮮の風景を描く作品)をみたあと、雑誌の『観光朝鮮』や写真集の『最近の朝鮮』、妓生の絵葉書までも映画館からもらったと書いている。(99) 内地の朝鮮映画は後述するように在日朝鮮人にとって朝鮮半島へのノスタルジアを呼び起こすものであったが、「日本人」には朝鮮を知らせ、見物させるツールになっていたのである。

6 『大地は微笑む』のメディア翻案

日本映画史上前例のない三社が競映した『大地は微笑む』は、「大朝」の全面的なバックアップにより、他のメディアとしても展開していく。まず一九二五年四月から六月にかけて、梅島昇と花柳章太郎の共演で舞台化された。原作を巖谷三一(槇二)が脚色し、六幕劇として本郷座で上演された。(100) また、一九二五年三月に始まったラジオ放送にも『大地は微笑む』が登場した。一九二五年四月二九日に東京放送局にて「映画劇せりふ」と題した番組に、原作者の吉田百助の苦心談、井上正夫や栗島すみ子といった松竹の俳優たちが出演し、映画のせりふの一部を朗読した。また、新聞連載に登場した歌の「クックコック」は、大阪放送局で五月一二日と一八日に放送された。(101)(102)

このようなメディアミックスの隆盛は、地方新聞でも紹介された。例えば、『トヤマ』(一九二五年五

図 1-5　絵葉書となった『大地は微笑む』（筆者所蔵）。

月一一日付）は「超特大作として完成され六大都市の所属館に一斉に封切りせるや其人気はレコード破もの盛況を続け他社映画を圧して正に競争映画の最高権威の気鋭を得たる名画なる」と報じている。ここでいう所属館とは、それぞれの映画会社がもっていた系列映画館である。富山地方では六大都市のように「所属館」が多くなかったので、日活や松竹館の同時封切りはできず、松竹館は日活より二週間遅れて封切られた。この記事から、『大地は微笑む』の三社競映やそれぞれの「所属館」での同時封切りが地方都市でも行われたことがわかる。

本章で見てきたように『大地は微笑む』は新聞の連載小説、映画、単行本、ラジオドラマ、舞台公演、レコードとなって絵葉書まで登場した（図1-5参照）。映画は富山のような小規模の地方都市でも三社同時に上映された。この小説には朝鮮人の若い女性が登場し、朝鮮の風景が描かれるが、新聞の読者は積極的に映画化とイメージ作りにかかわった。こうした読者の「ナマの声」がどの程度映画や舞台といった視覚媒体に反映されていたかは明確ではないが、少なくとも映画における朝鮮の表象に関して、活字メディアである新聞の読者が視覚メディアに積極的にかかわっていた数少ない事例の一つであったのである。

注

(1)『朝日新聞』二〇〇七年三月三一日付夕刊。

(2) 映画劇は主に舞台化された映画、つまり連載劇に近いものを指した。連載劇は舞台公演の途中に映画的要素が入るものを指す。「大朝」は『大地は微笑む』を連載したとき、映画劇というジャンル名を使っていたし、映画化を前提にした小説にもしばしば使われていた。『朝日』も「映画劇」というジャンルで作品を公募し、『大地は微笑む』はその受賞作品であった。

(3)「スクリーン」欄は『大阪朝日新聞』の名物であり、『朝日新聞』東京版では「映写幕」がその役割を果たした。なお、映画劇と同様の紙面に配置された「スクリーン」欄とは異なり、「映写幕」は映画劇とは別のページに掲載される場合が多かった。

(4) 日本無声映画の名作といわれる本作はそのフィルムの存在が現在のところ知られていない。なお、フィルムではないが、大阪朝日座の里見義郎による映画説明版が残っている(「映画説明『大地は微笑む』一〜四」)。

(5) 牛原虚彦『虚彦映画譜50年』鏡浦書房、一九六八年、一三三頁。

(6)『大地は微笑む』以外にも新聞連載小説が映画化されることはしばしばあった。植民地と関連深いものでは、『大阪毎日新聞』の記者だった菊池幽芳(きくち・ゆほ)が同紙で連載した『己が罪』(一八九九年八月一七日から一九〇〇年五月二〇日まで連載)を挙げることができる。小林貞弘によると、『己が罪』は大正時代まで連載劇を含めて一九本の映画化や舞台化が行われたという。ここで詳しくは述べないが、あらすじを少しだけ紹介すると、女性主人公の環は過去と決別するため台北の赤十字病院で働こうと決意するという物語である。しかし、一九本がすべて同じ内容ではなく、舞台化では、台北の病院の場面は削除されている。詳しくは、小林貞弘「三つの媒体としての『己が罪』――新聞小説と活動写真の相関性について」アーロン・ジェロー他編『映画学ノススメ 牧野守に捧げる』キネマ倶楽部、二〇〇一年、一一九〜一二九頁を参照されたい。

(7) 一九二五年の「大朝」は広告や映画製作過程を詳細に報道したが、その四年後の一九二九年に刊行された『五十年の回顧 大阪朝日新聞』には同作品について言及はなかった。

(8) 少なくとも『読売新聞』や『大阪毎日新聞』などではこの映画についての記事を見つけることはできなかった。

(9) 一九二〇年代の日本の映画界でもっとも重要な出来事は関東大震災であった。映画史研究者の田中純一郎は、関東大震災以降「古いものを思いきりよく切り捨てて、新しいものへ急角度に転向した文化的一断層を形成した」と述べる。映画では、「東京の復興は当分見込みなしとされていたが、十月一日から、寄せ集めの古映画で小石川の伝通館という映画館が開業してみると、(中略)震災前の五倍」の観客が集まったという。震災があった一九二三年映画館の数は七〇三館であったが、震災後の一九二四年にその数は一〇一三館に増加した。田中によると、この映画館の増加が日本映画の製作増加へとつながり、検閲数をみても一九二五年からは外国映画より日本映画の方が上回ることになる(田中純一郎『日本映画発達史II』中央公論社、一九五七年、五〇四〜五〇五頁)。

(10) 同作品についての研究は十分とはいえないが、近年は戦中・戦前の映画関連資料の復刻やフィルムの発掘とともに、研究が活発になっている。幅広い領域で研究が始まっており、ここでは筆者の小見からその片鱗をうかがう程度しか取り上げられないが、まず、主に日中戦争以降のいわゆる十五年戦争期における映画に焦点を合わせ、戦争と国民総動員体制に進んでいく日本において映画やメディアがどのような役割を果たしていたのか、あるいは果たせなかったのかに関する研究としては、櫻本富雄『大東亜戦争と日本映画』青木書店、一九九三年、清水晶『戦争と映画――戦時中と占領下の日本映画史』社会思想社、一九九四年、ピーター・ハーイ『帝国の銀幕――十五年戦争と日本映画』名古屋大学出版会、一九九五年、加藤厚子『総動員体制と映画』新曜社、二〇〇三年、古川隆久『戦時下の日本映画』吉川弘文館、二〇〇三年、岩本憲児編『日本映画とナショナリズム 1931-1945』森話社、二〇〇四年がある。これらの研究は国と映画との関係、つまり、映画法や「国策」映画、映画統制について論じ、実際に人々が当時どのような映画を観ていたのかを考察する。また、社会学やメディア研究、歴史学や人類学においても、この時期の映画に関する関心は高い。例えば、一九三〇年代に映画街としてにぎわった浅草に関する研究（ミリアム・シルバーバーグ「エロ・グロ・ナンセンスの時代——日本のモダン・タイムス」『近代日本の文化史7　総力戦下の知と制度』岩波書店、二〇〇二年、六三〜一〇九頁）、戦前日本のメディアや言説や映画について、ジェンダーと朝鮮の志願兵の観点から論じた研究（T. Hujitani, "The Masculinst Bonds of Nationand Empire: The Discourse on Korean 'Japanese' Soldiers in the Asia Pacific War", Japanese Civilization in the Modern World VI, *Senri Ethnological Studies*, no. 51 (2000), pp. 133–161（T・フジタニ「国民国家と帝国の男性主義的紐帯——アジア太平洋戦争における朝鮮人「皇軍兵士」にかんする言説」山路勝彦・田中雅一編著『植民地主義と人類学』関西学院大学出版会、二〇〇二年、Takashi Fujitani, *Race for Empire: Koreans as Japanese and Japanese as Americans during World War II,* University of California Press, 2011）、一九三〇年代の日本の様々なメディアの国際化と大衆化を論じた研究（吉見俊哉『一九三〇年代のメディアと身体』青弓社、二〇〇二年）、大衆雑誌『キング』と国民化を論じた研究（佐藤卓己『『キング』の時代——国民大衆雑誌の公共性』岩波書店、二〇〇二年）などが挙げられる。本章はこれらの研究業績に多くを負っている。

(11)　山本武利「「帝国」を担いだメディア」山本武利責任編集『岩波講座「帝国」日本の学知　第四巻　メディアのなかの「帝国」』岩波書店、二〇〇六年、二〜二二頁。

(12)　同前、二頁。

(13)　田中真澄「文学と映画——映画劇『大地は微笑む』顚末記」『国文学　解釈と教材の研究』第四六巻六号、二〇〇一年、五八〜六四頁。

(14)　日本でドキュメンタリーという言葉が広く使われはじめたのは、第二次世界大戦後である（藤木秀朗「解説　映画の体系化、歴史化、定義——一九二〇年代前半の映画文化の語り」牧野守監修『日本映画論言説大系28　活動写真の草創期』ゆまに書房、二〇〇六年、五六三〜五九〇頁）。

(15)　上田学「大韓帝国皇太子記録映画の日本における受容」ＪＳＰＳ二国間交流事業共同研究シンポジウム「植民地期の韓国映画と日本映画の交流について」の口頭発表、二〇一三年。

(16)　「活動写真이약이［活動写真物語］」『別乾坤』一九二六年一二月号、九〇〜九一頁。

(17) 寺川信『映画及映画劇』大阪朝日新聞社、一九二五年、一九九〜二〇〇頁。

(18) 映画史研究家の藤木秀朗は、寺川信が述べた『大阪毎日新聞』の活動写真班の「宣伝」活動の解釈について、「身近な行事や商品をより多くの人に知らしめようとする意図が感じられ」るが、「そこには社会の暗部や矛盾を暴き出そうとする志向がほとんど感じられない」と批判する。そして、「事件は問題解決やその後の対策の記録・報道としてよりも、人々の好奇心を掻き立てる材料として扱われて」いたと指摘している。このあり方は「映画に情報をわかりやすく広範に伝える力があること、そしてそれによって多数の人々に感化を与える力があるということが見出される一方で、報道としての映像メディアが社会にとってどのような意義をもち、あるいは逆にどのような問題をもたらすのかということについてはほとんど吟味され」ず、「映画は情報を社会に流通させる役割を担いはじめ、影響力のあるメディアへと成長することになった」(藤木秀朗、前掲「解説 映画の体系化、歴史化、定義」五八五〜五八六頁)。

(19) 田中純一郎『秘録・日本の活動写真』ワイズ出版、二〇〇四年、一六七頁。

(20) 一九一七年に青木将が創刊した。芝居系の記事も多く、さらに雑誌の紙面をグラビアが埋めているのも同誌の特徴であった。映画に関しては、興行館中心の紹介記事が多かった。

(21) 一九一八年に報知新聞の記者だった森富太が浅草帝国館で弁士として活動(活動名は森鷗光)するかたわら『活動評論』という雑誌を創刊し、一九一九年に『活動倶楽部』に改称する。

(22) 一九一五年に岡村柴峰が創刊した。ほかの雑誌と比べると、比較的日本映画に関する記事の比重が高かった。

(23) 今村三四夫『日本映画文献史』鏡浦書房、一九六七年。

(24) 『キネマ旬報』第一七九号(一九二四年一二月一日号)、三七頁。

(25) 『寵姫の恋』は朝鮮の古典小説『운영전[雲英伝]』を原作としている。허찬[ホ・チャン]によると、植民地朝鮮において『雲英伝』はそこまで知られていない古典であったが、在朝日本人が主体となって創設した朝鮮キネマ社は映画化の過程で日本語訳(細井肇訳)を参考にした。そして朝鮮でも映画そのものは興行に失敗したものの、『雲英伝』の存在を大衆に知らせるきっかけとなったという。허찬「1920년대〈운영전〉의 여러 양상 – 일역본〈운영전〉과 한글본〈연정 운영전〉영화〈운영전 – 총희의 연〉의 관계를 중심으로」『열상고전연구』[ホ・

チャン「一九二〇年代『雲英伝』の様々な様相――日訳本『雲英伝』とハングル本『演訂　雲英伝』映画『雲英伝――寵姫の恋』の関係を中心に」『ヨルサン古典研究』」第三八号、二〇一三年、五四一～五七三頁。
(26)「揺籃期の朝鮮映画」『キネマ旬報』第二九六号（一九二八年五月二一日号）、六九頁。
(27)「朝鮮映画をめぐって」『キネマ旬報』第三〇六号（一九二八年九月一日号）、二二〇頁。
(28)「朝鮮映画の現状」『キネマ旬報』第三五八号（一九三〇年三月一日号）、五七～五八頁。
(29)『승방비곡［僧房悲曲］』이구영［李亀永］、東洋映画株式会社、一九三一年。
(30) 前田諒一「読者寄書蘭　編輯部選　朝鮮映画『僧房悲曲』小評（賞）」『キネマ旬報』第三六九号（一九三〇年六月二一日号）。
(31)『キネマ旬報』第三八九号（一九三一年一月二一日号）、八八頁。ちなみに、『화륜［火倫］』は一九三一年に김유영［金幽影］が監督したもので、朝鮮映画のなかでもプロレタリア映画の傾向が強いとされる作品の一つである。金幽影はその前年の一月に「新興映画芸術家同盟ソウルキノ映画工場」の監督という身分でプロキノ京都支部を訪れている。訪問の目的は「日本の同志と深交を結ぶと同時に京都に於ける各映画撮影所の見学」であった（並木晋作編『日本プロレタリア映画同盟（プロキノ）全史』合同出版、一九八六年、一六九頁）。なお、金幽影はこのとき日本のプロキノ映画の座談会にも参加しており、その記録が「新興映画座談会」『新興映画』第二巻三号、六六～七五頁に掲載された。当時の朝鮮のプロレタリア映画については、林和「朝鮮映画の諸傾向に就いて」『新興映画』第二巻三号、一九三〇年、一一五～一二四頁を参照されたい。
(32)「海と戦ふ人々」『キネマ旬報』第三八三号（一九三〇年一一月一一日号）、七二頁。『바다와 싸우는 사람들［海と戦ふ人々］』は양철［梁徹］が一九三〇年に緑星キネマにて監督した作品である。
(33)「朝鮮で映画の製作を開始」『活動雑誌』一九二四年七月号、七〇～七一頁。
(34) 高原慶三「左團次一座の満鮮行　大歌舞伎植民地巡業のうらおもて」『芝居とキネマ』一九二四年一〇月号、一～二頁。
(35) 朝鮮キネマの正式名称は朝鮮キネマ株式会社である。釜山を中心に活動していた劇団「舞台芸術研究会」のメンバーと、在朝日本人の映画人や実業家の出資によって設立された。その第一回作品が『해의 비곡［海の秘曲］』

（一九二四年）であった。監督兼脚本を担当した王必烈は、本名が高佐貫長という日本人であった。彼は僧侶であり、文学士でもあったが、朝鮮キネマの設立を機に映画業界に入った。同社の設立経緯、資産、そして監督や脚本など関係者のほとんどが日本人であることを考えると、『海の秘曲』を「朝鮮映画」とみなしてよいのかという疑問は残るが、内地では「朝鮮映画」として紹介された。

(36)『映画と演芸』一九三四年一一月号にも、李月華［이월화］は「朝鮮キネマ株式会社のスター」として写真が掲載された。

(37) 朝鮮の美術を研究する金惠信は戦前の西洋画から「モダン」に代表される新女性の姿と「伝統」に代表される妓生の姿が対照的なものではなく、交差すると鋭く論じている（金惠信「植民地期韓国のモダンガールと遊女」北原恵編『アジアの女性身体はいかに描かれたか——視覚表象と戦争の記憶』青弓社、二〇一三年、一五一〜一六九頁）。

(38) 이화진「여배우의 등장 근대극장의 신체와 섹슈얼리티」이상우 외 편『越境하는 극장들 동아시아 근대극장과 예술사의 변동』소명출판［イ・ファジン「女優の登場 近代劇場の身体とセクシュアリティ」イ・サンウほか編『越境する劇場 東アジアの近代劇場と芸術史の変動』ソミョン出版］、二〇一三年、二七〇〜三〇七頁。

(39) 同前、三〇〇〜三〇一頁。

(40)「日活と朝鮮キネマ提携」『キネマ旬報』第一七九号（一九二四年一二月一日号）、三三頁。

(41) 寺川信『映画及映画劇』大阪朝日新聞社、一九二五年、二〇六頁。

(42)『海の秘曲』よりも前に、『活動倶楽部』（一九二四年三月号）は東亜文化協会製作の『춘향전［烈女　春香伝］』を紹介しているが、内地で封切られたかどうかは不明である。

(43) 前田夢郎「朝鮮映画の現状」『キネマ旬報』第三八五号（一九三〇年）、五七〜五八頁。

(44)『海の秘曲』に出演していた安鐘和は回顧録で同作品で黒字三〇〇〇円を計上したと述べ、その後尹白南が入社したとしているが、尹白南は黒字が六〇〇〇円に上ったと述べている。また、朝鮮キネマに入社してから『海の秘曲』が製作されたと回顧しており、二人の記憶にずれがある。この回顧録は안종화［安鐘和］『韓国映画側面秘史』현대미학사［現代美学社］一九六二＝一九九八年（原文はハングルであるが、タイトルは漢字の表記となっている）である。日本では、長沢雅春訳で、『韓国映画を作った男たち　一九〇五—四五年』青弓社、二〇一三年と

して出版されている。なお、尹白南の回顧は尹白南「朝鮮映画史的漫話」『新興芸術』一九三二年一月号、四三〜四五頁に載っている。
(45) 尹白南、前掲「韓国映画史漫話」。
(46) 安鐘和、前掲『韓国映画側面秘史』。
(47) ここまでの遠山満に関する記述は、田中則広「在朝日本人の映画製作研究——剣戟俳優・遠山満の活動をめぐって」『メディア史研究』第一七号、二〇〇四年、一二二〜一四二頁、정종화『식민지와 제국의 영화교섭 #조선영화라는 근대』(주) 박이정、二〇〇〇年［チョン・ジョンファ『植民地と帝国の映画交渉史 #朝鮮映画という近代』（株）パクイジョン］を参考にまとめたものである。
(48) 「遠山満夫妻　朝鮮で旗揚げ」『国際映画新聞』一九三〇年一二月号、三二頁。
(49) チョン・ジョンファ、前掲『식민지와 제국의 영화교섭』。
(50) 『映画時代』第一巻一号（一九三一年三月号）。
(51) 한국예술연구소편『이영일의 한국영화사를 위한 증언록 윤봉춘 편』도서출판 소도［韓国芸術研究所編『李英一の韓国映画史のための証言録 尹逢春編』図書出版ソド］、二〇〇四年。
(52) 『キネマ旬報』第一七二号（一九二四年九月一一日号）。
(53) 『劇と映画』一九二四年一〇月号。
(54) 林千歳「逆流に立ちてのロケーションにて」『劇と映画』一九二四年一〇月号。
(55) 『劇と映画』一九二四年一〇月号。
(56) 『芝居とキネマ』一九二四年一〇月号。
(57) 「主要映画批評」『キネマ旬報』第一七六号（一九二四年一一月一日号）。
(58) 前田夢郎「朝鮮映画の現状」『キネマ旬報』第三五八号（一九三〇年三月一日号）、五七〜五八頁。
(59) 「朝鮮キネマと松竹の朝鮮劇」『芝居とキネマ』一九二四年一〇月号。
(60) 『世界の女王』三枝源次郎、日活京都、一九二五年。
(61) 『国境の血涙』友成用三、高松プロ、一九二六年。

(62)『自由の天地』大森勝、帝キネ、一九二六年。なお、一九三六年に清水宏が監督した同名の映画『自由の天地』にも朝鮮人の女性が登場するが、別の作品である。

(63)「『闇光』日活に依て公開」『日活映画』一九二五年三月号。

(64)「大朝」が一八七九年一月二五日大阪で創刊されたときは『朝日新聞』という名前だった。その後、一八八八年東京の『めさまし新聞』を買収し、同年七月には『東京朝日新聞』と改称した。『朝日新聞』も翌年一月から『大阪朝日新聞』に改称した。最初、この二つの新聞は社説もそれぞれ出し、名前以外のつながりは少なかった。両新聞の社説が一つになったのは一九三六年六月二日付からであった。一九四〇年九月一日からはそれぞれの地名を削除した『朝日新聞』に統一する。

(65)当時日本映画界では、映画のあらすじの公募は頻繁に行われていた。各映画会社には専属の脚本家がいたが、経費の問題でその人数は少なく、一年に何十本ものの映画を作る製作会社は常に新たな素材を探す必要があった。そこで映画会社はあらすじを一般公募し、専属の脚本家が脚色するやり方が一般的だった。映画会社や新聞社以外にも「貯金奨励」や「労働問題」などの「啓発・啓蒙宣伝」に関するものはすべて一般公募された。こうしたやり方は「募集そのものが、すでに宣伝の効力をもっていたので、もっともいい方法として取り扱われて」いた。浦島三郎「活動写真の種あかし」東洋出版社、一九二二年(牧野守編『日本映画論言説大系 29』ゆまに書房、二〇〇六年所収、二九頁)。映画化の試みそのものがすでに「宣伝」効果をもっていたと考えられる。いわば広報の役割も担っていたのである。

(66)同時期に雑誌『主婦の友』や『女性』も映画のあらすじを募集しており、賞金は一五〇〇円だった(寺川信、前掲『映画及映画劇』二〇八頁)。

(67)田中真澄、前掲「文学と映画」五八頁。

(68)日本では一九二〇年代の無声映画末期から一九三〇年代にかけて、文学と映画の交流が旺盛だった。例えば、「映画劇」のほか、「映画小説」「シネポエム」「コンティニュイティ」「読むシナリオ」などという言葉にその交流がうかがえる。詳しくは、飯島正『映画のなかの文学 文学のなかの映画』白水社、一九七六年を参照されたい。

(69)吉田が朝日新聞社で賞金を受け取ったのは一九二三年九月一日の昼前だった。彼はその帰途で関東大震災に遭遇した。市内の焼跡風景をみた彼は、壁紙の商売をすれば儲かると考えた。しかし、信頼していた同級生にそのお金を持ち逃げされ、松竹の脚本家になったという（牛原虚彦、前掲『虚彦映画譜50年』一三二頁）。

(70) 関東大震災のときに、一万人近い在日朝鮮人が虐殺され、「大朝」と『読売新聞』がこの件について報道している。「東大」や『東京日日』は社説や記事で報じなかった。「大報」は「不逞自警団の検挙」（一九二三年一〇月二七日付）と「震災に現れた社会的欠陥」（一九二三年一一月三日付）という社説を、『読売新聞』は「震中の不祥事」という評論（一九二三年九月二七日付）を掲載した。강동진『일본언론계와 조선 1910-1945』지식산업사［姜東鎮『日本の言論界と朝鮮 1910-1945』知識産業社］、一九八四年、二五〇頁。

(71) 活字媒体に映画のあらすじを載せるのは、一九一〇年代から行われていた。山本直樹によると、映画雑誌『活動写真界』では一九〇八年から「誌面の多くを割いて掲載されたものが、映画作品の筋書き」であった。「これによって読者は弁士の説明だけではわかりにくい点を補うことができるし、また作品から受けた様々な印象を、それをもとにして何度でも反芻することができる」ためである（山本直樹「「読み物」としての映画」明治学院大学大学院文学研究科芸術学紀要『Bandaly』第一号、二〇〇二年、四九〜六八頁、五二頁）。山本が対象としているのは一九一〇年代前後に発行された映画雑誌で、読者が映画を観に行き、そこで弁士の話し言葉を聞き覚え、あとで文字に起こした映画のあらすじや内容の匿名投稿である。また、彼はこうした映画経験が観客をただ聞く受動的な存在ではなく、能動的な存在に変えたと論じている。しかし、本章で対象としている『大地は微笑む』は映画化の前に新聞紙上で連載され、映画化と舞台化、単行本化がほぼ同時に進行したため、一九一〇年代の読み物とは異なる特徴をもつ。新聞を購読するという近代的な習慣、日本語の読み書き能力、さらには映画に関する情報をジャーナルから手に入れ、映画館に向かうという行動様式がこの映画の観客行動から読み取れる。

(72) 無声映画時代、字幕には二つの種類があった。まず、説明字幕とかサブタイトルというものがあり、STと表記する。もう一つは挿入字幕であり、登場人物の会話のなかで重要な部分を字幕にしたものであり、SPT（スポークンタイトル）と表記する。

(73) 「大朝」一九二五年一月一日付。

(74) 日活は、当初このシーンを朝鮮ロケする予定であったが、封切日が繰り上げられたため、桂川で朝鮮編を撮影した。ここにエキストラとして約三〇〇人の在日朝鮮人を集めたという（『大朝　京滋』一九二五年四月九日付）。

(75) 朝鮮では日本の雑誌や新聞を読む人々が少なからず存在していた。その正確な統計は不明だが、朝鮮を代表する作家蔡萬植の小説をみると、雑誌『キング』を読む青年が登場する次のようなシーンがある。「いったい朝鮮人は雑誌一つ作っても、なんであんなものしか作れないんだ。写真もなければ漫画もない。しかも難しい漢字ばかり埋め込んで、いったい誰に読めというんだ。（中略）雑誌といえば、『キング』や『少年倶楽部』の右に出るものがないね。本当にすばらしいよ」（南富鎭『文学の植民地主義 近代朝鮮の風景と記憶』世界思想社、二〇〇六年、一一六頁）。南富鎮はこの事例が朝鮮における日本語教育の普及によるものであると説明しているが、日本の新聞や雑誌が視覚的要素を重視していたこともその一因なのではないだろうか。また、南富鎮は、朝鮮語新聞や雑誌より「写真や漫画」が多いと言っている。つまり、活字の識字率や読解率よりは視覚的快楽が新聞や雑誌にも求められていたのである。

(76) アントニオ・ネグリ、マイケル・ハート、水嶋一憲・酒井隆史ほか訳『〈帝国〉』以文社、二〇〇三年、二五八頁。

(77) この三社の競映は結局日活と松竹の競争となる。日活は日本の映画会社のなかでもっとも長い歴史を持つ映画製作会社である。日活の正式名称は日本活動写真株式会社であり、一九一二年に設立された。松竹はその二年後に松竹キネマ株式会社という名前で設立された。戦前日本では、日活、松竹、新興キネマ、大都映画株式会社、東宝映画株式会社を五大映画会社と呼んだ。新興キネマは一九二〇年大阪で設立された帝国キネマ演芸株式会社がその前身であるが、一九三一年に東京に本社を移して改称した。大都映画株式会社は一九二〇年設立した国際活映株式会社がその前身で、一九三三年に改称した。東宝映画株式会社は一九二七年に設立された。

(78) 『劇と映画』一九二五年五月号。

(79) 牛原虚彦「映画『大地は微笑む』三社競作のころ」『朝日新聞』一九六三年一月二九日。

(80) 一九二一年に文部省社会教育課が行った調査によると（公開は一九二二年）、すべての地域に検閲部署が存在したわけではない。例えば興行について取締規定のある地域は三一県で、ない地域は徳島県であった。さらにこの調査によると、「活動写真を教育上に応用し得る咨申せる地方は、兵庫、大阪、岡山、愛知、奈良、北海道」であり、「有害なりとしてみている地方は三一県、利害相半ばせるものが一一県、態度不明が五県」であった（寺川信、前掲『映画及映画劇』一八七頁)。

(81) 「大朝」四月二五日付。

(82) 牛原虚彦、前掲『虚彦映画譜50年』一三三頁。

(83) 『キネマ旬報』第一九三号(一九二五年五月一一日号)。

(84) 『キネマ旬報』第一九〇号(一九二五年四月一一日号)。

(85) 工藤正治『岡田嘉子　終わりなき冬の旅』双葉社、一九七二年、一一一頁。

(86) 岩本憲児・佐伯智紀編『聞書き　キネマの青春』リブロポート、一九八八年、一四八頁。

(87) 「大朝　朝鮮版」一九二五年四月二三日付。

(88) 『朝鮮日報』一九二五年五月四日付。

(89) 「大朝　朝鮮版」一九二五年四月一八日付。

(90) 『正チャンの冒険』は一九二三年から『アサヒグラフ』に連載された子ども向けマンガである。織田小星作、樺島勝一画で、日本初の吹き出し付きマンガとしても知られる。主人公の正ちゃんという名前は「大正」の正から取っている。二〇〇三年に小学館から復刻されたが、この「チョウセン」篇は所収していない。ちなみに、『正チャンの冒険』は二〇〇六年と二〇〇七年にキャラクター切手としても発売された。

(91) 「大朝」一九二五年一月七日付。

(92) 「大朝 朝鮮版」一九二五年二月一〇日付。

(93) この時代の絵葉書に関する研究は、近年、韓国において活発に行われているため、ここでは省略する。代表的なものに、권행가「日帝時代 郵便葉書에 나타난 기생이미지」한국미술연구소 편『미술사논단』[権幸佳「日帝時代郵便葉書に表れた妓生イメージ」韓国美術研究所編『美術史論壇』]第一二号、二〇〇一年、권혁희『조선에서 온 사진엽서』민음사[クォン・ヒョクヒ『朝鮮から来た絵葉書』ミンウムシャ]、二〇〇五年などがある。これらの研究はポストコロニアルと帝国主義の関連から分析されたものである。

(94) 「春は回る 朝鮮宣伝と妓姓」「大朝 朝鮮版」一九二六年三月一六日付。

(95) その内訳をみると、東京では学生が二四八三人、各種人夫が八九〇七人であったが、大阪では職工が一万五〇六二人で各種人夫が四五二四人であった。東京府学務部社会課「在京朝鮮人労働者の現状」一九二九年（中川清編『労働者生活調査資料集成7』青史社、一九九五年、一六頁）。

(96) 外村大『在日朝鮮人社会の歴史学的研究』緑蔭書房、二〇〇四年、一二一頁。

(97) 国境地帯における「匪賊」たちとの戦いを描く映画はこのほかにも『国境の血涙』（マキノ東京派映画、一九二六年）があり、少し後になると『望楼の決死隊』（今井正、一九四一年）も挙げられる。どちらの作品でも主人公の妻が国境の村で近代的な学問を教える。前者は日本語や数学を、後者の場合は医術を普及させる。一九四一年になると「国語常用」により、映画のなかの朝鮮人も日本語を「国語」としていることが前提になった。こうした活劇映画における「我々」対敵、植民者と被植民者、村の住民のなかの上下関係などを成り立たせるのは何か、考えるべき問題であろう。

(98) 森木和美「移住者たちの「内鮮結婚」――植民地主義と家父長制」山路勝彦・田中雅一編著『植民地主義と人類学』関西学院大学出版会、二〇〇二年、二八三～三一一頁、二九三頁。

(99) 福田清人「朝鮮の映画と文学」『観光朝鮮』一九四〇年七月号。

(100) 『本郷座』一九二五年六月号、四頁。

(101) 田中眞澄、前掲「文学と映画」六三～六四頁。

(102) このように一つの素材から多様なメディアがモチーフを得て展開した注目すべきものに、『北満の偵察』がある。一九三一年の満洲事変は「際もの」と呼ばれた戦争映画を日本で流行らせた。もっとも有名な話は「肉弾三勇士」であるが、それと同じくらい有名な話に「山田一等兵」というものがある。山田一等兵は偵察任務中に中国人に捕まえられたが、後で朝鮮人看守の鄭さんに救出されるという話である。この話は、映画『北満の偵察』（吉村廉、日活、一九三二年）、演劇『チチハル入城』（竹田敏彦、一九三二年）になり、ビクターからは、浪花節『山田一等兵と鄭さん』（松風軒栄楽、一九三二年）がレコードとして出ている。

第2章　映画『春香伝』の越境と翻訳の不／可能性

1　「春香伝」という物語

朝鮮半島に古くから伝わる物語「春香伝」は、その発祥こそ明確ではないものの、唱劇、映画、オペラ、演劇、小説など幅広い分野で借用されてきた。一九三九年に『朝鮮小説史』を執筆した金台俊［김태준］は、「春香伝」を「最高の水準に達した朝鮮の古典」と評価した。(1)「春香伝」は一八世紀半ばに初めて登場し、いくつかの説話に基づき、物語として完成された。当初はパンソリだったが、のちに文字化され小説として幅広く読まれるようになった。そのあらすじは、南原に住んでいた元妓生の娘・春香とそこに赴任してきた府使の息子・夢龍が恋仲となるが、夢龍は父親の栄転とともに漢陽（今のソウル）に行くことになる。後任の府使は春香に夜添いを命ずるが、春香はその命令を拒み、様々な受難にあうところに、暗行御使（日本の水戸黄門のような職）となった夢龍が現れ、救いだすというものである。

ところで、『태백산맥［太白山脈］』などで有名な韓国の小説家・趙廷來［조정래］が、「春香伝を越える恋愛小説を書いてみるのが夢(2)」というほど代表的な恋愛小説の「春香伝」であるが、この作品を見る

視線は多様である。前述した『朝鮮小説史』では、「英正年間の春香伝は、一個の漢文小説でありまた艶情小説として封建階級貴族の娯楽的読み物」とあるが、「純憲哲朝以降、中在孝のような広手（旅芸人）や妓生の手でどしどし脚色され、特権階級の生活の暴露や、それにたいする反抗の叫びを制限もなくつめこみ、かえって自分たちの真実を吐露する宣伝道具とし」「新興階級の勝利を代弁」したものになった(3)。朝鮮において、「純憲哲朝」以降は封建社会が近代化する混乱期であった。この時期に「春香伝」は単なる恋愛小説から、様々な解釈ができる開かれたテクストに進化したのである。

また、「春香伝」はとりわけ韓国の映画史においても重要な役割を果たした。植民地期には二回の映画と、一回の劇中劇映画になり、植民地期が終わった後も新たな映画技術が試されるたびに素材となった。なぜこういった現象がおこったのかについて、韓国映画研究者の金美賢［김미현］は「社会は近代への途上にあったが、生活様式と構造は前近代的感性に留まっており、この不均衡は、各時代の新しい技術形式が「春香伝」という古典と結びつくようになった歴史的背景を物語ってくれる」と分析している(4)。「春香伝」の映画化は、経済成長に取り残された前近代的感性の表現であるともいえるのである。韓国の歴史ある新聞『東亜日報』は、「「春香」こそ国産映画四〇年を飾った偉大な功労物といってもよい」と評価しているほど、「春香」が韓国映画史に与えた影響は多大であった(5)。

本章では、韓国映画史において重要な役割を果たしてきた「春香伝」という物語が、戦前から戦後に至るまで日韓の文化交流においても重要な素材として影響を与えてきたことに注目する。一九三〇年代の日本帝国内における文化「交流」でも、一九六〇年代の日韓国交正常化期前後(6)、そして一九九〇年代末から二〇〇〇年代初めの日韓ワールドカップ共催前後の文化交流の中心には、いつも「春香伝」の物語があったのである。近年では、韓国のマンガやアニメーション、ドラマでも重要なモチーフとなるなど、その領域も広がっている。

ここでは、この三つの時期のなかでも、一九三〇年代の日本帝国期に焦点をあて、映画に「春香」が果たした役割について考えてみたい。前述したように「春香」は韓国映画界に新たなテクノロジーが導入される際、いつも最初にその技術を試す素材であった。一九三〇年代には、こうしたテクノロジーを試みながら、日本帝国内における文化「交流」、とりわけ日本「内地」と朝鮮をつなぐ役割をしていたのである。ここでは一九三〇年代の内地や朝鮮の雑誌・新聞記事を中心に、その詳細を見ていこう。

2　映画化までの道のり

朝鮮半島のパンソリ文学の一つであった「春香伝」が日本に紹介されたのは一八八二年だった。半井桃水が桃水野史という名前で、一八八二年六月二六日から七月二三日まで二〇回にわたって『大阪朝日新聞』に「鶏林情話　春香伝」を連載したのである。(7) 一九〇六年には高橋仏焉が、雑誌『太陽』に「朝鮮の文学　春香伝の概略」を寄稿した。(8) また、朝鮮で発行されていた日本語雑誌『朝鮮』(9)には、のちに京城帝国大学で国文学を教えることになる麻生磯次が「戯曲　春香伝——三幕四場」を掲載した。(10) 中西伊之助が抄訳した(原文は呂圭亨作)「春香伝　広寒楼記」が『女性改造』一九二四年九月号と一〇月号に載り、完全訳は一一月号に掲載された。演出家の秦豊吉は、「昨年十一月日劇で『春香伝』をレビューにしてやったのが」「朝鮮に手がけた最初」であり、これをきっかけに「本年九月末演出、装置各一

図 2-1　日劇のレビューの広告
出典：『読売新聞』1938 年 11 月 9 日付。

名女子踊り手二人を京城に派遣し、ぜひ面白い朝鮮レビューを製作したいと準備中」であると雑誌で語っている。[11] 日劇初の「ドラマチカルショウ」、「春香伝　十五景」がそれである（図 2-1 参照）。また、村山知義は、一九四〇年一月一一日から三日間の趙澤元の公演のため、高木東六と協力してバレエ向けに翻案している。[12] 一九四一年には東京宝塚が芸術座で『春香女伝』を上演した。[13] このように「春香伝」は内地でも様々な形でくりかえし呼び出された。

一方、朝鮮においても、一九三〇年代に入ってから「春香伝」の人気は高まっていた。例えば、一九三四年一一月二八日付の『東亜日報』は、五つの項目に関する特別論文を募った。[14] その五つとは、我々の人生観、一九三五年朝鮮思想界の主要課題、朝鮮の文化遺産とその伝承方法、春香伝の現代的解釈、「恋愛と結婚」に対する私の提唱、であった。『東亜日報』は当時朝鮮で影響力のある朝鮮語新聞であったが、公募論文のテーマに「春香伝」が入っていたのである。

新聞のみならず、この時期の朝鮮の演芸界でも「春香伝」は多大な人気を集めていた。韓国の公演文化を研究しているペク・ヒョンミ［백현미］は、その例として以下を取り上げている。[15] 一九三五年

四月には唱劇「春香伝」のレコードが発売され、一九三六年初めに柳致眞［유치진］による戯曲「春香伝」の新聞連載[16]、青春座と朝鮮声楽研究会の「春香伝」公演[17]、ロシア・バレエ団の舞踊劇公演[18]、劇芸術研究会の公演などである[19]。一九三〇年代後半には、朝鮮声楽研究会の『春香伝』公演を報道する記事も見える[20][21]。

また、舞台劇の「春香伝」がラジオで生中継されることもあった。例えば、一九三六年九月二六日付の『毎日申報』に、「同八時三十分　舞台劇――東洋劇場から中継――『春香伝』中　第三幕　第一場五里亭　第二場東軒」という記事が見られる。興味深いのは、こうしたラジオ中継が朝鮮半島のみならず、日本にも届いていたことである。例えば、一九三七年二月二五日付の『朝日新聞』（東京版）には、「夜八時半京城から朝鮮歌劇『春香伝』が中継される」「朝鮮における小説中の白眉として、或は劇に或映画にして一般の愛好描かざるものであるが、今回は新任府使到着の場面を選んで前後の荒筋を付しておく」とある。ラジオは玄界灘を越え、人々に同時に「春香伝」を共有させたのである[22]。

また、「春香伝」の発祥地である南原には、春香を祀る「春香祠」が建ったと報じられた[23]。

朝鮮の愛人烈女　春香に対する追慕の情はますます増しているが、南原廣寒楼の向かい側に春香祠を建て、彼女の魂を慰めることになった。しかし、未だに春香の姿が臨める画像がないことを遺憾に思っていた湖南銀行の取締　玄俊鎬氏と殖産銀行の取締　林繁蔵氏らは春香の肖像を作り、ここに安置しようとして人物画の権威　以堂　金殷鎬氏に委嘱し、春香の画像（ママ）を描こうと（中略）金殷鎬氏はこの絵を描くために去年一二月から各方面の意見と考証を参考にし、朝鮮巻番妓生この記事をみると、南原地方の朝鮮人のみならず、殖産銀行の取締役など経済界を含む多様な人々が「春香祠」の建立に携わったことがわかる。このように日常生活から演芸界まで「春香伝」は絶大な人気を得ており、それは映画界にも広がっていた。

この頃映画界では、「春香伝」が日本帝国の内地と朝鮮を結ぶツール、文化人たちが「交流」する一つのメディアとなっていた。次節では「春香伝」の映画化が内鮮の文化人たち、そのなかでも映画人の交流に与えた影響について考えていく。「春香伝」は「何十回何百回となく上演或いは上映が繰返されて居りながら、それ〲の興行館または劇団が黒字の決算を見たといふそのことばかりでなく、劇場が〔京城〕府民館[24]あたりでこの物語が大衆の前で公開される度毎に潮の如く押寄せる群衆は、半島人の凡ゆる階級凡ゆる層の老若男女を網羅して[25]」いた。

3 「内鮮文化人」の交流のツール

トーキー映画の出現

内地において朝鮮映画に対する関心が高まり、様々な映画雑誌が取り上げるようになったのは、第1章で述べたように一九二〇年代に入ってからであった。朝鮮で一九二三年に商業的な劇映画が製作され、それが『春香伝[26]』であった。その前年春に朝鮮総督府逓信局の貯金宣伝映画『月下の盟誓[27]』が製作・上映されていたが、宣伝映画でない劇映画は『春香伝』が初めてであった。

この映画の上映により、「我が朝鮮古代の文芸小説の著名な春香伝の光輝は一層新たなものとなった」と『朝鮮日報』は伝えた[28]。しかし、朝鮮の小説家兼脚本家兼俳優として名を知られていた沈薫は、「春香伝」の物語そのものはストーリー性に優れ、本も誰もが持っているにもかかわらず、映画は主演俳優たちの未熟な演技もあり、「朝鮮映画」に好奇心を持つ人しか見に行かなかったと酷評した[29]。また、朝鮮キネマの尹白南も「朝鮮映画の従進というよりむしろ悪影響」を与えた「支離滅裂な駄作」であったとした[30]。

その後しばらくして李創用は、「その出来栄えは兎も角」誰もが知る物語の構造であるため、一般に相当な反響と刺激を与えたと述べた[31]。京城の映画研究会のメンバーでもあった前田夢郎も「朝鮮大衆の赤いハートを慰めるもの」の一つとして『春香伝』を取り上げ、これらの作品が朝鮮映画史上「特筆すべき傑作」であると評価した[32]。

内地に初めて紹介された朝鮮映画も、この『春香伝』であった。映画雑誌『活動倶楽部』[33]（一九二四年三月号）は、「朝鮮に芽生えた純映画劇」として『烈女　春香伝』を紹介し、次のように述べている。

> 吾々は今、兄弟朝鮮を知らねばならず、より以上理解と愛とを持たねばならない。朝鮮を理解する為めに、朝鮮人を愛せんが為めに、幸い此の映画が全たき使命を果たさんことを祈る。

しかし、内地で試写会が行われたかあるいは実際に封切られたのかは、今のところ不明である。映画の紹介記事はあるが、試写会の情報や批評記事は見当らない。

そのあと、一九三五年には朝鮮映画史上二作目となる『春香伝』が朝鮮初のトーキー映画として製作された。トーキー映画の素材に「春香伝」が使われたことについて、『朝鮮日報』は以下のように分析した(一九三五年八月一六日付)。

朝鮮のトーキー映画はこの映画を以て最初のものとするが、同時にタイトルが『春香伝』であるので興行価値は満点であるだろうと予測できる。

トーキー映画は無声映画より莫大な製作費を必要とするため、興行上、失敗の可能性が低い物語として「春香伝」が選ばれたのである。また、『春香伝』は朝鮮だけではなく、「内地で全面的に興行するまでにはゆかなくとも、有名になつたもの」の一つでもあった[34]。

一九三五年版の朝鮮映画『春香伝』が日本語字幕付きで内地に輸出されたのもその一因である[35]。朝鮮初のトーキー映画であった『春香伝』は、分島周次郎が所有する京城撮影所で撮影された。京城撮影所では、朝鮮人の撮影技師・李弼雨と京都からきた中川尭司[36]がトーキーの録音と撮影を担当していた。分島はこの作品に日本語字幕を入れて内地に送り、日本人だけでなく在日朝鮮人のために娯楽作品としてトーキー映画を今後も作っていくつもりだと述べた[37]。ちなみに中川は中川佐一郎の名前で働いていたが、独自のトーキー装置を開発してから中川尭司に改名し、京都のエトナ映画社の撮影所内[38]に「オーギオシネマ研究所」を設立した。エトナ映画社は中川が合流し、旧マキノ撮影所を買収することで、本格的に映画製作に着手することができた。

『春香伝』の撮影を担当した李弼雨は、映画撮影が始まる前に「君たちはろくな無声映画も一つも作ってないのに、トーキー映画を製作するとは」大胆であると、よく言われると書いている。李弼雨は今の朝鮮でトーキーを作るのが厳しいことはよく承知しており、「朝鮮映画が他の国の映画と比べて遅れているのは明白な事実で」あるが、トーキー映画を一応始めてから可否を判断してほしいと述べた。(39)

同じく製作にかかわった李銘牛は「朝鮮における唯一の古典的芸術作品でポピュラーな春香伝を映画化してみたいという熱望と朝鮮で初めての試験である発声映画を作ってみたい」という気持ちで取り組んだが、「技術的欠陥と設備の不完全さ」から悲惨な結果となったと述べる。音楽も適当なものがない上に映画用に編曲できる人もおらず、洋楽の伴奏を入れて部分的に「朝鮮楽をいれる」ことになった。最終的に製作費と技術的問題のせいで高い声はフィルムに入るが低い声は入らず、「アフレコ」の声と口も合わないトーキー失敗作となったのである。(40)

このようなトーキー版『春香伝』は、朝鮮では不評だった。安夕影（安碩柱という別名もあった）(41)は「観客の殺到とともに興行に多大な効果」があり、「朝鮮映画に大きなショックを与えた」としながらも（『朝鮮日報』一九三五年一〇月一一日付）、トーキー版では民衆の話が見えず、恋愛物に変わってしまったと相反する感想を述べている。(42)『春香伝』はもともと恋物語ではあるが、基底には民衆の抵抗や統治者に対する批判意識がある。そこが映画では見えなかったのである。なお、村山知義の舞台上演でも同様の批判はあった。

また、俳優兼映画評論家の羅雄は、春香の物語が「老幼男女を問わずポピュラーな烈女伝」であると評価した上で、「斯かる時代劇を制作したのは観衆に親しみがあること、時代考證に誤魔化しが利くこと、衣装、小道具が少ない費用で作られること等の理由に」よると述べた。しかし、トーキー映画は「従来の無声映画よりズッとレベルの低いものに属す」と批判する。[43] 監督兼映画評論家の徐光霽は、「脚色や監督や俳優の演技や擬装は完全に失敗した作品だが、ただし朝鮮初のトーキー映画ということで観衆は入る」とした。[44]

当時の朝鮮では、トーキー映画はまだ時期尚早という声が多かった。技術的な問題はもちろんのこと、五〇〇〇円くらいで作れる無声映画に比べて、トーキー映画はその二倍かかるが、映画館の入場料は同じで収益も上がらなかった。『春香伝』の場合は朝鮮初の「語る写真」であったので、興行成績がよかったが、それは特別に入場料を高く設定したからであった。趙恵伯は「朝鮮映画企業化問題」という論稿で、『春香伝』の成功は今後のトーキー映画の成功の基準にはなりえず、何よりも朝鮮映画界ではトーキー映画化よりも映画会社の企業化を優先すべきだとしている。[45] トーキー映画『春香伝』は、あくまでも初のトーキー映画という例外ゆえに成功したのであった。

翻訳と翻案のはざまで

一方、朝鮮でトーキー映画の『春香伝』が登場した三年後の一九三八年、東京では村山知義を中心とする新協劇団が『春香伝』を舞台にした。[46] この上演については多くの先行研究があるので、[47] ここでは詳しく述べないが、注目すべきは、村山が「朝鮮との交流」のためにこの劇を作ったと述べている点である。[48]

演劇の方では、歌舞伎劇はしばしば朝鮮へ行くが、これは朝鮮に住む内地人だけを相手とするものであり、内地から、朝鮮人観客のために芝居を持つて行くのは、今度新協劇団が「春香伝」を持つていくのが最初であろう。これがどういう結果をもつかは、今後の両地の演劇的交流に大きな影響を及ぼすだろう。

新協劇団は『春香伝』を東京公演に留めなかった。文学研究者・林浩治によると、『春香伝』は「東京の築地小劇場で上演した後、大阪・京都、さらに京城から平壌、太田、群山、全州、大邱、釜山」と回ったという(49)。村山は東京で上演する前に「始めて東洋の古典劇を取り扱うので小道具、衣裳等の蒐集のために」安英一、仁木独人などとともに朝鮮に渡った。京城で唯一朝鮮人資本の百貨店であった和信の社長朴興植らは、村山一行に無償で春香や夢龍用の衣装十数着を提供した(50)。ところで、村山がいう「朝鮮との交流」には、内地に暮らす朝鮮人も含まれた。彼は、朝鮮で発行されていた日本語雑誌『朝鮮及満洲』でこう述べている(51)。

内地に朝鮮の人が大勢居ます。(中略)さう云う人達にも、朝鮮の良い芸術を見せてあげたいと考え(中略)張赫宙君に、朝鮮をテーマにした戯曲を書いてくれるやうに頼んで居りました。すると、張君が「春香伝」(六幕十五場)を書いてくれました。「春香伝」では、柳致眞君が朝鮮語で書いたものを学生芸術座という朝鮮人の学生の劇団が、去年、東京で上演したことがありました。……

村山知義の依頼で『春香伝』の戯曲を書いた張赫宙[52]は、「この新劇『春香伝』は朝鮮人を為主にするだけではなく、朝鮮人以外の人々にも広く知らせるために制作した」ものであり、「まず、日本内地人を目標とし、その次には支那人乃至外国人」に見せることを目標としていたと述べる[53]。彼は続いて次のように言う。

朝鮮人のなかでも三〇代以前の若い人々は『春香伝』という言葉は聞いたことがあるが、自ら読んだり、目で見たり、聞いたりする機会が少なかつたし、たとえ、そうした機会があるとしてもその形式があんまりにも古いので、近代的感覚を持つ彼らにはどうしても自分たちのモノのようには感じられないだろう。

張赫宙が書いた『春香伝』の戯曲は内地や満洲、さらに「近代的感覚」を持った朝鮮の若い人々に向けられていた。しかし、張赫宙のこうした考え方は朝鮮では一部の文化人を除いて受け入れられなかった。村山と親交のあった柳致眞や崔承姫などを除くと、好評は得られなかったのである。張赫宙の戯曲『春香伝』は身分問題などを無視しており、さらに日本語のセリフと[54]、歌舞伎形式が主に批判された[55]。原作にあるような春香と夢龍の身分を越えた恋の物語ではなくなっていたのである。

張赫宙は『春香伝』を「美男美女の恋のローマンスが主になっているが、この他に、朝鮮の昔の管制の一端」がみえるし、「権力と、民衆の非統治の情景を知ることが出来る[56]」ととらえたが、この物語の底辺にある身分の問題には触れなかった。こうした批判を意識したかのように、のちに日本語訳について「原作にある通りの歌詞調や、漢詞調の文章を直接的に翻訳したのでは、とても原作の面白さは移しえないし、内容も単純で素朴すぎて文学的価値も薄らぐので、一年近く、原作の筋や雰囲気だけを筆者の頭の中で捏ねている中、遂に時代と人物と雰囲気だけを取り上げ、他は筆者自身の感覚によつて肉付けをし」[57]ていると述べている。張赫宙や村山の『春香伝』の翻訳をめぐって、朝鮮と内地のいわゆる「文化人」が座談会を開いているが、ここでも立場は分かれていた。参加したのは内地から秋田雨雀、林房雄、張赫宙、辛島驍（京城帝国大学教授）、古川兼秀（朝鮮総督府図書課長）であり、朝鮮側は詩人の鄭芝溶、評論家の林和、普成の教授・兪鎮午、評論家の金文輯、小説家の李泰俊、劇作家の柳致眞であった。[58]この座談会で金文輯は『春香伝』は「内地語」に翻訳すると「三文の価値もない」とし、林和も「その持味がなくなる」と主張した。しかし、村山は「内地人が皆、朝鮮語を習うことが可能でない以上、翻訳の『春香伝』は必要だと」考えた。翻訳不可能と思われていた『春香伝』は、原作そのままではなく、張赫宙の作品として新たに作り直されたのである。

東京学生芸術座から始まる内朝文化人の交流

東京では舞台『春香伝』を東京学生芸術座も上演した。東京学生芸術座は「一九三四年六月二十四日東京で演劇を勉強しようとする一五名の友人が集まり」作った演劇研究団体であった。戯曲の研究、脚本や詩、小説の朗読、演劇講座、座談会、見学、公演の六つの活動を掲げ、「演劇と音楽の結合による新しい演劇ジャンルの創造を目標」にしていた。第一回目の公演は柳致眞原作の『牛』を含む複数の作品を手がけ、『春香伝』は第二回目の公演となった。一九三六年には映画部も創設し、多様な活動を行った。
『春香伝』は一九三七年六月二二日と二三日の両日にわたって、築地小劇場で四幕九場で上演した。『都新聞』ではこの東京学生芸術座の『春香伝』を「半島劇」とし、「『復活』と『検察官』を総合したような大作」であると称賛し、音響効果や役者の演技もすべてよく、さらに最後の部分で「当時の社会的背景を強調した意図」も分かったとしている[59]。
一方、村山は『春香伝』を日本語で上演するうちに、新劇における「内地朝鮮の将来」像を見出したとして、以下のようなことを考えたと述べた[60]。

内地における朝鮮人の朝鮮語の芝居を盛んにすること。内地の劇団がもつと朝鮮を取り扱つた戯曲、朝鮮の古典の翻訳脚本等を上演すること。たびたび内地の劇団が朝鮮に旅公演し、またその逆が行われること。

新協劇団の日本語公演は、このように「内鮮交流」のための一つの方法であった。朝鮮半島の物語「春香伝」は内地の作品となり、朝鮮では逆に日本語の歌舞伎形式[61]で上演された。この形式の上演は在朝日本人にも影響を与えたようである。例えば、村山の小説『丹青』[62]に以下のような場面がある。新協劇団の『春香伝』の戯曲を書いた作家・緑川が同名の映画のシナリオを書くために京城に招待され、様々な人と会う。緑川が泊まるHホテル[63]に、日本人の女学生四人と朝鮮人の女学生二人が訪ねてくる。この六人のなかで「四人の内地人のお嬢さんはみんな京城で生まれた人ばかりで、内地へ行つたことのある人は、そのうちたつた一人」であるが、みな「去年東京から来た新協劇団の春香伝を見」ていた。彼女たちは朝鮮語ではない「憧れている新劇に初めて接したのでひどく感激した」のである。[64]新協劇団の団長・秋田雨雀は、朝鮮の新聞にこう寄稿している。[65]

私は先月初頃から朝鮮にいる朝鮮の友人と内地の友人たちから『春香伝』渡鮮に対する歓喜の手紙をたくさん受け取つている。この二つの国土に住んでいる人々がこのように熱情的に歓呼する例を私は見たことがない。（中略）私は『春香伝』上演中のほとんど毎日観客席に座つて観客の反応を観察した。朝鮮の人々とこのように一つの場所に座つて一つの演劇のテーマにより喜悲をともにしたことがあるのか。私の一先輩が牢獄の場面の春香のある言葉を聞き、涙を流しながら泣いたといふ。

このように秋田は、『春香伝』の舞台は朝鮮の人々と「喜悲をともに」し、感情の交流ができる一つの場になっていると感じていた。彼は、のちに雑誌の取材でも、「『春香伝』の旅で受けた朝鮮の人々の好意に対して、或は生涯報いる時があるか何うかを心配している位です」と答えている。[66]秋田が雑誌『人間』の一九二〇年一月号に書いた戯曲「金玉均の死」は、その六か月後に朝鮮の雑誌『創造』に掲載されるなど、[67]彼と朝鮮とのつながりは『春香伝』が初めてではなかったが、『春香伝』の上演によってより深い交流を考えるようになったと推察できる。

東京でこの舞台をみた作家・藤森成吉は、「セリフの不備にもかかわらず、たいへんおもしろかった」と述べている。[68]

図 2–2 『春香伝』のエンディング。京城公演
出典：『観光朝鮮』1939 年 10 月号。

なにがおもしろくたのしかったのか
第一に朝鮮の芝居――しかもその独参湯ともいふべきもの――が東京の舞台に紹介されたこと。第二に、割合単純な話ながらたのしめる芝居だつたこと。

藤森は張赫宙が「日本語の小説や随筆ではあれほどの堪能を示しながら、セリフの書きかたではなほ」欠けていたとしながらも、「朝鮮の芝居が東京に紹介」されたことを重視した。[69]『春香伝』の上演はその完成度はともかく、東京でも朝鮮でも「交流」や「紹介」の面でその価値が評価されたのである。

この舞台上演は、映画人たちにも刺激を与えた。例えば、映画評論家の飯島正は以下のように述べた。[70]

演劇の方では新協劇団が『春香伝』をこの春上演した。（中略）目に訴えるところの多い『春香伝』は、一冊の本が出版されるよりも、朝鮮の事物を日本人に知らせる率は、はるかに大きい。しかし、演劇も亦その実行に就いては、相当の難関があるものと思はなければならない。だが、映画は、文学演劇のもつかういふ実現に対する抵抗を比較的容易に避けられる特質を持つている。日本における朝鮮映画の興行は、最近の実情を見て即断するような楽観を許しはしない。（中略）今日迄に行われるべくして行われなかつた朝鮮文化の日本に於ける紹介といふ大事業が、映画に依れば割合楽になれるといふことになつたのだ。

このように新協劇団の『春香伝』は内地の映画人たちに大きな影響を与えたことがうかがえる。また、飯島は、日本語字幕をつけるだけで日本人が朝鮮映画を理解することができるなら、これには大きい意義があり、したがって朝鮮の映画人たちの文化的任務は大きいとも、ここで言っている。ちなみに、村山はのちに開かれた座談会で、内地の舞台で『春香伝』が受けたのは「内地・朝鮮に共通のヒューマニティがあった」からとした(71)。

図 2-3　瀧澤修の夢龍と赤木蘭子の春香
出典：『観光朝鮮』1939 年 10 月号。

ところで村山と張赫宙は「朝鮮的なもの」をみると、ある種の恥ずかしさを感じたと述べている。村山は崔承姫の舞踊が表象する「朝鮮の純風俗」等をみると、「我々「朝鮮人」の姿を自ら暴露するようでよくない」と言った。[72] 張赫宙は、朝鮮映画を見ると「何か面映いような恥ずかしいような気のしない時はなかった」、それは「自分の家庭内の秘事を他人に見られる時のようなそうした羞恥心だ」とした。このように「朝鮮的なもの」をみると、家庭内の秘事を他人に見られた」ような感覚を覚えるという二人は、「朝鮮最高の傑作」で「朝鮮的なもの」ともいわれる『春香伝』を携えて朝鮮を越え、内地や満洲へ進出を図ろうとしていたのである。

以上見てきたように、一九二〇年代、一九三〇年代半ばに朝鮮で作られた映画『春香伝』も、新協劇団の『春香伝』も、朝鮮と内地の「交流」において中心的な役割を果たした。すでに一九二〇年代から日本では朝鮮を素材に映画が作られ、朝鮮映画も紹介されていた。内地に紹介されるのは在朝日本人の作品が多かったが、「朝鮮映画」も上映されたことは間違いない。一九三〇年代になると、映画だけではなく、内地と朝鮮をつなぐラジオや演劇も現れた。そして、一九二三年の無声版、一九三五年のトーキー版に次いで、『春香伝』の三度目の映画化が企画される。

4　朝映における三度目の映画化と国策映画

朝映の映画化企画

『春香伝』の舞台の成功を受けて、朝鮮国内では村山を監督として招聘し、映画化しようとする動きも出てきた。企画したのは一九三七年七月に朝鮮にできた朝鮮映画株式会社（以下、朝映とする）であった。朝映は映画製作と配給をするため、資本金五〇万円を集めて創立された会社であり、[73] 鉱山で成功した実業家・崔南周が取締役兼社長を、呉榮錫が取締役を務めた。この会社は朝鮮の映画会社としては初めての株式会社だった[74]。

また、朝映は日本全土と満洲へ進出を図るため、内地の東宝と提携し、その第一回目の作品として『春香伝』を製作することにした[75]。東宝との契約は、日本および満洲向けの作品を二本、朝鮮および満洲向けの作品を四本、合計六本の作品を製作し、その配給はすべて東宝が担当するというものであった[76]。契約には、屋外撮影は朝鮮で、セット撮影（屋内撮影）は内地で行い、朝映の監督部と村山が共同で撮ることも含まれていた[77]。『春香伝』の三度目の映画化は舞台と同様に内鮮合作の意味も強かったのである。

朝映は『春香伝』の企画と並行して、「京城から汽車で三十分ほどのところにある議政府という小さい町はずれの山の中に、大規模なスタジオ建設のプランを立て」ていた[78]。朝映のこうした動きについて村山自身はこう語っている[79]。

朝鮮だけの力では、映画の制作費が一万円以上かけたら、どんなにその映画が成功しても到底回収できないということだ。だから内地の市場を開放することが絶対に必要であり、また、内地市場に現れ得るすぐれた映画を作らせるためには、内地の芸術家や技術家や製作会社の技術的経済的援助がなくてはならない。この傾向が実際となつて現れて『漢江』その他となり、朝鮮映画株式会社の『春香伝』の企画となった。

また、村山はほかの論考でこの『春香伝』の内鮮協力が朝鮮映画の発展につながると述べた。『春香伝』は「朝鮮の誇りとして広く紹介されてよいすぐれた内容と感情を持つているし、それはまた民族や国境を越えて、誰にでも訴え掛けることのできる、普遍性を持つている」からだという[80]。

村山のこうした考え方は、朝鮮や内地の映画人も共有していた。例えば、朝鮮映画『授業料』の広告は「村山知義により制作されるという『春香伝』もあり、半島の代表的スター文藝峰の大船映画出演の計画もあり、ようやく内鮮映画人たちの交流が著しくなりました」と宣伝した[81]。また、『春香伝』は「朝鮮の古典を映画化し、世界的水準まで上げると同時に朝鮮映画の海外進出の道を広く開拓する」という点でも注目された[82]。内鮮の文化交流からはじまった朝鮮映画が、さらに世界へ進出するきっかけになると期待されていたのである。

俳優のなかにも『春香伝』に出演することを世界進出の機会ととらえる人がいた。主人公の李夢龍役に選ばれた舞踊家の趙澤元について、彼の師匠である石井漠は「世界的に進出するのもこれからだと思う」と期待を隠さなかった。

各映画雑誌も村山の『春香伝』に大きな期待をかけた。『キネマ旬報』は村山知義シナリオを朝映と東宝が提携し、『春香伝』が作られると報じている[83]。『日本映画』は、朝映が村山と大作『春香伝』の計画を立てており、この製作費を回収するために別に内地の観客向けの映画を作るべきだとした[84]。映画雑誌ではないが、『読売新聞』は「春香役者が見当たらぬため、今までのびのびになってゐたものであったが、文藝峰というスターに決まり、「この異數の抜擢のため、半島の麗人文藝峰の映画的地位がさらに高まった[85]」と書いた。文藝峰はこの映画化によって、二回も春香を務めた俳優となる[86]。

一方、村山は、京城帝国大学で行った講演で、映画『春香伝』は、新協劇団の舞台とは異なるものになると明言した。具体的には、①年代を確定し、衣装などで徹底した時代考証を行う、②春香を理想的な人ではなく、もう少し人間的な感情を持つものとして描き、李夢龍を疑う部分も描く、③全体的に素朴な物語として描く、といったことである。新協劇団の舞台は歌舞伎の形式を借りて「ロマンチックで豪華で誇張されていた」が、映画では「リアリスティックで素朴で人間的」なものにしたいというのである。[87] 村山は雑誌の座談会で、内地でも好評を得る朝鮮映画の例として『旅路』を挙げ、「単調だけれど、素朴な根強さ」をその理由とした。[88] しかし、朝鮮の映画界では、『旅路』と『春香伝』は「百貨店のお土産標本のような情緒が多く、それは朝鮮的なものではない」と批判されていた。[89] この点については本書の第3章で詳しく述べたい。

村山は映画『春香伝』を撮影するため、様々な場所に出かけ、以下のように語る。[90]

映画の『春香伝』を撮るために、その旧跡というような所を歩き廻ったり、ロケーション・ハンティングのつもりで田舎のほうを少し歩いたりしたんです。彼処も彼処も非常に印象が新しいですよ。古い建物とか、古い美術品、遺跡なんかに、吾々の先祖の芸術品と非常に似通ったものが発見されて、それが又日本に伝わってきたのと全然違う特別な朝鮮的な独特なスタイルを持っているので、非常に惹かれたんですが。

ここで彼がいう「特別な朝鮮的な独特なスタイル」は、日本の歌舞伎とは異なり「リアリスティックで素朴で人間的」であった。そして、こうした朝鮮の「ローカリティ」とも呼ぶべきものを日本人が演出することに対して朝鮮でも批判が起きた。朝鮮では朝鮮の古典文学『春香伝』の映画化に日本人の村山知義がかかわることに反発が強かったのである。映画評論家兼監督の徐光霽は、映画製作費が四万円と巨額であることに注目し、そんな金をかければ村山でなくても「内地の市場」に出せる映画が作れるとした。さらに、撮影技師や録音技師を内地から呼んでくるのは構わないが、シナリオ・ライターと監督を内地人に任せては成功するはずがないとも述べた。[91] ほかの作品なら監督とシナリオ・ライターを内地から呼んでもいいが、『春香伝』に限ってはそうしてはならないというのである。

こうした考え方は内地でも聞かれた。例えば、小説家の丹羽文雄は「半島の映画も」「四五篇みてい」て、印象に残ったのは「監督も半島人」であった映画『授業料』と『漢江』だという。そして「日本人の監督はたとえどのような事情があるにしても決して半島映画を監督すべきではない」と語る。日本人監督による作品は「半島人の生活が誇張され、生活の真相が歪曲されて私たちの眼に映るという危険」があるため、一人の日本人を映画のなかに登場させるのはいいが、監督を日本人に任せてはいけないと主張した。[92] また、映画評論家・筈見恒夫は「最近になって漸く朝鮮映画株式会社の様な纏った組織の会社が成立され村山知義を迎えての『春香伝』の様な大きな企画を発表している」が、その「実現性になると余り大きな期待は持てない」と述べた。[93]

しかし、朝映と内地の東宝が提携し、世界進出も視野に入れたこの『春香伝』の映画化は、実現には至らなかった。[94] 四万円とも一〇万円ともいわれる製作費の問題や、村山が一九四〇年八月に治安維持法で捕まってしまったためともいわれているが、詳細は不明のままである。朝映はその後『旅路』や『軍用列車』（この二作については第3章を参照）を作った聖峰映画園を買収し、映画製作にさらに積極的になっていった。

また、同時期にできたもう一つの映画制作会社の高麗映画協会（以下、高映とする。高映については第5章を参照）は、朝鮮総督府の嘱託であった西亀元貞に『春香夜話』の企画を任せていた。これは「朝鮮演劇史において新劇団が未だその専門劇場を持たない、謂うところの「流浪劇団」であった日の一挿話」であり、「『春香伝』を劇中劇」とする筋であったが[95]、やはり映画化には至らなかった[96]。西亀は朝鮮映画について次のように考えていた[97]。

朝鮮映画はよくチェッコの映画と比較され、朝鮮は内地と違つたエスプリを持つていると思ふんです。僕は、民族の歴史、古典の傑作が出なければと思つています。朝鮮映画が内地へ進出すると同時に大陸へ進出するやうな映画を作つて行かなければならない。

西亀の「民族の歴史、古典の傑作」ならば内地や大陸へ進出できるといい、その眼鏡にかなったのが「春香伝」であったといえよう。

「美しき青春」が作り出す映画

「春香伝」が世界に進出できたのは、一九四一年製作の『半島の春』によってである。「春香伝」の映画化はこれで三度目だった。『半島の春』は一九四一年に李丙逸が設立した明寶映画社の作品で、一九

四二年五月創立した社団法人朝鮮映画配給社を経由して、満洲へ移出された初の朝鮮映画であった[98]。これは朝鮮にあった各映画配給業者を統合した会社である。『반도의 봄〔半島の春〕』は、朝鮮の映画人たちが莫大な製作費をかきあつめ、半島映画社によりようやく映画『春香伝』が完成し、主人公たちは東京に留学するという物語である。映画のなかの映画として、「春香伝」はようやく村山や張赫宙が望んでいた世界に進出した。朝鮮映画株式会社が映画化できなかった『春香伝』は、「国策会社」ともいえる朝鮮映画配給社（以下、朝鮮映配）によってようやく満洲へと移出されたのである。朝鮮の映画館で『半島の春』が上映されるとき、タイトルが『美しき青春』に変更されることもあった。

内地にたびたび移出されていた朝鮮映画が日本帝国の境界を越え、満洲まで行くことができたのは、満洲映画協会[99]の事情もあった。満洲映画協会は、一九三八年九月から一か月に一回朝鮮映画を輸入しようと計画していた。一九三八年から月一回発行されていた『満洲映画』では、「朝鮮映画の動向」が日本映画の一つとして紹介された[100]。一九三八年五月には京城の高映社内に満映朝鮮配給所を設置し、高映とフィルム交換協定を結んだ。この連携にかかわった高映は、第5章で取り上げる『授業料』の製作会社でもあった。高映と満映の提携は、朝鮮内の映画製作や配給が統廃合される一九四二年まで続いた。一九三八年から一九四三年まで満映を通して満洲で上映された朝鮮映画は、平均すると一年に四作品ほどで、毎月一作という計画は実現できなかった[101]。映画『半島の春』はこうした満映の計画と朝鮮の映画人たちの海外進出の願いが接合された結果でもあったのである。

『日本映画』一九四三年一一月号をみると、これまで朝鮮映配を経由して満洲に輸出された朝鮮映画は『半島の春』のみであったが、『朝鮮海峡[102]』、『仰げ大空[103]』、『昭和一九年[104]』、『吾ら今ぞ征く[105]』など劇映画二本、文化映画五本が選ばれたと告知している。そしてこれらの映画を満洲で上映すれば、「百数十万の在満半島人に与える影響」が期待されるとした。[106] 朝鮮的といわれていた「春香伝」が日本帝国の境界を越え、満洲に輸出できたのは、「国策」によるものであった。

韓国の劇作家・呉泳鎮は「内地の国策映画が全体と個体、個人と共同体の運命の中にロマンスを見出そうとする良心的な企画にもかかわらず、その作品の大部分が、朝鮮の大衆に親和の情を起こさしめない理由は」、「個々全体の運命を描かんとする善い意図にもかかわらず、それは絢爛として煽情的なロマンスにまで花咲えなかった」ことにあるとし、朝鮮映画を製作する意義は「実にこのブランクを充すところにある」[107]とした。「朝鮮最高の傑作」であり、朝鮮の映画史に何度も登場した「春香伝」は、まさに「絢爛として煽情的なロマンス」であったのである。

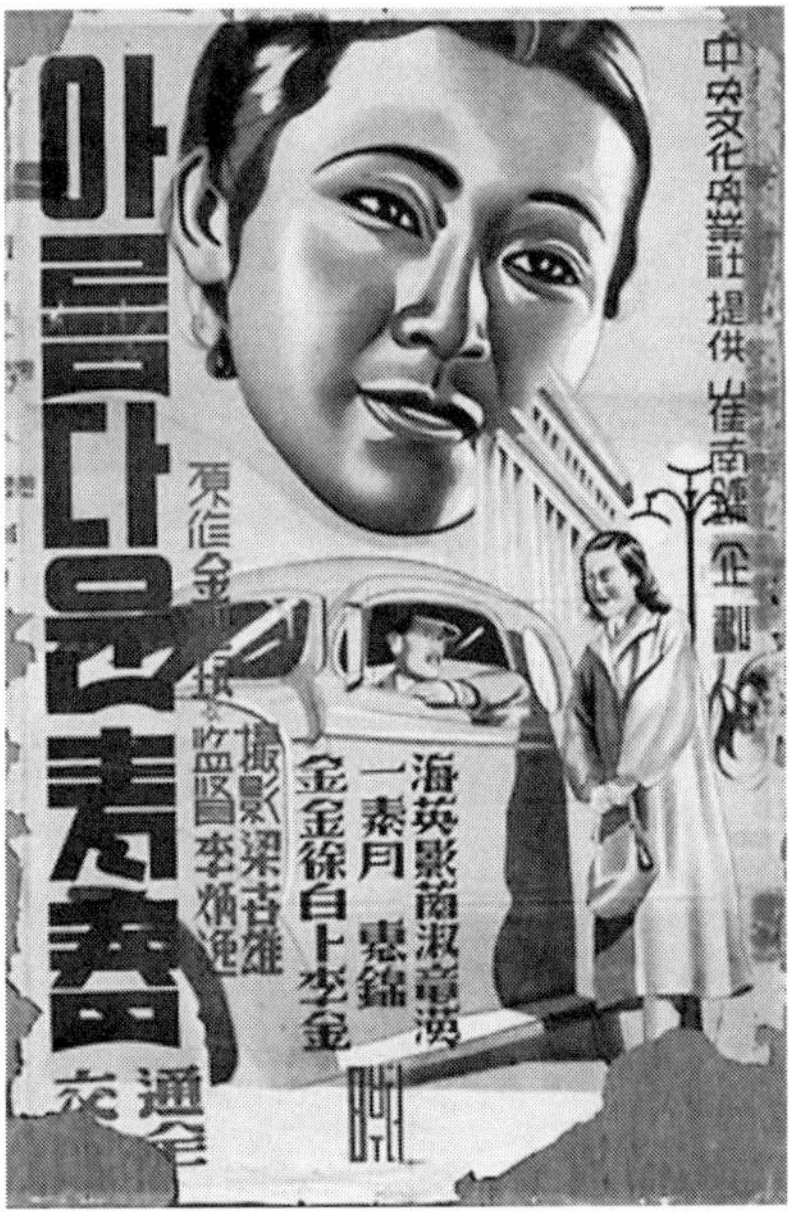

図 2-4　映画館上映時のポスター
出典：韓国映像資料院の KMDb, 管理番号 DPK00151A。

5　オリエンタリズムと「春香伝」

以上見てきたように、「春香伝」は日本帝国内で朝鮮と内地、朝鮮と満洲を結ぶツールであった。村山や張赫宙のように内地で活躍していた文化人たちは、こうしたツールを使い、世界進出をはかった。舞台『春香伝』をめぐる村上や張赫宙の発言からもそれがうかがえる。東宝と連携した朝映が第一作に『春香伝』を企画していたことも、当時の文化交流において「春香伝」がいかに重要な役割を果たしていたのかを示している。

レイ・チョウがいう東洋人のオリエンタリズムは、こうした朝鮮映画の状況にも当てはめることができる。本来は西洋との対比で、「野蛮、未開、理解不能」として他者化される「東洋」は、西洋に文化商品を輸出する際も戦略的に使われる。レイ・チョウは、西ドイツ映画は「国内成長を保持するためには輸出に頼らざるをえない近代資本主義経済における、文化と商品の矛盾、(自己)表現の価値と(自己露出)の価値の矛盾のさなかで創造された映画」であったというエルザエッサーの分析を手がかりに、中国映画が「西洋」にいかに「顕示」されているのかを考察した。(108) 朝鮮の映画人たちは『春香伝』や『旅路』は「百貨店のお土産標本」のように寄せ集めに過ぎず、「真なる朝鮮」ではないと考えながらも、朝鮮的なものとして朝鮮の外へ売り出した。第3章で説明するが、これは朝鮮の映画人たちの自発的な意思というよりは、内地の状況に合わせた行動であった。内地でいかに朝鮮映画が「顕示」されているか、ここから明らかである。

こうした「文化と商品の矛盾」は、戦後になっても「春香伝」という形で日韓の文化交流に見られた。

例えば、日本では一九四八年一一月二〇日から、東京の有楽座でオペラ『春香伝』が上演された。在日本朝鮮人連盟が企画を立て、村山知義が台本と演出をつとめ、高木東六が作曲した作品であった。[109]韓国では一九六一年の正月に『春香伝』と『成春香』という同じ内容の異なるタイトルの映画が競映され、ファンの関心を集めた。いずれの作品も主演に人気女優を迎えて注目を浴びたが、『成春香』の方が完成度は高かったといわれる。[110]『成春香』は日本の映画館では上映はできなかったものの、試写会などは開かれ、戦後日本に公式的に輸出された最初の韓国劇映画となった。[111]

二〇〇二年の日韓ワールドカップ前後にも、こうした文化交流の事例をみつけることができる。日韓合作マンガ『新暗行御使《しんあんぎょうおんし》』(二〇〇一〜二〇〇七年)は、韓国の若手漫画家・尹仁完の原作、梁慶一の作画、出版元は대원CI[デウォンCI](韓国)とサンデーGXコミックス(日本)が担当した。二〇〇四年には劇場版アニメーションにもなった。このマンガのモチーフはフィクションとノンフィクションを問わず、朝鮮半島の歴史的人物だが、主人公は一貫して文秀(ムンス)と「春香」である。勧善懲悪の要素はなく、歴史上のヒーローを悪人や弱い者として描いているところが注目に値する。また、下敷にした「春香伝」では恋人・夢龍との再会を待ちながら、様々な受難に遭う春香の姿が描かれるが、マンガではこうした女性は出てこない。むしろ、原作の男性主人公の夢龍はマンガでは第一話の冒頭で死んでしまい、以降、春香は名前を山道(サンド)に変え、文秀のボディーガードとなる。この作品のほかにも、「春香」をモチーフにしたマンガに、『新・春香伝』(CLAMP、白泉社、一九九六年)、『李朝・暗行記』(皇なつき、角川書店、一九九三年)などがある。

朝鮮半島に古くから伝わる「春香伝」は、戦前は内鮮の文化人の交流のツール、あるいは世界に売り出す朝鮮の文化商品であった。戦後は日本社会においてエスニック・マイノリティとなった在日朝鮮人と村山知義の協業によって舞台上演（オペラ）となり、最近は日韓のポピュラー文化交流によい素材を提供している。時代によって原作は形を変え、登場人物の設定にも様々な変化が加えられている。作り手のエスニックなバックグラウンドが朝鮮人、日本人、在日朝鮮人など、時代や社会によって変わってきたこともそれと無関係ではない。こうした変化が可能なのは、「春香」の物語が「絢爛として煽情的なロマンス」という普遍的なコンテンツとして受け入れられたからである。そして、原作の「春香伝」にあった政治や社会への批判的な視線がその変容過程で薄れたことも忘れてはならない。

注

（1）김태준『조선소설사』학예사［金台俊『朝鮮小説史』学芸社］、一九三九年。李殷植訳「朝鮮小説史」『民主朝鮮』김태준、一九四六年四月号～一九四七年一二月号に連載（引用は一九四七年八月号、三四頁）。
（2）「춘향전 능가하는 연애소설 써 보는 게 꿈」『서울신문』［「春香伝を越える恋愛小説を書いてみるのが夢」『ソウル新聞』］二〇〇九年一〇月七日付。
（3）『朝鮮小説史』一九四七年一〇・一一月号、一二三頁。
（4）김미현 편『한국영화사 개화기에서 개화기까지』커뮤니케이션북스、二〇〇六年、八三頁［キム・ミヒョン編、根本理恵訳『韓国映画史――開化期から開花期まで』キネマ旬報社、二〇一〇年、一〇一頁］。
（5）『東亜日報』一九六一年二月一九日付。
（6）戦後韓国では一九六一年のお正月を迎えた映画興行界で『춘향전［春香伝］』と『성춘향［成春伝］』という同じ内容の異なるタイトルの映画が競映され、当時映画ファンたちの関心を集めた。両作品とも当時最高の女優が出演

するということで注目を浴びたが、『成春香』の方が完成度は高かった（『조선일보［朝鮮日報］』一九六一年一月三〇日付）。

（7）김신중 외「나카라이 도스이역」『계림정화춘향전』연구『일본어문학』［キム・シンジュンほか「半井桃水訳『鶏林情話春香伝』研究」『日本語文学』］第一七号、二〇〇三年、二八七〜三〇七頁。

（8）西岡健治「高橋仏焉／高橋亨の「春香伝」について」『福岡県立大学人間社会学部紀要』第一四巻一号、二〇〇五年、三七〜四九頁。

（9）朝鮮の日本語雑誌『朝鮮』は、日韓書房が一九〇八年三月に創刊し、のちに『満洲及朝鮮』に改題されるものと、朝鮮総督府が刊行していたものの二つがあった。ここでは後者を指す。

（10）『朝鮮』第八九号、一九二二年八月号。

（11）秦豊吉「ハガキ応答　朝鮮と私」『モダン日本　朝鮮版』一九三九年、二五七頁。

（12）『読売新聞』一九三九年一二月二三日付。

（13）この『春香女伝』はほかの劇に比べると、新派劇的な要素が強く、一般大衆向きであったという。詳しくは、이홍이「일본〈게이쥬쓰좌〉의〈슌코죠덴〉공연에 관한 연구」『한국극예술연구』［イ・ホンイ「日本〈芸術座〉の『春香女伝』公演（一九四一年）に関する研究」『韓国劇芸術研究』］第三一号、二〇一〇年、二七一〜二九六頁を参照されたい。

（14）「特別論文寄稿歓迎」『東亜日報』一九三四年一一月二八日付。

（15）백현미「민족적 전통과 동양적 전통」이재명외 편『해방전（1940-1945）공연희곡과 상영시나리오의 이해』평민사［ペク・ヒョンミ「民族的伝統と東洋的伝統」イ・ジェミョンほか編『解放前（一九四〇〜一九四五）公演戯曲と上映シナリオの理解』ピョンミンサ］、二〇〇五年。

（16）『朝鮮日報』に一九三六年一月から四月まで連載された。

（17）青春座の公演は一九三六年一月から、朝鮮声楽研究会の公演は一九三六年九月二四日から二八日まで、二つとも東洋劇場で行われた。

（18）一九三六年四月四日、場所はモンテカルロであった。

(19) 一九三六年八月、京城府民館で公演した。
(20) こららの公演は一九四〇年代まで何回も再演されている。
(21) 『毎日新報』(一九三九年一月二九日付)によると、一九三九年一月一九日から二五日まで東洋劇場にて上演している。
(22) 一九二七年二月一六日に京城に東京、大阪、名古屋に次ぐ四番目のラジオ局ができて以来、朝鮮全土に一二か所のラジオ局が次々と誕生した。最初は朝鮮語と日本語の二重言語で番組が作られていたが、徐々に日本語の割合が高くなる。京城のラジオ局は開局から一九三三年まで昼間は内地からの強電力に干渉されず、比較的受信は容易であったが、夜は内地からの強電力による干渉で聴取区域が限られていた(津川泉『JODK 消えたコールサイン』白水社、一九九三年)。
(23) 「春香이가 사러온 듯[春香が甦ったよう]」『毎日新報』一九三九年五月二四日付。
(24) 京城府民館では『青春伝』の映画上映以外にも楽劇やラジオの中継、オペラ公演なども行われた。
(25) 金八峰「半島の愛人 『春香』の伝説」『観光朝鮮』一九四〇年五月号、五四~五六頁。
(26) 監督は早川孤舟、主演は金肇盛、韓龍(韓明玉)、東亜文化協会。金肇盛は弁士出身で演技もある程度できたが、他のほとんどの俳優は演技の経験のない素人だった。
(27) 一九二二年、尹白南脚本・監督、李月華、安鐘和などの民衆劇団の団員が出演し、カメラは大田同が担当した。民衆劇団は尹白南が一九二〇年に組織した劇団である。
(28) 『朝鮮日報』一九二三年一二月二五日付。
(29) 沈薫「朝鮮映画の史的考察(2)」『国際映画新聞』第四九号(一九三一年二月号)、七~八頁。
(30) 尹白南「朝鮮映画史的漫話」『新興芸術』一九三二年五月号、三七~三九頁。
(31) 李創用「朝鮮映画の将来:その死活はこれから……にある」『国際映画新聞』第二五二号(一九三九年八月下旬号)、二一~四頁。
(32) 前田夢郎「朝鮮映画の現状」『キネマ旬報』第三八五号(一九三〇年三月一日号)、五七~五八頁。
(33) 『報知新聞』の記者だった森富太は森鷗光という名前で浅草帝国館の弁士として活躍しながら、一九一八年に雑誌『活動評論』を創刊した。同誌は一九一九年に『活動倶楽部』と改称した。
(34) 水井れい子「朝鮮映画製作界をかへりみて」『新映画』一九四二年一一月号、九〇〜九四頁。
(35) 『キネマ旬報』第五五三号(一九三五年九月二一日号)、一〇八〜一〇九頁。
(36) 朝鮮初の撮影技師李弼雨は朝鮮でトーキー映画を撮るための様々な試みをした。そのために渡日し、中川式トーキー装置を開発した中川に会った。トーキー映画『春香伝』の撮影では李弼雨が中川を招聘し、李は中川式トーキー装置を購入した。詳しくは정종화『식민지와 제국의 영화교섭 #조선영화라는 근대』(주) 박이정［チョン・ジョンファ『植民地と帝国の映画交渉 #朝鮮映画という近代』(株) パクイジョン］、二〇二〇年を参照されたい。
(37) 「発声映画製作に乗出し　朝鮮映画の躍進」『キネマ旬報』第五五一号(一九三五年九月一日号)。なお、無声映画も在日朝鮮人や在朝日本人の「ために」上映される場合が多かったが、トーキーは祖国の風景や人々の動きが観られる以外にも国の言葉が聞けるという意味で、移民の慰安としてはより大きな意味を持つと考えられる。
(38) エトナ映画社の活動期間は一九三四年七月末から一九三五年五月末までの一年にも満たない短い期間であった。したがってエトナ映画社撮影所での中川の活動も一九三五年五月末で終わっている。エトナ映画社については、冨田美香「洛西地域映画史聴き取り調査報告4　エトナ映画の軌跡」『アート・リサーチ』第五号、二〇〇五年、一〇五〜一一七頁を参照。
(39) 李弼雨「閑窓閑筆」『映画時代』第一巻一号、一九三一年三月号、一五〜一六頁。
(40) 李銘牛「『春香伝』을 製作할 때［『春香伝』を製作するとき］」『朝鮮映画』第一号(一九三六年一〇月)、五八〜六一頁。
(41) 安夕影は映画監督以外に新聞の挿絵画家や映画評論家としても活躍し、安碩柱という筆名を持っていた。詳しくは、申明直、岸井紀子・古田富建訳『幻想と絶望——漫文漫画で読み解く日本統治時代の京城』東洋経済新報社、二〇〇五年を参照されたい。なお、安夕影は新協劇団の『春香伝』について「その土地や演劇をその土地の人々が行うものに注目するのは習俗に伝わっている伝統やそこから流れ出る情感やここから醸し出される花の香が甘いから」で、新協劇団のものはその香りが薄いが「春香と李道令の品格を上げてくれた」と評価している(「물 건너 간 춘향이 봄이 돼도 왜 소식없나［海を渡った春香、春になってもなぜ音沙汰がないのか］」『朝鮮日報』一九

四〇年四月一四日)。

(42) 安碩柱「朝鮮映画樽話」『朝鮮及満洲』第三三八号、一九三六年、七四〜七六頁。

(43) 羅雄「朝鮮映画の現状――今日及び明日の課題」『映画評論』第一九巻一号、一九三七年、九五〜一〇二頁。

(44) 徐光霽「朝鮮映画界의一年 放浪的映画人을 어떻게 救할까 [朝鮮映画界の一年 放浪的映画人をどう救おうか]」東亜日報社編『新東亜』一九三五年一二月号、八〇〜八五頁。映画評論家たちの評価とは裏腹に、『春香伝』を上映した映画館の団成社は毎日のように満員であった。なお、この作品が興行的に成功して、春香役の文藝峰は貧しい劇団の俳優からトップスター女優の地位を得た。

(45) 趙恵伯「朝鮮映画企業化問題」『映画朝鮮』第一冊、一九三六年九月、六四〜六六頁。

(46) 村山の公演の前にも、すでに、一九三七年六月に在日本東京留学生たちによる東京学生芸術座が東京の築地小劇場にて『春香伝』を公演している。

(47) 例えば、白川豊「張赫宙作戯曲〈春香伝〉とその上演(一九三八年)をめぐって」九州大学文学部『史淵』第一二六号、一九八九年、九三〜一二五頁、이준식「무라야마 도모요시의 진보적 연극운동과 조선문화 사랑」『역사비평』[イ・ジュンシク「村山知義の進歩的演劇運動と朝鮮文化への愛」『歴史批評』]二〇〇九年、二八〇〜三〇一頁などが挙げられる。

(48) 村山知義「朝鮮との交流」『朝日新聞』一九三八年九月一五日付東京版。

(49) 林浩治「村山知義の朝鮮行きについてなど――中野重治の疑問に則して」『新日本文学』第五〇巻五号、一九九五年、五四〜五七頁。

(50) 「娯楽 苦難の新協へ 朝鮮富豪が舞台衣装を贈る」『読売新聞』一九三八年三月三日付。

(51) 村山知義「〝春香伝〟の築地上演に就て」『朝鮮及満洲』第三六四号、一九三八年、五九〜六〇頁。

(52) 張赫宙は六幕一五場の戯曲を書き、『新潮』(一九三八年三月、日本語)と『三千里』(一九三八年四月一日、編集部が朝鮮語訳した一部のみ)にそれぞれ掲載しているが、新協劇団の上演では張の戯曲を土台に柳致眞が意見を出し、最終的には村山が加筆校正をした台本を用いた。

(53) 『毎日新報』一九三八年九月三〇日付。

(54) 一九三〇年代の内地で朝鮮語の公演は厳しく制限されていたが、完全に禁止されていたわけではない。演劇等で朝鮮語の使用が明確に禁止されたのは一九四〇年代からである（外村大『在日朝鮮人社会の歴史学的研究』緑蔭書房、二〇〇四年）。
(55) 이준식、前掲「무라야마 도모요시의 진보적 연극운동과 조선문화 사랑」二九三～二九四頁。
(56) 張赫宙「春香と夢龍」『わが風土記』赤塚書房、一九四二年、一九八～二〇一頁。
(57) 張赫宙「春香伝（一）」『協和事業彙報』第二巻七号（一九四〇年八月号）、三四～六〇頁。
(58) 「朝鮮文化の将来」『文学界』第六巻一号、一九三九年一月号、一三九～一九〇頁。
(59) 「半島劇　春香伝　評」『都新聞』一九三七年六月一五日付。
(60) 村山知義「朝鮮文化の将来（座談会）」『文学界』一九三九年一月号、一三九～一九〇頁。
(61) イ・ジュンシクによると、この上演は歌舞伎を再解釈しようとした企画であったという。例えば、村山は歌舞伎の女形を借用し、『春香伝』の主人公の夢龍役に女優を起用した（이준식、前掲「무라야마 도모요시의 진보적 연극운동과 조선문화 사랑」）。二〇〇〇年にソウルで開催されたBeSeTo演劇祭でも、『春香伝』は歌舞伎の形式で上演された。
(62) 『中央公論』一九三九年一〇月号（第五四号）に掲載された。
(63) 緑川が泊まるHホテルは半島ホテルではないか、と推測される。村山は映画『春香伝』企画のため京城に滞在している間、半島ホテルに逗留した（『毎日新報』一九三八年六月七日付）。
(64) 村山知義「丹青」『中央公論』第五四号、一九三九年、創作六三～頁名一〇八。なお、引用は『中央公論1939：創作85』から。
(65) 「帰郷하는［する］春香傳」『毎日新報』一九三八年一〇月一二日付。
(66) 秋田雨雀「ハガキ応答　朝鮮と私」『モダン日本　朝鮮版』一九三九年、二五五頁。
(67) 朝鮮で日本文学が初めて紹介されたのは一九〇〇年代初めであるが、活発に紹介され始めたのは、日本に留学していた朝鮮の文学者たちが朝鮮に戻った一九二〇年代からである。詳しくは、任展慧「朝鮮に翻訳・紹介された日本文学について（一九〇七―一九四五）」『海峡』第一〇号、一九八一年、三五～五二頁を参照されたい。

(68) 藤森成吉「礼諧」『民主朝鮮』八・九月号、一九四六年、六三〜六八頁。
(69) 同前、六五頁。
(70) 飯島正「朝鮮映画論」『新映画』一九三八年一月号、四〇〜四三頁。
(71)「朝鮮映画の現状を語る――座談会報告」『日本映画』一九三九年八月一日号、一二〇〜一二八頁。
(72)「芸術家の双曲奏、文士　張赫宙氏와舞踊家　崔承姫女史、場所　東京에서」『三千里』第八巻一二号（一九三六年一二月一日号）、一〇三〜一〇六頁。
(73)「半島に生れる　朝鮮映画株式会社」『キネマ旬報』第五八四号（一九三六年八月上旬号）、六頁。
(74) トーキー映画は無声映画の二、三倍の製作費が必要であった。朝鮮では従来の映画製作会社ではトーキー映画にかかる費用を用意できないため、会社の企業化が進められた。その一つが朝鮮映画株式会社であり、もう一つは高麗映画株式会社であった。朝鮮映画株式会社は、法律的に会社組織として登録された（『日本映画』一九三九年八月号、二七頁）。しかし、こうした朝鮮映画界の「自活」のための動きは、朝鮮総督府が一九四〇年八月に朝鮮映画令を発布し、同年一二月には朝鮮映画製作者協会を結成させ、一九四二年九月にすべての製作会社を統合して社団法人朝鮮映画製作株式会社を発足させたため立ち消えとなった。
(75) 朝鮮映画株式会社の第一作は『無情』（一九三九年三月封切）、二作目は『新しき出発』（一九三九年一〇月封切）であった。ただし、『朝光』（一九三八年七月号）をみると、「第二回作品は春香伝」にしようと思っていると李載明（朝映の支配人）が言っている。
(76)「朝映、東宝と提携成立」『キネマ旬報』第七〇五号（一九四〇年二月一日号）、三〇頁。
(77)「朝鮮映画社提携　春香伝を再映写　演出者　村山氏来城」『毎日新報』一九三八年五月二九日付。
(78) 村山知義「朝鮮にて」『映画之友』一九三九年一月号、九七頁。なお、映画評論家の筈見恒夫によると、莫大な資金をかけて朝映のスタジオは建設されたが、スタジオが完成したあとも同時録音はできなかったという（筈見恒夫「朝鮮の映画界」『キネマ旬報』第六九九号（一九三九年一一月二一日号）、二二〜二三頁。
(79)『朝日新聞』一九三八年九月一五日付東京版。
(80) 村山知義「春香伝　シナリオ――朝鮮映画株式会社のために」『文学界』第六巻一号、一九三九年、一三九〜一九〇頁。

(81)『国際映画新聞』第二七六号(一九四〇年八月下号)、『授業料』の広告から。

(82)『東亜日報』一九三九年六月一日付。

(83)「半島映画界活況　製作予定十一本」『キネマ旬報』第六八六号(一九三九年七月一日号)、二五頁。

(84)「座談会　朝鮮映画の現状を語る」『日本映画』一九三九年八月号、一二〇〜一二七頁。

(85)「賣出す半島麗人」『読売新聞』一九四〇年八月四日付。

(86)문예봉［文藝峰］の三度目の『春香伝』への出演は一九八〇年北朝鮮で作られた『春香伝』であるが、彼女はここで夢龍の母親を演じた。

(87)「村山知義氏へ——春香伝映画化を前に」『毎日新報』一九三八年一一月六日付。

(88)「座談会　朝鮮映画の現状を語る」『日本映画』一九三九年八月号、一二〇〜一二七頁。

(89)「黎明期의 朝鮮映畫——우리 映畫의 向上은 어떠케 圖謀해야 할가 理解 잇는 企業家와 技術者續出을 待望 映畫界責任者들의 熱論『東亜日報』一九三九年一月二二日付、「黎明期의 朝鮮映畫 映畫人座談會 上」『東亜日報』一九三九年一月三一日付、「黎明期의 朝鮮映畫 映畫人座談會 下」『東亜日報』二月二日付。

(90)村山知義「丹青」『中央公論』第五四号、一九三九年、創作六三〜頁名一〇八、九一頁。

(91)徐光霽「映画時感　春香の改嫁——村山知義氏へ製作依頼した朝映の態度批判」『朝鮮日報』一九三八年七月三日〜七月七日まで連載。

(92)丹羽文雄「朝鮮映画」『映画之友』一九四〇年一〇月号、七八頁。

(93)筈見恒夫「朝鮮映画を語る」『モダン日本　朝鮮版』一九三九年、二五〇〜二五一頁。

(94)北旗男「春の半島映画界」『観光朝鮮』一九四〇年三月号、七〇〜七一頁。

(95)内田岐三雄「朝鮮映画について」『映画評論』一九四一年七月号、四四〜四八頁。

(96)西亀元貞は戦後に映画のシナリオとして『春香伝』を書き、発表するが、映画化にはいたらなかった。彼は日本の「『白蛇伝』(白夫人の妖恋)が東宝で映画化されて好評を博してから、『春香伝』も」と願いこのシナリオを書いたという(西亀元貞『春香伝　オリジナル・シナリオ』第一四巻一二号、一九五八年、九四〜一一四頁)。ちなみに、高麗映画協会は崔寅奎による『春香』の製作を準備していたという記事もある（金正革「朝鮮映画の現状と展望」『朝光』一九四〇年四月号）。この企画も映画化には至ってないが、『文化朝鮮』創刊号（一九四〇年一二月号、『観光朝鮮』に改題）に「映画物語　春香夜話」が載っている。

(97)『モダン日本』の座談会（「半島の映画界を背負う人々の座談会」『モダン日本　朝鮮版』一九四〇年八月号）における西亀の発言（二四五頁）。

(98)「朝鮮映画通信」『映画旬報』第九四号（一九四三年九月二一日号）、二五頁、「映画界」『日本映画』一九四三年一一月号、六〇頁。

(99)一九三六年九月三〇日に満洲国広報委員会は映画国策会社の設立を決議した。一九三七年七月七日に日中戦争が勃発したものの、同年八月一四日に株式会社満洲映画協会法が公布され、八月二一日に満洲国の国策会社（満洲国の出資五〇％、満鉄の出資五〇％）として資本金五〇〇万円の特殊会社の形で出発した。

(100)雑誌『満洲映画』に掲載された朝鮮映画については、上田学「朝鮮映画の「満洲国」への進出——雑誌『満洲映画』の関連記事を中心に」『日本思想史研究会会報』第三五号、二〇一九年、一八五〜一九五頁を参照されたい。

(101)김려실『만주영화협회와 조선영화』현실문화연구［キム・リョシル／金麗実『満洲映画協会と朝鮮映画』ヒョンシルムンファヨング］、二〇一一年、七一頁。

(102)『朝鮮海峡』朴基采、朝鮮映画製作株式会社、一九四三年。

(103)『仰げ大空』金永華、朝鮮映画社、一九四三年。

(104)『昭和一九年』監督など不明、文化映画、一九四三年。

(105)『吾ら今ぞ征く』監督など不明。

(106)「朝、満映画提携成る」『日本映画』一九四三年一一月一月号。

(107)呉泳鎮「映画と朝鮮大衆」『映画評論』一九四三年一一月号、三八〜四一頁。

(108)レイ・チョウ、本橋哲也・吉原ゆかり訳『プリミティヴへの情熱——中国・女性・映画』青土社、一九九九年、二五六〜二五八頁。

(109)成恩暎「終戦直後における在日朝鮮人の文化活動——在日本朝鮮人連盟によるオペラ「春香」の企画を中心に」

東京大学大学院総合文化研究科『年報地域文化研究』第一四号、二〇一〇年、一九六～二一七頁。
(110)「藝術과企業의對決〔芸術と企業の対決〕」『朝鮮日報』一九六一年一月三〇日付。
(111)「日本 가는 成春香」『경향신문』〔日本にいく成春香」『京郷新聞』〕一九六二年四月一七日付。

第3章　インターナショナルな朝鮮映画へ

1　京城帝国大学の学生たち

一九三八年に京城帝国大学文芸部は在学生を文系と理系に分け、新聞、雑誌、映画、文庫、単行本、読書（読書時間、書籍購入費、図書館利用率）、趣味、娯楽などについて調査を行った。ここで注目するのは「映画」の項目である。好きな映画を日本物と外国物に分け、日本物はさらに内地と朝鮮に分けた(1)。朝鮮物では『旅路』（五三名）と『沈清』（一二名）が上位に入った。内地物と合わせた順位を見ると、一位が内地物の『若い人』（七四名）、二位が同『風の中の子供』（六二名）、そして三位が『旅路』だった。少数だが『アリラン』を挙げた人もいた。好きな監督には内田吐夢、清水宏、成瀬巳喜男、溝口健二、熊谷久虎のほか、朝鮮人では『アリラン』の羅雲奎、『旅路』の李圭換が入った。好きな俳優は小杉勇や高峰三枝子、文藝峰が上位を占め、金素英や朴齋行、徐月影などが少数の票を獲った。回答者は平均、月三回映画を観ていた。

京城帝国大学のこの調査は在学生を対象にしており、朝鮮や内地の映画の好きな作品と監督、俳優を答えた人々がどのようなエスニック属性なのか不明である。(2) しかし、調査が行われた一九三八年の時点でも一九二六年の『アリラン』はいまだに人々の脳裏に残っており、一九三七年の『旅路』もまだまだ印象深いものだったことがわかる。

本章では、このように時間が経っても朝鮮の人々に人気のあった二つの作品が内地で受容され、それがまた再受容される過程に注目する。そのために日本で出版された映画雑誌を一次資料としたい。具体的には『日本映画』などの映画雑誌や『国際映画新聞』、内地と朝鮮で発行された様々な紙媒体を用いる。『日本映画』は一九三六年に創刊され、一九四五年八月まで発行された。『キネマ旬報』とその後身の『映画旬報』も重要な一次資料である。一九三八年に国家総動員法が制定され、それに基づき一九四〇年一月に「新聞紙等掲載制限令」が公布された。一三社が発行していた映画雑誌はこれにより統廃合され、一九四三年の第二次雑誌統廃合で三誌に、一九四四年には『日本映画』だけになった。この過程で一九四一年一月から『キネマ旬報』は『映画旬報』に改称し、満洲映画や朝鮮映画の特集を次々と組んで、日本映画の概念を拡げようとしたが、一九四三年の第二次統廃合で廃刊されている。本章ではこの『キネマ旬報』『映画旬報』そして敗戦直前まで残った『日本映画』の記事を中心に、朝鮮の二つの映画が内地で受け入れられる過程を探っていきたい。とりわけ、その過程のなかで、朝鮮映画は内地で「プリミティブな風景」(3) として受け入れられていた。

2　内地における『アリラン』と『旅路』の受容

「本物」の「アリラン」を問うて

内地の映画雑誌で、朝鮮映画をよく取り上げたのは、出版社の媒体よりも新聞社の媒体であった。一九二〇年代に映画は庶民の最大の娯楽となっており、一九二二年には大阪毎日新聞が『芝居とキネマ』を、大阪朝日新聞が『映画と演芸』をそれぞれ創刊した。両社には活動写真班もでき、とりわけ大阪毎日新聞社は「新聞社の販売網も利用して、フィルム・ライブラリー、学校巡回映画連盟、工場映画連盟といった関連組織を次々と発足させ(4)」るほど映画に力を入れた。

第1章で述べたように、内地では一九二〇年代から日活は『海の秘曲』（一九二四年）、『寵姫の恋(5)』（一九二五年）、『闇光(6)』（一九二五年）と次々に朝鮮キネマの作品を配給したが、内地の映画雑誌や新聞で大きく話題になるのは『アリラン』まで待たねばならなかった。『アリラン』は一九二六年に朝鮮で作られた映画である。監督の羅雲奎は次のように述べている。今までの朝鮮映画のほとんどが「古代劇伝説物と文芸作品の映画化」であり、「朝鮮人が朝鮮の服を着て活動写真に出てくるだけで入場料を高く取りながらも」映画館を満員にすることができた。しかし、洋画は「西部活劇」で「大作連発」が多く、朝鮮映画は「つまらない、眠気がする、あくびが出る、お金を出す見物じゃない」と思われるようになった。だから「西洋映画を模倣し」「テンポが速くスピードの出る」ユーモアのある映画を作ろうと考え、朝鮮映画の技術的・資本的貧弱さを補うために八〇〇名のエキストラを動員し、『アリラン』

を作ったという[7]。

一九二六年に朝鮮で製作された映画『アリラン』は、同年にヤマニ洋行により内地に移入された（図3-1参照）。アリランはもともと朝鮮半島の口承民謡で、宮塚利雄によると、内地に初めて紹介されたのは二〇世紀初めだった。一九二二年には、朝鮮人留学生たちが舞台『アリラン峠』を公演する。一九三一年にはビクターが、一九三二年にはコロムビア・レコードがそれぞれレコードを発売する[8]。この一九三一年のビクターによる「アリラン」は「日本に紹介された韓国初の大衆歌謡」となった[9]。

一九二〇年代と同様に、一九三〇年代以降も内地に移入される朝鮮映画の主な観客は、在日朝鮮人だった。例えば、一九三六年に内地で公開された朝鮮映画『薔花紅蓮傳』[10]は、「朝鮮のトーキーという以外には見る所はない。また、封切館では米国の西部劇、探偵映画を添えてトリにつかったか、余り良い成績ではな」く、「たゞ朝鮮人の観客が非常に多かったのは無論であ」った[11]。さらに、「鮮人の在住する区域の映画館では絶対に使用す可き」[12]であるという『洪吉童　続編』[13]や「朝鮮映画という物珍しさだけが取柄で、添物としても余り期待できない」『漁火』[14]なども そうであり、『愛を尋ねて』も「半島人」であふれた[15]。

在日朝鮮人の人口が増えたためか、朝鮮の映画もよく移入されるようになり、そのなかで注目すべきは『愛を尋ねて』である。前述したように羅雲奎は、朝鮮キネマプロダクションで第一回監督作品として一九二六年に『アリラン』を手がけた。彼はそのあと羅雲奎プロダクションを設立し、ここで製作した第三作が一九二八年の『사랑을 찾아서［愛を尋ねて］』であった。当初は『두만강을 건너서［豆満江を渡って］』というタイトルだったが、検閲で却下されたため変更した。内地で公開されたのは一九三

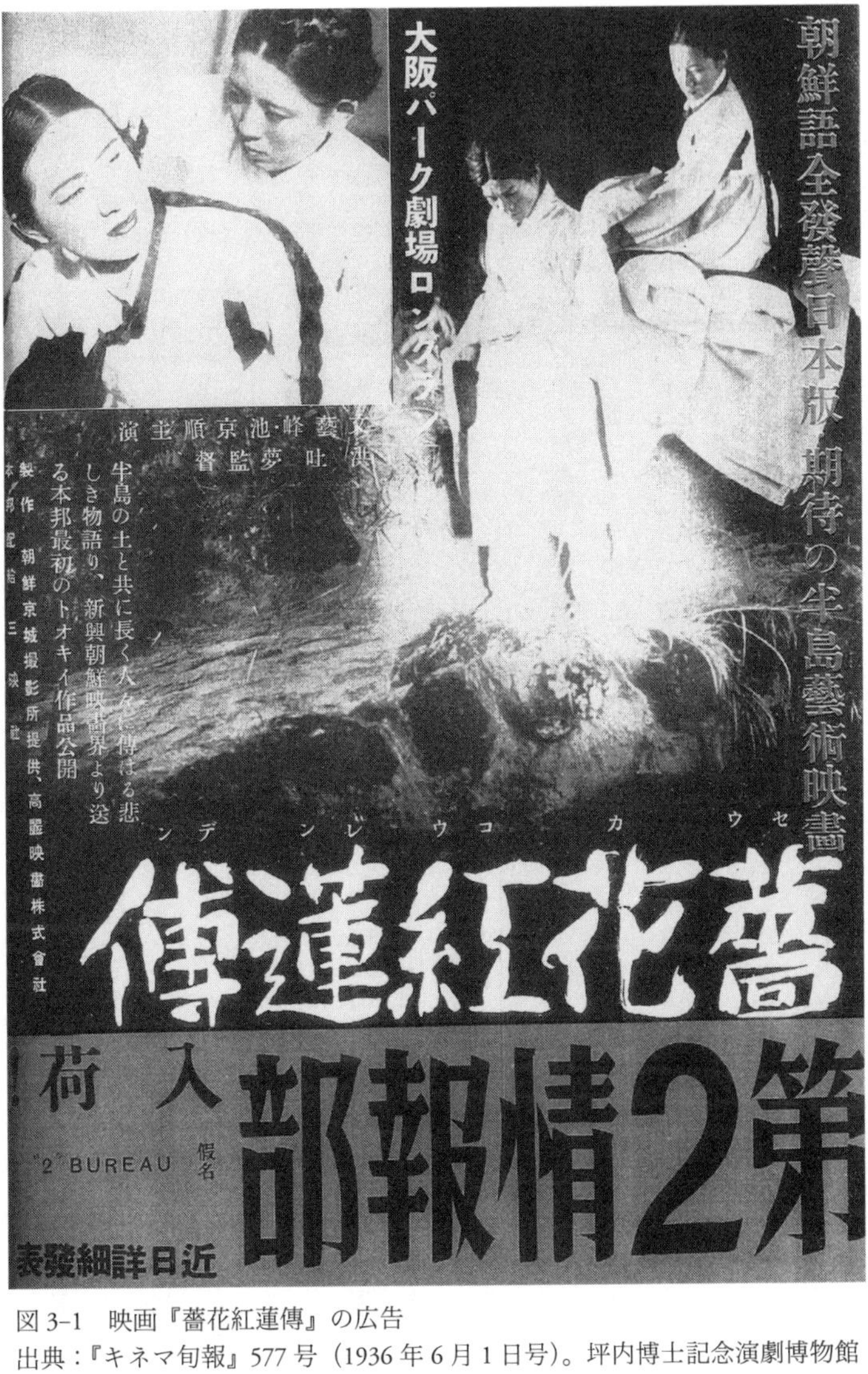

図 3-1　映画『薔花紅蓮傳』の広告
出典：『キネマ旬報』577 号（1936 年 6 月 1 日号）。坪内博士記念演劇博物館図書室所蔵。

九年で、現地公開から一〇年も経った朝鮮映画を上映するのは珍しかった。一九二八年の『愛を尋ねて』は無声映画だったが、一九三九年に新たに内地で公開されたのは羅雲奎がアフターレコードを作った発声版で、前に前後篇一四巻だったのが字幕を抜いたので、八巻に縮まったものであった。[16]

羅雲奎の第一作『アリラン』は、朝鮮と日本でほぼ同時に上映されている。『愛を尋ねて』は『キネマ旬報』一九二八年九月一日号で内地に紹介された。[17] 同号はこの他にも、一九二八年上半期に朝鮮で封切られた朝鮮映画七本を取り上げている。娯楽がない朝鮮で映画は最大の娯楽であり、さらに日本映画に興味のない高齢者や「婦女子」を集めて、欧米のどの名画よりもよい興行成績を収めたという。とりわけ『愛を尋ねて』の興行価値がこの七本の朝鮮映画のなかでも上位にあると述べ、羅雲奎が奮発し、相当なる苦労と犠牲のもとで完成された作品だとしている。しかし、検閲当局が上映を許可せず、プリントも何か所かカットされ、タイトルも『豆満江を渡って』から『あの川を渡って』に、最終的には『愛を尋ねて』と改題され、検閲官の立ち入りのもとでようやく公開されたことを明らかにした。ただ、国境までロケに行ったにもかかわらず、その雰囲気を感じることができず、単調なシーンの連続であること、脚本の拙さ、遅いテンポ、英雄主義に落ちてしまった羅雲奎の演技なども問題として指摘する。とりわけ、英雄主義は見る者に「不快な気持ち」さえ感じさせると手厳しい。この記事以降、内地の新聞や雑誌で『愛を尋ねて』関連の記事は見当らない。

『愛を尋ねて』が再び内地の雑誌に登場したのは一九三九年であった。『キネマ旬報』一九三九年九月二一日号に、『愛を尋ねて』の広告が『アリラン』の広告とともに出ている（図3-2下）。タイトルにはハングルも添えられた。映画批評は『キネマ旬報』の一九三九年一二月号に掲載された。大阪と京都に事務所を構える半島映画配給社の第一回提供としている。『アリラン』のキャッチフレーズは、「半島民謡アリランの唄を主題にした本物のアリラン」である（傍点強調は筆者）。

　内地では一九二〇年代から朝鮮を舞台にした「朝鮮劇」が盛んになり、朝鮮映画も少しずつ入ってきたが、一九三〇年代末になってようやく「本物」の朝鮮映画を観ることができるようになったのである。後述するように内地では一九三七年の『旅路』で朝鮮映画を「認める」ようになるが、そのあと『アリラン』も『愛を尋ねて』と同時上映で再発見されたのである。

　『アリラン』は一九二六年一二月に『キネマ旬報』にて紹介され、ヤマニ洋行の配給により上映されると、広告も同雑誌に掲載された。同広告では『海の秘曲』を製作した朝鮮キネマの近作として紹介し、「哀傷切々胸に迫る朝鮮の純朴な民情悲詩」「悲しい痛ましい詩」などと謳う（図3-2上参照）。一九二六年の広告では「アリラン」や「朝鮮」「本物」という言葉は使われていなかった。一九三一年の『アリラン』のレコード発売やこの間の朝鮮映画への視線の変化が、この二つの広告に表れているのである。そして、その間に一九三七年の『旅路』があった。

　後述するように一九三〇年代半ば以降、内地の技術と資本が朝鮮に入ってきて、内地の映画人たちが好んだ朝鮮のローカリティは薄れていった。内地では『旅路』に表れたローカル・カラーが帝国日本の外へ輸出できる「国際性」の要素にもなると思っていた。すでに内地で上映されている『アリラン』と新たに封切る一九二八年の『愛を尋ねて』を並べたのは、朝鮮映画の位置づけを改めて確認するためだったと考えられる。

『旅路』も鈴木重吉が監修をつとめており、それ以降朝鮮映画には多くの日本人スタッフがかかわる

図 3-2 『アリラン』の広告
出典：上は『キネマ旬報』第 248 号（1926 年 12 月 11 日号），下は第 693 号（1939 年 9 月 21 日号）。坪内博士記念演劇博物館図書室所蔵。

ようになった。この頃の日本人スタッフは朝鮮に居住せず、映画製作のためだけに朝鮮に渡っている点で、今までの在朝日本人とは異なっていた。『旅路』はシナリオ、監督、俳優、ロケーション撮影は朝鮮が担当し、カメラと撮影技師、現像、録音、セット撮影は内地の新興キネマが担当した。[18]鈴木重吉は新興キネマを代表して朝鮮に渡り、技術監修を担当した。

しかし、第5章で論じるように一九三〇年代後半からはシナリオの執筆にも内地のスタッフがかかわるようになり、セリフに日本語が混ざったり日本語だけの朝鮮映画も登場して、朝鮮のローカリティは言葉とともに薄れていった。映画『授業料』の企画にかかわった朝鮮総督府の西亀元貞は、朝鮮映画で国語を使うかどうかはテーマで決めるべきだとし、次のような事例を紹介している。内地の中川紫郎[19]が椿三四郎などの俳優を使って『防共の誓ひ』[20]を作ったときの逸話である。シベリアで同胞を虐待していた朝鮮人の共産主義者が、結局目覚めて皇国臣民になるというあらすじだが、セリフがすべて日本語だったため、観客はこの朝鮮人を内地の共産党員だと勘違いしたという。[21]

ところで、『愛を尋ねて』と『アリラン』の広告がハングルを併記したのは、日本語の読み書きができなくても、朝鮮語の読み書きができる在日朝鮮人を観客と想定したためであろう。興行側は日本人観客の目を意識し、「ローカル・カラー」を強調し、「本物」の朝鮮映画だと示すためだったが、朝鮮語がわかる在日朝鮮人にはこのハングル表記はノスタルジアを喚起させるものであったかもしれない。「朝鮮らしさ」は日本人ではなく、在日朝鮮人によって消費されていたのではないだろうか。

一方、朝鮮映画『アリラン』を内地に紹介したヤマニ洋行は、「内地映画の中特に興行価値ある優秀たる映画の配給をも致すことに」なり、「其第一回作品・朝鮮映画『アリラン』は充分に興味あるものとして好個のものと存じます」と宣伝した。[22] なぜ『アリラン』を興行価値があると考えたかは知るすべもないが、一九二〇年代の段階で朝鮮映画を内地映画の一部に位置づけていることは注目に値する。

『アリラン』は一九二六年に内地で公開され、その後『アリランの唄』が内地で製作された。原作と脚色は民門敏雄、監督は米澤正夫と久保文憲で、一九三三年に宝塚キネマが製作・配給した。椿三四郎と松浦築枝が主演をつとめて話題を呼んだ、「アリラン」をテーマにしたミュージカル映画であった。宝塚キネマは『アリランの唄』のほかにも、朝鮮との関わりで映画雑誌にしばしば登場した。同社が製作し、「日本に対して蘇炳文の叛乱に絡み娼婦と情人の愛国心を描[23]」いた『日章旗の下に』は、朝鮮では上映許可が下りず、話題になった。不可の理由は「本映画中に表現される外地領事館の在留民保護状態の甚だ稀薄なるを示すは、満洲國移住民を多数に有する朝鮮に於ては一般住民に外地領事館頼るに足らずの観念を抱かしむる[24]」ためであった。

宝塚キネマの朝鮮支社長である徳永熊一郎が、朝鮮総督府に検閲を申請したが、上映は不可となったのである。徳永については第4章で詳しく述べるので、ここでは簡単に触れるだけにとどめたい。徳永は一九二〇年に朝鮮に渡り、京城で徳永活動写真商会を経営し、一九二八年に黄金館を買収して東亜倶楽部に改称し、東亜キネマの鮮満配給権も獲得した。[25] 三日に一度は上映番組を替えたり、一〇～二〇銭の格安均一料金制を取り入れて、他の映画館を驚かせた。[26] 一九三三年には京城興行協会の会長に選ばれ、京城の興行界の中心人物となった。

一九二三～三四年まで徳永活動写真商会が製作した映画は、「内地劇」二本のみである。[27] そのうち一本は内鮮融和教育映画『純精神の如し』で、原作は雑誌『キング』に掲載された実話に基づく美談であ

った。[28] 徳永はもともと国策映画を製作していたが、のちに映画の配給と輸入に舵を切ったと考えられる。『アリランの唄』は、一九三三年に大阪新世界のパーク劇場で封切られた。パーク劇場はその後も、一九三六年七月に上映中止処分を受けた『홍길동전［洪吉童伝］』を、同年一一月には『장화홍련전［薔花紅蓮伝］』（邦題は『幽霊は語る』）と朝鮮映画を次々に上映した。『幽霊は語る』は東京の浅草東京倶楽部でも公開されたが、「余り問題にされなかった」[29]。一九二九年の統計によると、朝鮮人の住民は大阪府で四万九六〇人、東京府では一万六〇八三人であった。[30] しかし一九三〇年代に大阪府に居住する朝鮮人は急増し、約二〇万人になった。[31] 大阪の朝鮮人の増加は、地域の文化も変化させたのである。

一方、朝鮮映画は一九二〇年代後半以降も内地へ次々と紹介されたが、一九三二年に移入された『主なき小舟』[32]は映画雑誌だけでなく新聞にも取り上げられ、内地の朝鮮映画に対する関心の高さを示した。『読売新聞』によると、内地ではそれまで試写会や特別上映会、博覧会などでしか朝鮮映画を見られなかったが、『主なき小舟』でようやく一般映画館でも鑑賞できるようになったという。[33]『映画評論』（一九三二年一二月号）には広告と映画評も掲載された。しかし、監督の李圭換は、『報知新聞』の試写室で試写会を開き、『朝日新聞』の映画批評欄を筆名で書いていた津村秀夫が取り上げるなど内地で注目を浴びたものの、鈴木重吉宅でプリントが紛失したため、公開できなかったと後年証言している。[34]

本書の第1章で述べたように、内地で上映される朝鮮映画は数も少なく、試写会や博覧会など特別な機会がなければ内地の観客の目に触れることはなかった。内地の観客が目にしていた「チョウセン」は内地の映画に写る朝鮮劇のイメージであった。一九三二年の『임자없는 나룻배［主なき小舟］』を機に朝鮮映画が内地の映画館で上映されるようになり、ようやく朝鮮で撮られた朝鮮映画を見ることができ

るようになった。

内地のメディアは朝鮮映画を日本映画より「文化のレベルが低い」ものととらえていた。例えば、『キネマ旬報』(一九三〇年六月二一日号)は、朝鮮映画を批評する基準についてこう述べている。

総有点に於て内地映画と比較にならない程不完全なる朝鮮映画界の現状に於て、製作される朝鮮映画なるものも内地映画と同等に取扱う理由には行かない。必然的に一個の独立したる朝鮮映画批評基準がある。

この文章は、『キネマ旬報』の編集者の一人であった田中三郎が「日本映画に対する批評をすべて外国映画に対すると同じ基準に於て行ふとしたら、残念乍ら殆ど酷評に終らざるを得ないような気持ちがする」ので「日本映画の批評基準は自ら外国映画のそれと異なるべき」と引用したあとに続くものである。一九二〇年代に外国映画と日本映画を序列化し、自らを下位に位置づけていた内地の映画界は、一九三〇年代になると自分たちを外国映画と同等の地位におき、朝鮮映画を見下すことで朝鮮/映画を他者なる存在にしようとしたのである。

東京学生芸術座を作った朱永渉も、内地における朝鮮映画の評価について次のように述べている。内地で朝鮮映画の価値を決めているのは「妓生で天下大将軍でアリラン」であり、「エキゾチシズムとノスタルジア」で、現代の朝鮮ではない。東京の批評界は文化のレベルが低い地方の作品を同情心でほめるのであって、日本の映画と同じ基準では批評をしない。日本を代表するのが「富士山や芸者や三味線」でないように、朝鮮の「金剛山や妓生やアリラン」が朝鮮を代表するものではない[35]。

内地で朝鮮映画に求められたローカリティはアリランをはじめ、朝鮮を象徴するものだった。一九二六年の『アリラン』の移入から一九三九年の『アリラン』の再上映、そしてその間にあった『旅路』の移入は、内地において朝鮮映画を観る基準をローカリティに定めたのである。

ローカリティの顕示

内地の映画雑誌で『アリラン』が紹介されると、朝鮮映画は内地でも徐々に公開されていった。もっとも話題になったのが『旅路』（一九三七年）であった。朝鮮のローカリティをよく再現したと評価された『旅路』の監督は『主なき小舟』と同じく李圭換、主演は文藝峰と王平が務め、聖峰映画園の製作である。『旅路』を「半島映画史上古典的聲価を持つてゐる」とした甲斐太郎は以下のように述べている[36]。

草創期における劇、映画の演出家たちは、やゝもすれば妙に力み返って大時代めいた所作を繰り返すものだ。半島の映画界はこの悪点から永らく脱しきれなかつた。この味噌くさい半島映画界に忽然と登場したのが「旅路」である。芸術価値は暫く問はないとして（中略）今更あの内容を繰り返す気もないが、新派悲劇で既に使ひ古されたあのテーマを、一層新しいものとして観賞に堪へせしめたものは、小ぢんまりと整つた演出と文藝峰王平の描き出した新鮮味でありローカル・カラーである。

『旅路』によって、内地における朝鮮映画や俳優の認知度は上がった。甲斐の言葉からもわかるように、内地で『旅路』が高く評価されたのは、李圭換と文藝峰、王平といった監督と俳優、そして朝鮮のローカリティであった。一九三二年の『主なき小舟』と一九三七年の『旅路』は監督と主演女優がどちらも李圭換と文藝峰で、内地のメディアでは以降もよくこの二人の名前が取り上げられた。

とりわけ、『主なき小舟』は舞台俳優だった文藝峰の映画デビュー作でもあり、この作品以降彼女は朝鮮初のトーキー映画『春香伝』など様々な映画に出演するようになった。多くの作品に出演していたので、ある観客は朝鮮の映画界には「文藝峰氏しかいないのか」、映画を観に行くと女優は文藝峰しか出てこないと述べた[37]。なお、『春香伝』と文藝峰については本書の第2章で詳しく書いたのでここでは省略する。

しかし、内地で『旅路』は好評価ばかり受けたわけではない。日本大学芸術科が出した雑誌『芸術科』は「映画批評と云うよりは寧ろ大人が子供をほめるような」ものであり、これで「好評を受けた、と云って喜ぶにはあたらない」と手厳しい[38]。登場する天下大将軍は「無理に紹介され」、「耳さわりな」音楽に合わせられたアリランの唄は「観客の聴覚を怒らせ」たと切り捨てている。前述した朱永渉は天下大将軍やアリランを朝鮮映画がローカリティを強調するときに使う素材だと批判したが、『旅路』はまさにこれらの要素を取り入れた作品だった。

『キネマ週報』は、各大学の映画研究会の学生を一五名集めて、座談会をおこなった。この座談会には、のちに朝鮮総督府道郡嘱託となる日本大学法学部の鄭進永も参加していた。彼らは映画『旅路』は筋が羅雲奎の『アリラン』と「酷似」しており、もっと修正すべきだとしながらも、「此の映画が持ってゐる良さは、日本の資本主義的或は帝国主義的植民政策によって著しい差別待遇を被り、且又文化的にも常に恩恵を受けることの出来ない半島人の生活感情が如実に反映してゐる」と結論した[39]。『旅路』は、内地で同じ年に製作された日独合作『新しき土』[40]とよく比較され、輸出の可能性が探られた。作家の鎌原正巳は、『旅路』は朝鮮の民衆を日常生活のなかでとらえており、風俗、習慣を自然に織り込んでいる点が『新しき土』と違うと考えた。『新しき土』は「日本の風俗習慣を観念的にお上品に取り入れて」いるが、『旅路』は「生活の中に現実そのものとして、必然の姿としてそれ等が生かされている」ので、「朝鮮らしい哀愁が生きて来る」と絶賛したのである[41]。

ところでこの作品について、朝鮮映画としては初めて帝国日本の外に輸出しようとする話もあった。この国際版には字幕（スーパーインポーズ）をつけ、内地版は新興キネマ、朝鮮・満洲・支那版は李圭換、海外版は鈴木重吉がそれぞれ配給を担当するという[42]。朝鮮の新聞は、「国際映画協会の推薦を得て、米、仏、伊、独の各国に輸出することに」なり、字幕をつけ、中国と満洲国にも高麗映画会社が配給すると伝えた[43]。

一方、映画評論家の飯島正は、「『旅路』や『漢江』等の映画を見ると、朝鮮映画の素質は決して悪いものではな」いとした。さらに「殊に現実的な描法は、日本映画よりも正確であるとさへ思はれる」とまで述べている[44]。このように様々な議論はあっても『旅路』は朝鮮映画の一つの基準を示した。

『旅路』は李圭換が監督したが、新興キネマの鈴木重吉が技術協力・監修をしたことも、日独合作の『新しき土』と比較される理由の一つであった。「本邦初の純朝鮮トーキー」の『旅路』は、内地版には日本語字幕が付いた。内地の新聞広告には、いくつかの特徴が見られる。まず、朝鮮のトーキー

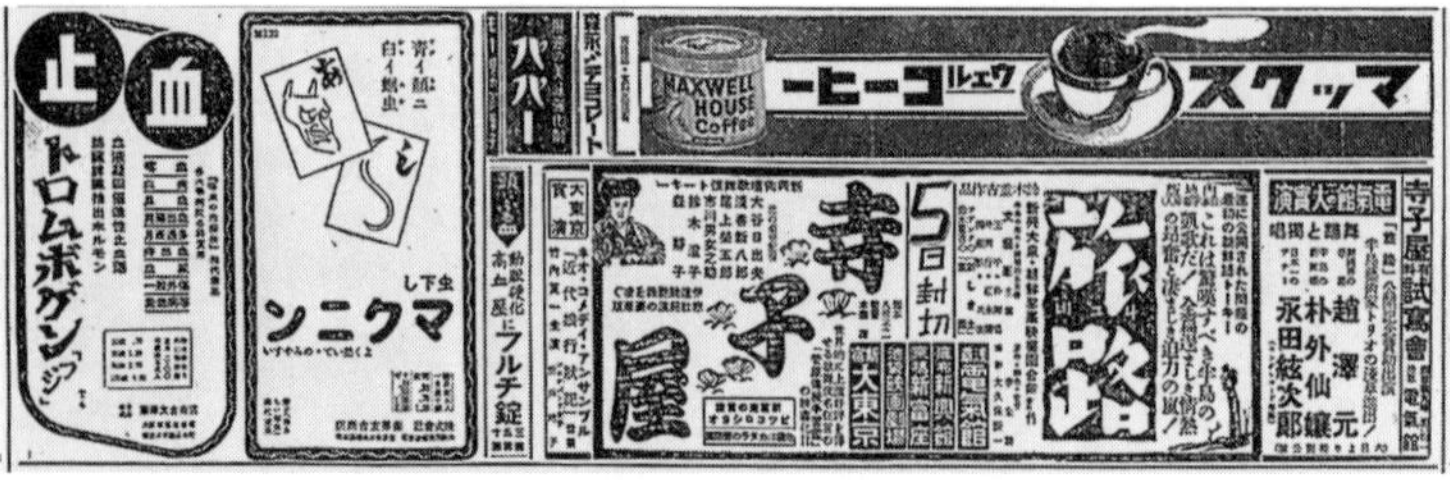

図 3–3 『旅路』の新聞広告
出典：『読売新聞』1937 年 5 月 5 日付。

であることと、『新しき土』と同じ合作であることを強調する。タイトルにハングルの「나그네」と日本語の『旅路』が併記された広告もあった（図 3–3 参照）。

内地において朝鮮映画の主な観客は在日朝鮮人だったと思われるが、『旅路』は日本語字幕入りで日本語で広告が打たれた。映画館では普段日本人観客がほとんどであるが、朝鮮映画を上映すると在日朝鮮人が大勢来ることを意識した結果であろう。

一九三七年五月五日付『読売新聞』の浅草電気館の広告は、朝鮮語と日本語の併記で「これは驚嘆すべき半島の凱歌だ！　全篇逞しき情熱の昂奮と凄まじき迫力の嵐！」と『旅路』を紹介する。さらに、公開記念として、内地で活躍する「半島芸術家トリオの浅草進出」が実現される。浅草電気館は映画『旅路』の公開に合わせて、「舞踊界の惑星　趙澤元」「半島の新舞姫　朴外仙」「日本一のテナー　永田絃次郎」を招聘し、「舞踊と独唱」を披露してもらったのである。観客は「半島の芸術家トリオ」の舞踏と独唱を楽しんだ後に朝鮮映画をみることで、より本物の朝鮮を実感することができた。

ところで『旅路』のこうした内地での好評は、朝鮮では「嬉しくもありがたくもな」かった。俳優兼監督であった尹逢春は、一九三七年四月に優美館で前例のない「各界人士を招聘し」た試写会で『旅路』を見たが、内地への移出を意識したせいか「あまりにも朝鮮の不美な風俗画を入れすぎて醜かった」し、俳優たちの演技も「演劇的であった」という[45]。

俳優で劇作家でもあった金兌鎮は、映画『国境』[46]が「朝鮮より内地にてより好評のようだ」が「我々はここである警戒が必要だ」とする。「『旅路』のように内地の評論家や知識層が朝鮮映画なら同情をもって接する」からである。また、「朝鮮カラー」は大事にすべきだが、「内地の彼らのように過大評価し高く推揚」することは朝鮮の映画人には役に立たず、「映画興行師の懐を肥やす」に過ぎないと警鐘を鳴らした[47]。

3　東亜共栄圏の担い手

内地に「その存在が認められた朝鮮映画」の『旅路』以降、内地で続々と朝鮮映画が上映されるようになった。一九三九年八月の『日本映画』の座談会によると、『旅路』以降公開された朝鮮映画は『漢江』[48]『図生録』[49]『授業料』（本書の第5章参照）などがある。『授業料』を除く二つは凡作で、「水準に達してない」と評価された。『旅路』は内地が朝鮮映画を「認めるか認めないか」の基準になっていたのである。

一九三〇年代末になると朝鮮映画は、「技術的・経済的合作の対象」[50]や、日本映画の一方言映画[51]と位置づけられるようになった。そしてその不足を補うべく、内地から資本と技術が入ってきた。そうしてできた作品は、朝鮮よりも内地でいち早く上映されることもあった。例えば『漁火』[52]には松竹大船が協力し、島津保次郎が監修と編集を担当、松竹の配給により浅草の大勝館と新宿の武蔵野館で先に封切られた。ほかの朝鮮映画と同様にタイトルに日本語とハングルが併記され、広告には「可憐な半島娘の哀愁純情、美しい自然と、人情の抒情！」「半島が生んだ映画芸術の晶寿」という文字が踊った。[53]朝鮮ではその二か月後に京城の黄金座で封切られた。

内地の映画製作技術が朝鮮に流入するようになった背景には、一九三一年の満洲事変の勃発があった。一九二〇年代に内地では朝鮮劇がつくられ、朝鮮映画も移入されていたが、朝鮮映画が帝国日本映画の一部という認識は稀薄であった。しかし、朝鮮半島出身の舞踊家・崔承姫を主人公とした『半島の舞姫』[54]が製作されるなど、一九三〇年代半ば以降、内地における朝鮮映画の位置づけが変わりつつあった。一九二〇年代の朝鮮劇とは異なり、内地映画でも朝鮮人が朝鮮人役を「演じる」[55]とともに、内地に移入される朝鮮映画にも「朝鮮独有のローカル・カラー」を求めるようになった。たとえ朝鮮人役を日本人が演じたとしても、ロケーションは朝鮮で行うなど、本物らしい「朝鮮らしさ」を追求するようになったのである。

『旅路』についても、「本物の朝鮮映画」であると評価が高まっていた。美術史研究者の板垣鷹穂は朝鮮映画で見られる「ローカル・カラー」とは、その土地について詳しい人にもそうではない人にも「真実のような」感覚を抱かせるものであり、こうした面でこの作品は成功していると述べる。[56]セリフがすべて朝鮮語で、日本語字幕にしたことも好評の理由の一つであった。

監修をした鈴木重吉は、この作品には「内地人は一人も出演せず」、「内地語も一言も出てこない」ので純粋な朝鮮、真の朝鮮を見ることができると強調した。[57] そして、南洋や満洲へこうした動きを拡げていくために、この朝鮮映画の監修と技術監督の仕事を引き受けたと述べた。[58]

『旅路』をめぐっては、内地と朝鮮の文化人の間で論争が起こった。まず在日小説家の張赫宙が、ここに描かれる朝鮮人の生活は現実とかけ離れていると批判した。[59] これに対して日本の映画評論家・来島雪夫は、張赫宙は朝鮮から長い間離れて「故郷の美」に見識がなく、「このような美しい故郷を恥じ、愛さない」のは「真なる朝鮮人」とは言えないと反論した。[60] この二人の議論には、『漁火』の監督・安哲永が結論を下した。[61] 安哲永は、『旅路』が「外国の市場に販路を得るための意図から製作されたものであり」「日本内地で歓迎されるべき使用価値の利用を善処したものに過ぎない」と酷評したのである。[62]

こうした議論が交された一九三〇年代末、朝鮮の映画界は内地の資本により好況を迎えていた。とりわけ、京城の映画館は在朝日本人を含む居住人口の増加に伴い、観客も増え、劇場設備を一新していた。[63] 内地の映画界が朝鮮の映画界に製作協力したり、内地の俳優が朝鮮映画に出演することも珍しくなくなった。

では朝鮮映画を「外国映画」ではなく、日本映画の一つとみなしたのはなぜだろうか。内地では一九三九年九月に内務・文部・厚生省令として映画法施行規則が発令され、その第一九条で「外国映画」を以下のように規定した。[64]

一　外国ニ於テ製作シタル映畫但シ帝国臣民又ハ帝国法令ニ依リ設立シタル法人ノ製作シタル映畫ニシテ帝国臣民ヲ主タル演出者演技者又ハ撮影者トシ且字幕又ハ発聲ニ外国語ヲ主セザルモノヲ

除ク

二　本邦ニ於テ外国人又ハ外国法人ノ製作シタル映畫但シ帝国臣民ヲ主タル演出者、演技者又ハ撮影者トシタル映畫ニシテ字幕又ハ発聲ニ外国語ヲ主トセザルモノヲ除ク

この規定により、例えば内地から渡った演出者や演技者、撮影者が満洲で映画製作にかかわり、俳優たちが日本語を話すあるいは「内地語を喋って内地語の字幕を使用する」満洲映画は外国映画ではなく、日本映画と規定された。(65)満洲映画協会の映画は本来ならば「外国映画」とされるべきであった。しかし、理事長をはじめとする映画製作スタッフが内地から渡った日本人であり、日本語で作られる満洲映画は日本映画に分類されたわけである。

朝鮮映画では一九三〇年代末まで（作品によっては一九四〇年代まで）朝鮮の俳優が朝鮮語で話しており、スタッフもほぼ朝鮮人であった。一九三〇年代半ばから内地から資本やスタッフ、俳優などが朝鮮に渡ったものの、朝鮮語が主な作品が多かったのである。そのため朝鮮映画はどこに分類すべきなのかが問題となり、朝鮮映画にも「内地語」を使わせるべきではという意見もみられるようになった。しかし、前述したように朝鮮を背景にしない映画で「内地語」を使わせると、登場人物が朝鮮人なのか内地人なのか区別がつかなくなるという問題もあったのである。

一九三〇年代半ば以降、『旅路』の好評により、内地でも朝鮮映画は、帝国日本映画の一角を担うものとしてさらに期待が高まった。映画評論家の飯田心美は、内地の期待が朝鮮を越え、満洲や「北支」まで広がっていると指摘している。(66)

> 本邦映画の取材領域が行き詰まりを叫ばれている今日、半島地方から新しい映画が生まれることも一つの打開策として役目を立派に果たすことになるだろう。近来満洲に於て、また北支に於て、さまざまな意図のもとに数々の実写や劇映画がつくられつゝあるとき、半島を材料とし、その地にキャメラを据えた映画が当然現はれるべきでありながら、その数の寥々たる有様に我々はむなしる（ママ）奇異の思ひをさせられるのである。

朝鮮映画は、行き詰まり感がある内地の映画に新風を吹き込むものとして期待されていたのである。しかし、映画評論家・岩崎昶は、朝鮮の映画人が内地の映画人と「提携しようとしても内地の映画業者は、内地人に見せる為めのエキゾチシズムを目当に朝鮮映画を拵らへようとした」ので、失敗に終わったと考えた(67)。

朝鮮映画は日本映画の一部として認められるほど一定のレベルに達したと、内地では考えられていた。その背景には『旅路』の成功以外にも「東亜共栄圏」という時代的要請もあったようにみえる。亜木朗は、東亜共栄圏における朝鮮映画を次のように位置づけた(68)。

> 朝鮮は色々な意味で内地とは特殊な位地《ママ》にある。東亜共栄圏の叫ばれている今日、仮に東亜地図を広げてみても、朝鮮は内地と大陸との橋渡しであり、東亜共栄圏の兵站基地としての重要な足場となっている事はよく人の知る所であり、それが故に朝鮮在住二千四百万の同胞は一致協力して使命達成の為に邁進しているのである。

こうして、朝鮮の文化的役割がいかに重要か主張したのである。帝国日本はその勢力を拡大していくなかで、「東亜共栄圏」というスローガンを打ちだし、朝鮮は文化的にも地理的にも重要な存在となっていた。

4 「輸出」映画としての『君と僕』

『旅路』以降

『旅路』は国際版が製作されたと報じられたが、実際に輸出できたという記録は、管見のかぎりないようだ。朝鮮で「輸出映画」第一号となったのは、一九三七年の『沈清』[69]であった。『沈清』は朝鮮でアメリカのパラマウント映画の輸入を担当していた紀新洋行が制作部を作り、その第一作として作ったものであり、李基世が脚本を書き[70]、安夕影が初めて監督を担当したことでも注目を浴びた。李基世はもともと演劇活動をするかたわら文芸創作も行っていたが、一九三七年に朝鮮映画株式会社[71]が創立されたとき、取締役の一人になった。同年一月には紀新洋行の取締役にもなり、今まで同社が行ってきた洋画の配給だけでなく映画製作に手を出した。同社の初めてのトーキー映画が『沈清』で、金素英や趙錫元などが主演を務めた。さらに、この映画は初めてハワイで上映された朝鮮映画となった[72]。

しかし、まだトーキー映画の製作が始まったばかりの朝鮮では、施設や編集技術もままならず、この映画も「編集に統一を欠き、アプ・レコも成績が悪くて先般出た『旅路』の比ではなく」「カメラも出来が悪い」ものとなっていた。さらに字幕が「其場面と時を異にしたり其の場面にしつくり合うタイト

〃新しき家族〃スナップ
大船のホープ、澁谷實の監督になる「新しき家族」撮影中には、原作者濱本浩氏がしばしば立会つて懇切に實地指導をしました。目下もシヤツ一枚でセツトの汗と埃にまみれる熱心さです。折しも朝鮮映畫界の名花金素英孃が見學に來ました。上下二枚はその金孃を圍んだスタツフの記念スナツプです。肥つた見馴れぬ顔が濱本氏、一見土方の親分に見えるのが澁谷監督です。

図 3-4　松竹の映画制作現場を訪れた金素英
出典：「“新しき家族” スナップ」『松竹』第 10 巻 11 号（1939 年 11 月号）。坪内博士記念演劇博物館図書室所蔵。

ルでなかつたり、光線の関係ではつきり読まれなかったり」した。[73] それでも「外人の歓心を買」うのは「ストーリー、撮影技術、俳優の演技ともその純東洋的音楽」のためと考えられていた。[74]『沈清』で主演を務めた金素英は、この作品以降、『国境』（一九三九年）、一九四〇年代に『君と僕』や『半島の春』などにも出演するようになった。とりわけ『国境』によって、内地の映画界でも注目される朝鮮の映画俳優の一人となった。[75]

さて、『沈清』は朝鮮映画の「輸出映画第一号」として、主にハワイの在米コリアン向けに上映された。[76] しかし、本格的に帝国日本の外部に輸出しようと検討された朝鮮映画は、『君と僕』[77]（一九四一年）である。「朝鮮民族の志願兵を描いた」「朝鮮人志願兵と日本人女性との恋愛を描いた」と宣伝されたこの作品には、諸外国に「兵站基地としての重要な足場」である朝鮮の実態を伝えるだけでなく、帝国日本のイメージを刷新する目的があった。

『君と僕』よりも早く、英語版の『CHOSEN』が一九三九年のヴェネツィア映画展に出品されているが、[78] これは朝鮮の文化や風習を紹介する広報映画であった。東南アジアまで進出した帝国日本は「東亜共栄圏」の担い手となる朝鮮映画をこの新たな占領地にて『君と僕』を上映しようとした。

映画『君と僕』は、監督の日夏英太郎が朝鮮軍報道部に直接企画を持ち込んだもので、当初から輸出映画の役割が期待されていた。「作品の価値は別として、内鮮映画人を動員した大規模な計画のもとに製作された企画性については、畫期的なことであり、今後における映画製作の方向に指針すること大」で、「君と僕に於けるドラマの不自然と映画的要素の貧しさをのぞいて、内鮮俳優の共演に依る意義と扶余一帯の風景の美しさは、大衆の興味を充分そゝるもの」であった。[79]

監督を務めた日夏英太郎は『君と僕』の意義について、こう語っている。(80)

軍部はもとより鉄道その他各方面が心からの援助をして頂き幸によい映画を生れさせたいと思って居ます。単に映画としてのいゝ悪い以外に内鮮俳優の心と心の結びつきも生れ、今後手をとり合つて行かうという気合の生れたことも嬉しいことでした。あとは大船で一か月の予定でセット撮影があり、封切は十月下旬か十一月の上旬になると思ひますが全出演者の熱心□とするという意味です。演技がどんな画面になつて現れるか皆様の期待に副ひたいと願ってゐます。

このインタビューでもわかるように、朝鮮軍報道部は『君と僕』のために資料や場所を提供しただけでなく、俳優や資材の運送用に鉄道（交通便）でも便宜を図っていた。朝鮮軍報道部のこうした支援は、映画の撮影が前半は朝鮮、後半は内地で行われ、俳優や撮影スタッフが何度も朝鮮と内地を往来するため配慮したと考えられる。とりわけ、後述するように、本来は扶余で撮る予定だった李香蘭のシーンも彼女のスケジュールにより内地で撮るなど、内地での撮影シーンは当初の計画よりも増えていた。

このように内地と朝鮮を往来しながら作られた『君と僕』の上映は朝鮮や内地はもちろん、満洲映画協会や関東軍によって満洲で行われるほか、タイでも配給することになった。タイには「抗日映画しかない」ので、植民地下でも戦争に行きたいと志願する若者や、着物も朝鮮服も着る相互の文化に好意的な朝鮮人と内地の人々が登場する『君と僕』を上映して、対日イメージを改善しようとする狙いがあった。(81) 同作品は大東亜共栄圏を表すかのように、内地の俳優や朝鮮の俳優以外にも満洲映画協会のスター

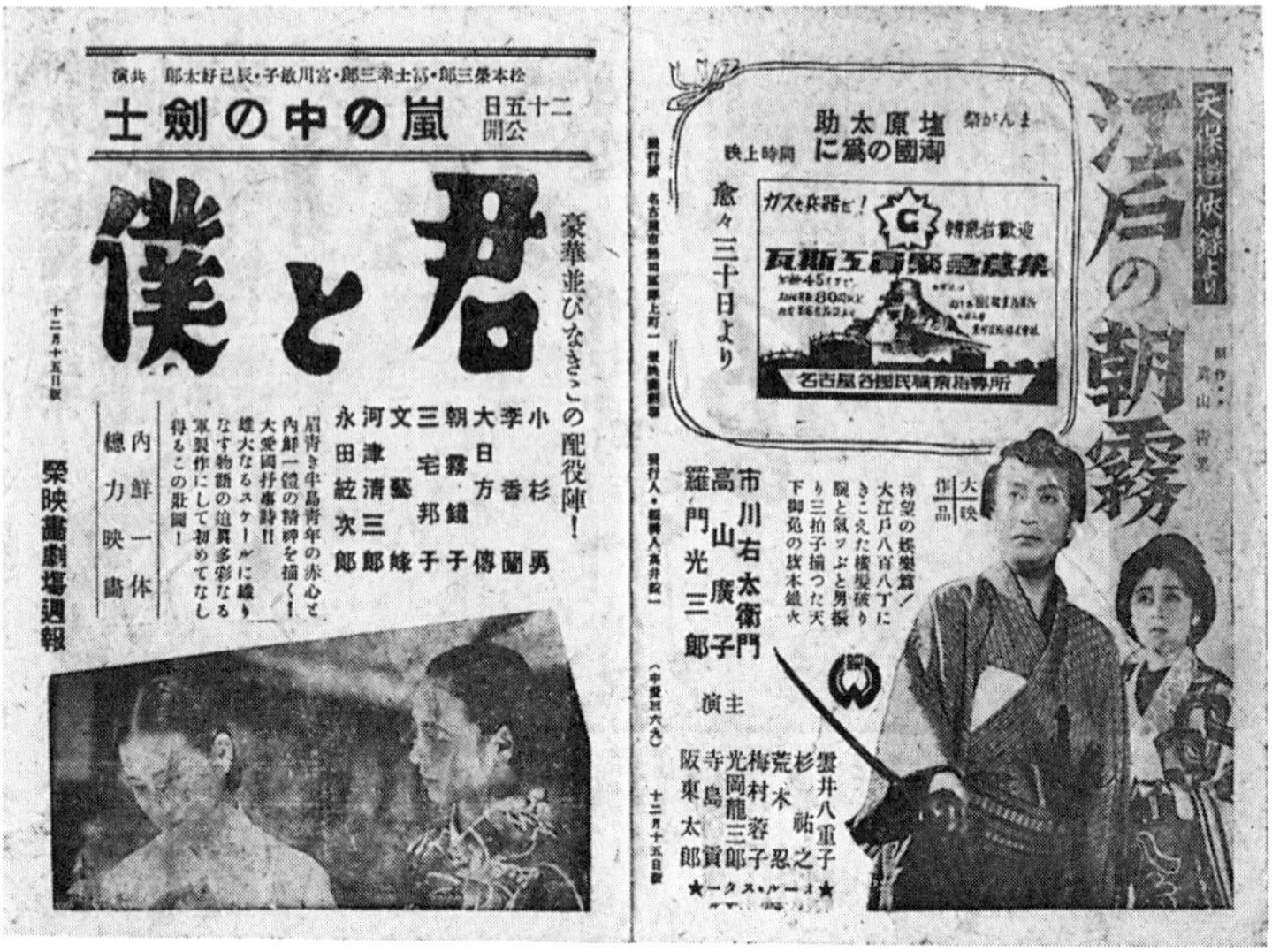

図 3–5　映画『君と僕』が掲載されたプログラム
筆者所蔵。

だった李香蘭を特別出演させ、朝鮮の歌を歌わせることで、朝鮮と内地だけでなく満洲の協力も得ているとアピールし、植民地朝鮮の文化に「好意的な」満映の視線を盛り込んだ。『君と僕』は内鮮合作に留まらず、満洲国も視野に入れた帝国日本の象徴になった。

なお、映画監督兼理論家の帰山教正はこの作品が「内務省の検閲で問題となり、内地上映ができなかった」とし、その理由としてあらすじと関係ない地方色や言語が問題となり、『君と僕』でも「内地語」ではない言語を入れるのは「朝鮮の若者」たちにも「不快なこと」であるとした(82)。しかし、当時の内地の映画館のプログラムをみると、上映されているようにみえる（図3–5参照）。

『君と僕』の李香蘭

一九四〇年代の内地では東亜共栄圏におけ

る朝鮮の地理的位置と映画の役割が強調されつつあった。内地の映画界で「東亜共栄圏」という言葉が登場したのは、一九四一年後半になってからである。朝鮮の陸軍報道部が製作し、陸軍省報道部と朝鮮総督府が後援した『君と僕』の宣伝文には、さかんに「東亜共栄圏」が使われている[83]。

この映画が半島の実情を正しく伝える事が出来るならば、朝鮮に対する内地一般大衆の認識を是正向上せしめる事が可能なばかりでなく、満支両国民にもそれぞれの立場に於て、東亜共栄圏の認識を弥が上にも深めさせる事が出来ると信じて疑はない。(中略)因みに題名の『君と僕』は、君とは一般内地人の総称であり、僕は即ち一般半島人の総称を型取ったもので、君と僕がしっかり手を握り合って大東亜共栄圏の礎にならねばならぬという決意の程を示したものである。

一九四一年後半以降、東亜共栄圏における映画の役割を語るときに、『君と僕』はよく引用されるようになった。例えば、朝鮮と同じ植民地であった台湾では、東宝が製作費を負担して台湾総督府情報部が『君と僕』を手本に『台湾志願兵』を製作すると報じられた[84]。

日夏は本名を許泳といい、朝鮮の咸興出身で中学校卒業後に内地に渡っている。一九二〇年代後半から京都のマキノプロダクションや松竹京都スタジオで助監督、脚本の仕事に勤んだ。『大坂夏の陣[85]』(一九三七年)の撮影中に姫路城の一部が破壊されたことで逮捕され、その捜査過程で朝鮮人であることが明らかになった。一九三九年には新興キネマの京都撮影所で働きながら、映画監督デビューを夢見た。一九四一年に日夏は自ら企画とシナリオをもって朝鮮軍報道部を訪ね、それでできた映画が『君と僕』

であった[86]。この作品のモチーフは朝鮮人の志願兵として戦死者一号となった李仁錫で、後述するようにシナリオの作成には日夏のほかに映画評論家の飯島正、朝鮮の文芸家・林和もかかわっている。日夏はまず新興キネマに持ち込んだが、興行性の可否で結論が出ず、朝鮮軍報道部を訪ねたのだった。

『君と僕』は日本で活躍していた「朝鮮人」監督・日夏英太郎が監督し、「中国人」スター李香蘭[87]を登場させるなど、東亜共栄圏を意識した作品であったことは明らかであった[88]。内地からは松竹大船の三宅邦子、朝霧鏡子、興亜映画の小杉勇、第一協団の河津清三郎、東宝の大日方傳と丸山定夫などが出演し、朝鮮からは文藝峰、金素英、劇団高協の沈影、劇団阿娘の黄徹、そして東京でテノール歌手をしていた在日朝鮮人の永田絃次郎（本名・金永吉）が出演するなど豪華キャストだった。

朝鮮や内地だけでなく「満支」の人々にも「大東亜共栄圏の礎とならねばならぬ」と訴えるこの映画の意図は、映画雑誌『映画旬報』の一二頁にわたる広告の巻頭を飾ったスナップ写真にもよく表れていた。この写真には、大スターの李香蘭と朝鮮人の志願兵・金子を演じた永田絃次郎が映っている。李香蘭の役は満洲の少女で、一つのシークエンスにしか出てこず[89]、しかも李香蘭のスケジュールの都合で撮影は茨城県の潮来で行われた[90]。

そのため完成したシーンは、朝鮮の扶余にある白馬江と潮来で撮ったフィルムをつなげたものである。まず、潮来で撮ったシーンで「満洲の少女」李香蘭が川辺で近づいてくる船を待っている。このシーンでは「満洲の少女」や登場人物のバックに「扶餘」という漢字の地名が映っており、川の船乗り場にも「白馬江」という文字が看板に書かれている。映画のなかで金子は白馬江で朝鮮の伝統民謡「陽山道」を朝鮮語で歌い、「満洲の少女」は川辺でその歌を聞きながら続けて朝鮮語で歌う。潮来の風景は編集作業によって美しい扶余のイメージとして観客に提示された。さらにこのシーンでは歌手の金貞九が船乗の役で登場し、「落花三千」を歌っている。

李香蘭は植民地期の朝鮮映画に二度出演していて、この『君と僕』と、もう一つが『兵隊さん』(一九四四年)である。[91]『兵隊さん』は朝鮮軍報道部が『君と僕』に次いで製作を支援した映画であり、そのいずれにも李香蘭が出ているのである。『兵隊さん』は西亀元貞が脚本を担当し、『漢江』の方漢駿が監督、一九四四年にできた社団法人朝鮮映画社が後援した。舞台は、朝鮮の若者たちが戦争に志願すると行くことになる訓練所である。訓練所が朝鮮の一般家庭とは異なり、おやつも食事も十分に与えられ、いかに清潔で素晴らしい場所であるかを宣伝する映画であった。[92]李香蘭は舞踊家の趙澤元やバイオリニスト、歌手たちとともに慰問公演をする短いシークエンスに登場し、満洲の服を身にまとって「北京の子守唄」を日本語で歌った。

李香蘭は一九三〇年代まで来朝したことはなかったが、朝鮮では大人気の映画スターであった。朝鮮を訪れたのは一九四〇年七月に満洲から東京へ行く途中で水害のため汽車が不通となり、少し滞在したときが初めてで、以降はアトラクション(舞台イベント)に出るためにたびたび朝鮮へ来るようになった。一九四一年の二〜三月には、『美しき犠牲』のアトラクションのために訪朝している。この訪朝の前から朝鮮では李香蘭が新京で朝鮮の伝統衣装をきて写真を撮ったのが話題となった。常に「中国服」を着ていた李香蘭はこの時初めて朝鮮の伝統衣装を着たという。[93]この二回目の訪問では釜山で公演を行っている際に、李香蘭を自分の娘だとか、妹であると主張する人々が次々と現れ、困惑したという。[94]それでも朝鮮では八か所で公演を行い、京城では明治座で公演した。李香蘭が東京の舞台と同じだと感激した明治座の公演には、人々が殺到した。

扶余から始まる東亜共栄圏

『君と僕』はなぜ扶余を舞台としているのだろうか。一九一〇年代から一九三〇年代まで扶余で「古跡調査」などが行われており、交通や宿泊施設も拡充されていた。[95]一九三九年には朝鮮総督府が扶餘神宮の建立を計画し、多くの文学や演劇で扶余は一種のブームになっていた。[96]百済は最初現在のソウル付近に都を定めていたが、そのあと公州に移り、最終的に扶余となった。扶余が百済の都だったのは五三八年から六六〇年までだった。

『観光朝鮮』の特派員は、「千二百年余年の昔、十五万二千三百戸約七十万の人口を数へた扶余は、今は僅かに五百余戸の小邑に過ぎなく、その昔に誇った文化は、方数里の土中に埋もれて荒野となってゐるが、残された山河は、巖として昔のままに、豊な地層を為してゐ」て、「内鮮一体の聖地」となったと報告している。[97]

第4章で詳しく述べるが、一九三〇年代以降京城の映画界を揺るがした大型映画館明治座によく登場する舞台イベントも百済にかかわるものであった。明治座では例えば、一九四一年七月には、朝鮮楽劇団が一篇一円五〇銭という特別入場料で、金梅子の「百済哀史」「落花三千」を上演し、すべて「国語」のセリフだった。朝鮮楽劇団は大阪にある吉本興業とタイアップし、内地においても朝鮮においても爆発的な人気を博した。朝鮮楽劇団の公演をすれば、必ず観客も集まると明治座は考えていた。しかし、この百済を素材にした二つの大作について、明治座は「製作費は安い方がいいし」「大作はいらない」という立場であった。朝鮮楽劇団は明治座でしかできない「大作を出して、あと地元へもってゆく」という方針をとった。[98]

明治座で上演された朝鮮楽劇団の百済物は、一九三〇年代末から朝鮮で流行っていた。『君と僕』の監督・日夏は朝鮮総督府が支援し、趙澤元が出演した舞踊劇『扶餘回想曲』（一九四一年）を見て、「良き純正な日本人としての国家意識のもとに構成せられたもので、安直な便乗やすぐに剝げそうな付焼刃は探そうにも見受けられる態のものではない」と評価した。[99] さらに、朝鮮楽劇団の「落花三千」で使われた歌は、『君と僕』にも挿入されたのである。

洋画を上映しづらくなった朝鮮の興行界で、アトラクションは観客を引き付ける見世物であった。とりわけ「映画「ファン」は名画ばかり観てきたので、曖昧なものでは観客を惹きつけられず」人気のある俳優や歌手が主に舞台に立った。アトラクション料金は三〇〇～七〇〇円で、映画一本と変わらなかった。[100]

さて、映画『君と僕』に話を戻そう。『君と僕』には朝鮮の歌・陽山道を歌う場面がある。日本人志願兵の妹・美津枝が「朝鮮の歌は、一体に哀調を帯びていますわね」というと、朝鮮人志願兵の金子は「朝鮮の古い唄は、絶対に非常に明るいんですよ。例えば陽山道、こちらの言葉でヤンサンドと云ひますが、さういふ民謡はシンフォニーにもなって居ますし、立派なメロディです」と答える。その陽山道を聞かせてほしいという美津枝に応えて金子が歌い始めると、川の向こうから「満洲の少女」李香蘭の声が唱和してくる。朝鮮の古い唄「陽山道」に代表される伝統が、満洲に代表される帝国日本に吸収されていく様子を示したのである。

さらに『君と僕』は京城や内地でラジオドラマの映画劇（北村壽夫脚色）にもなるが、このときは内地の俳優と朝鮮の俳優が東京に集合した。時間の都合上、ラジオドラマの内地と朝鮮のそれぞれの劇は映画とは少し異なった設定だった。例えば、映画では李香蘭と永田が歌った「陽山道」は、内地のラジオドラマでは出征する夫・木下（沈影）との別れを惜しむ妻・福順（文藝峰）が歌う。文藝峰は最初「唄が下手だから」と断り、朝霧鏡子が代わりに歌ったが、沈影が文藝峰を説得し、歌わせたという[101]。

映画『君と僕』のセリフはすべて「国語」だったが、数少ない朝鮮語が出てくるシーンが金貞九や永田の歌のシーンと李香蘭がそれに合わせる場面であった。しかし、内地のラジオドラマではこの朝鮮語の歌を内地の俳優と朝鮮の俳優がそれぞれ歌ったのである。

映画のセリフがほぼ「国語」になったことは、朝鮮の俳優にしてみれば大変なことであった。『都新聞』の記事によると、映画のなかで朝鮮の俳優が話す日本語のセリフは、すべて内地の俳優が吹き替えたという[102]。

内鮮はすべて日本語で、内地語でといふ国策からセリフは全部内地語であるが、文藝峰、金素英など半島の俳優にはいきなり内地語で芝居は無理だろうといふので前者は忍節子、後者は羽田登喜子が吹き替えをするが、これがアフレコでなく、シンクロだけに音をマッチさすのに骨折だった。

前にも述べたように一九四一年の『君と僕』のセリフはほぼ日本語であった。しかし、一九三〇年代後半の内地と朝鮮の合作はすべてのセリフが朝鮮語であった。一九三〇年代後半作られた朝鮮映画は内地の俳優や監督などの製作協力があっても朝鮮語で作られ、内地に移出される際は日本語の字幕が入った。前述した『沈清』の事例でみるように、トーキーや編集の技術が未熟な上に日本語字幕は画面と合わないことも多かった。さらに、内地の映画人たちが朝鮮映画に合流した目論見は、朝鮮映画を朝鮮だけではなく内地の人々にも見せ、帝国日本映画の一部として朝鮮映画を編入させることにあった。在日朝鮮人だけではなく内地の人々にも見せるためには、内地の「進んだ」映画技術を朝鮮に持ち込む必要があると考えられていたのである。

しかし、『旅路』以降、東宝との合作『軍用列車』(徐光霽、一九三八年)が内地で好評を得ることができず、内地と朝鮮の合作の企画はしばらくなくなった。[103]『軍用列車』は、『旅路』で内地との合作に自信を得た聖峰映画園が二番煎じを狙ったものであった。また、朝鮮映画初の「親日映画」で、一九二〇年代にプロレタリア映画理論やソビエト映画理論に傾倒していた徐光霽などの「抵抗的朝鮮芸術家たちの降伏宣言を公式化した」映画でもあった。[104]東宝から谷口千吉がプロデューサーとして、佐藤武が助監督として朝鮮での撮影に参加し、俳優の佐々木信子は朝鮮人役を演じ、朝鮮語のセリフをこなした。後半の録音作業は東宝の砧撮影所で行われ、文藝峰や楽団はそのために東京まで行っている。

この作品は日中戦争の勃発以降に作られ、朝鮮半島と中国をつなぐ鉄道と朝鮮人の機関士、そしてこの軍用列車の情報を得ようと機関士に接触するスパイが描かれた。シナリオにも内地の映画人がかかわっており、機関士になりたくても機会がなかった朝鮮人にも戦争により機関士の枠が一人充てられたという設定から始まった、「時局の映画」であった。しかし、「題材の把握」も不十分で「通俗的な描写」が内地では不評を得る要因となった。[105]『軍用列車』の失敗で内地からの協力もなくなり、朝鮮映画は製作資本でも打撃を受けることになった。[106] 内地と朝鮮の合作でも、朝鮮語のセリフで撮影された朝鮮映画は、日本語字幕を付けて内地の映画界に編入されつつあった。内地の俳優は朝鮮の映画に出演し、朝鮮語のセリフを話すこともあった。

一九四一年の『君と僕』は、内地と朝鮮の合作による日本語映画であった。一九三〇年代最後の内鮮合作映画『軍用列車』が言語の交換を試みたとしたら、一九四一年の『君と僕』は言語の交換にさらに着替えのレトリックが加わる。内地のラジオの映画劇ではまず朝鮮語の歌を歌う朝霧鏡子が登場していたが、『君と僕』では朝鮮語の歌を歌う李香蘭が登場した。こうした歌の取りかえ以外に、朝鮮の服と内地の服を着替えるシーンも登場する。和服を着るのが恥ずかしいという朝鮮人女性の白姫に、日本人女性の美津枝は「あたしなんか朝鮮服平気で着るわ。とてもいいわ」と、朝鮮の服を着ることに躊躇がないことを強調する。この作品では、歌も女性の服も「日鮮交流」の一つのツールとして用いられているのである。

こうした着替えのレトリックは、一九四〇年製作『ともだち』(清水宏、朝鮮総督府鉄道局映画)でも見られる。これは日本人の子どもと朝鮮人の子どもの交流を描いた作品である。ここに「内地から来たばかりで朝鮮服が珍しい」横山が、「貧乏だから一人だけ朝鮮服」を着ている李に、「君、僕のと取り換えよう」と提案するシーンがある。『君と僕』と同じように、ここでも着替えが交流の一つのツールとなっている。この点について在朝日本人で映画評論をしていた水井れい子は、「あの子供達の着物はあんなに簡単に寸法が會ひはしない」し、「フエードイン、フエードアウトのあの瞬間に着終へる程に心の準備はできてゐない」。「通常そのような習慣も相方共にあり得」ず、「野道で着物を取り換へつこをして歸へるような實情は絶對にあり得ない」。「横山準が水原の建物に這入って行き、すぐ京城の建物から出てくるという繫がりは、いかに映画とはいへ肯定できない」と批判した[107]。さらに、内地の映画人や文学者が「事件が紛糾するか個人の仕末に困れば、朝鮮か満洲に逃亡させて結末をつけてゐたので、まるで悪の巣窟のように思はれる筋もある」とし、朝鮮のローカル・カラーを強調するような「未開な風景」では、なおさらこれを認めてしまうことになると論じた。

内地でもこの『ともだち』について作家の丹羽文雄は、「半島映画」ではなく「内地映画の延長に過ぎず」日本人監督は決して「半島映画の監督」をすべきではないと断言した。丹羽のこの断言は内鮮合作におけるローカル・カラーへの批判でもあった。『ともだち』の清水の表現は「日本人のもの見高い根性が露骨に現れて」おり、「朝鮮名所案内を十分に感じさせ」ている。そのため朝鮮のローカル・カラーは「単なる興味あるロケに終わるだけ」であった[108]。

ここで重要なのは、こうした伝統服の着替えのレトリックが女性と子どもに用いられていることである。一九二〇年代の日本では朝鮮の女優は伝統を象徴する朝鮮服姿でメディアに登場したが、一九四〇年代以降ローカル・カラーが薄れていった朝鮮映画でも内地の映画でも女性と子どもは依然として朝鮮服で表象されており、帝国の一部でありながら「異なる」存在であり続けた。その一方で、朝鮮の男性たちは映画のなかで「啓蒙の主体」としてエリートになるか、「志願兵」として登場し、帝国臣民に編入しようとした[109]。

ところで、清水宏は一九三六年に『有りがたうさん』(松竹)、一九四〇年には京城で撮った文化映画の『ともだち』と『京城』、内地に戻ってからは『女人轉心』(松竹)で、朝鮮の子どもと女性たちを登場させている。伊豆を背景とした川端康成の小説『有りがたうさん』の同名映画ではバス代がなく、移動先まで歩く朝鮮人労働者たちの状況を朝鮮人女性に代弁させており、『ともだち』では在朝日本人の子どもと朝鮮人の子どもの着替えなどの交流を、『女人轉心』では再び朝鮮の女性たちを描いた。作家の張赫宙は「『ありがとうさん』(ママ)の中で伊豆の半島人労働者に単に同情の涙を注いだだけの清水宏氏が『友だち』の純粋性にまで半島認識を高めたこと」に内地や朝鮮の映画監督たちは注目してほしいと述べた(110)。『女人轉心』で朝鮮人女性・李貞媛を演じたのはのちに『君と僕』に出演する朝霧鏡子(111)であった。清水は一九四三年には台湾で李香蘭を主演とした『サヨンの鐘』を撮っている。

何語を誰がどのように話すか

前述したように、映画『君と僕』は「内鮮映画界の交流」を掲げ、朝鮮人の俳優に「国語」のセリフを練習させたが、完成後に内地の俳優が吹き替えた。日夏英太郎について研究した内海愛子によれば、『君と僕』のセリフは「全編日本語で、主人公の両親の会話だけが朝鮮語で日本語のスーパーが」入っていた(112)。日夏は朝鮮の雑誌『三千里』の座談会において「セリフでとても困っています。それで毎日セリフを練習してもらっていますので、大変です(113)」と言い、朝鮮人の俳優たちが日本語の練習をしていることを明らかにした。しかし、満足するレベルに達せず、最終的には内地の俳優が吹き替えたのである。

しかし、シナリオ(114)をみると、「チョコマン」「そこを通りかかる一人の半島人。子供が、老人の袖を引き、朝鮮語で「おぢいさん、黙禱の時間ですよ」」「お帰りなさいませ(鮮語)」「チョッタ」というように朝鮮語が散見され、ショットでも毎日正午の黙禱、小川のほとりでの洗濯、ブランコなどで「朝鮮らしさ」を出そうとしている。日夏は日本に一六年暮らす間一度も朝鮮に帰らなかったので、朝鮮語を聞くことも話すこともできず[115]、映画評論家の飯島には朝鮮の歴史や風習、言葉の知識はなかった[116]。

このようにシナリオのほとんどが日本語の『君と僕』であるが、日本内地の検閲でわずかな朝鮮語や「朝鮮の地方色」が問題となった[117]。

この映画は内鮮融合を意図とするもので総督府としても相当に後援されたやうである。然し、朝鮮での客受けが餘りよくなかつたばかりでなく、内務省の検閲問題となり内地の上映が不可能となつたのである。(中略)検閲では筋書以外に場面に現れてくる地方色だとか、言語だとかが非常に問題になるが、『君と僕』に於ても同様に問題となつたやうである。内地側の検閲の立場からは、特異の地方色や、内地語でない言葉を取入れることは、面白くないと云う考である。

朝鮮語と地方色は、『君と僕』以前から意見が分かれる問題であった。『日本映画』(一九三九年八月一日号)の座談会では朝鮮、満洲、内地を映画共同体とし、そこで言語を日本語にする問題について議論が交わされた。監督兼脚本家で『授業料』の脚本を書いた八木保太郎は、朝鮮映画では言語をできるだけ日本語にすべきだとしながら、朝鮮人の日本語を一つの方言として考えるべきだと主張した。これについて、朝鮮の配給業者兼監督である李創用は別の座談会で、朝鮮人の八〇%が農民で日本語リテラシーがないため、朝鮮語を排除することはできないとした[118]。朝鮮で映画の脚本を執筆していた西亀元貞は、映画のなかの言葉を朝鮮語にするか「国語」にするかは場合によって変えるべきだとし、全編を日本語にするのには反対した。一方、映画評論家の内田岐三雄は中立的立場を取り、「しひてすべてを国語にする必要もないし、半島語にする必要もない。それは却って行きすぎである」と主張した[119]。映画『君と僕』ではわずかでありながら登場していた朝鮮語は、以降の朝鮮映画では姿を消した。

5　「輸出映画」の挫折

一九三〇年代の日本映画界では、「国際性」とは何かをめぐって様々な議論が交わされた[120]。映画評論家の岩崎昶は「国際映画」と「輸出映画」が混用されているとし、『新しき土』が失敗したのは「外人の眼に映した「日本的なるもの」」ばかり描かれ、「現代日本の現実などは一かけらも見当たらない仕事に」なっていたからだと批判した[121]。内地に移出された朝鮮映画は、まさに「内地人の目に映した「朝鮮的なるもの」」が強調された作品であった。

この朝鮮的なるものは、在日朝鮮人のノスタルジアを刺激するものでもあった。広告主やメディアはより広範な観客を得るため朝鮮語と日本語を併記し、東京で活躍している文化人や芸術家の舞台を併設するなど、朝鮮らしさを前面に押し出した。「朝鮮の地方色」や「朝鮮語」を用いなければ、視覚的には「身長内地人ト差異ナキ」、「顔貌亦内地人ト異ナラザル」[122]朝鮮人を他者として示すことができなかったのである。日本の統治政策は「差異」を前提にした「同化」であったが[123]、視覚媒体のなかで「差異」を前提にした「同化」を表現するためにも、「朝鮮の地方色」や「朝鮮語」は必要であったかもしれない。

しかし、一九四一年以降、大日本帝国内で製作する映画では「国語」しか使えず、こうした差異は姿を消したかのようにみえる。朝鮮映画に残された朝鮮らしさは朝鮮服と和服を交換する女性や子どもの「内鮮交流」であり、男たちは帝国日本の軍人として志願することで帝国日本の臣民になっていく。朝鮮服を着た女性と子どもは、ジェンダー化された朝鮮でもある。朝鮮服を恥ずかしがる朝鮮人に対し、交換しようと呼びかけるのは常に内地からきた人々であった。

さて、『君と僕』の監督日夏は、次作となる「輸出映画」をインドネシアで製作した。日夏は『君と僕』を撮った後、一九四二年一一月にインドネシアに渡ったのである。[124] この年の三月に日本はインドネシアを占領しており、帝国日本の関心が東亜共栄圏に拡大していた時期であった。当時生フィルムが不足し、内地でも日本軍進駐地域でも映画製作は困難だったが、オランダ統治期の撮影所をそのまま接収したインドネシアの状況はそれよりもはるかによかった。一九四二年一〇月には日本映画社が支社を開設し、一九四四年四月まで六〇本余りの作品を製作した。[125] そして、『君と僕』を撮ってからインドネシアに渡った日夏は日本軍第十六軍の宣伝班で『Calling Australia［豪州への呼び声］』（一九四三年）を製作した。

これはオーストラリアの捕虜収容所の生活がいかによいものなのかを見せる宣伝映画であった。一九四二年三月にジャカルタの第十六軍司令部の参謀部内に別班が設置され、「情報収集、回教工作、華僑工作、インド連盟の指導、対豪諜報のための浪機関、謀略映画の作成、対外放送工作等」を行うことになり、日夏はここで映画を作っていた。[126] ジャワ島にはすでに「軍政監部宣伝部、日映ジャワ支社などがあった」が、対豪州宣伝映画製作の重要性を認識しておらず、別班がこの映画を作ることになったのである。軍の検閲班にいた日夏（監督）、宣伝班にいた森尾鉄郎（カメラ）、美術担当の河野鷹思、音楽に飯田信夫が集合した。また、華僑映画技術者たちも多数集まる。豪州の捕虜で元有名プロゴルファーや放送協力者などを使い、収容所での生活を撮ったこの映画は内地にも送られた。当時、日本では捕虜に関わる宣伝映画をすでに二本撮っていたが、『豪州への呼び声』は完成度がもっとも高かったため、パンフやスチルなどとともに各国に輸出された。(127)

日夏は映画監督になりたいと内地に渡り、その夢は朝鮮軍報道部のおかげで叶ったが、朝鮮語と朝鮮色の問題で内地では評価を得られなかった。インドネシアで作った宣伝映画でようやく好評を得ることができた。そして、戦後も内地にも朝鮮に戻らず、インドネシアで映画製作を続けた。日夏は戦後長い間日韓の映画史で忘れられ、再び注目されたのは一九八〇年代になってからであった。

注

(1) 京城帝国大学文芸部『(京城帝国大学予科)文化生活調査報告』一九三八年。
(2) 京城帝国大学の卒業生は一九三〇年には朝鮮人三九名、日本人八七名で(『中外日報』一九三〇年三月二六日付)、一九三四年の予科卒業生は朝鮮人が三九名だった(『東亜日報』一九三四年三月一一日付)。
(3) レイ・チョウ、本橋哲也・吉原ゆかり訳『プリミティヴへの情熱――中国・女性・映画』青土社、一九九九年。
(4) 赤上裕幸『ポスト活字の考古学――「活映」のメディア史1911-1958』柏書房、二〇一三年、一六頁。
(5) 『寵姫の恋』尹白南、朝鮮キネマ、一九二五年。原題は『雲英伝』。日本では『キネマ旬報』(一九二五年二月一一日号、二七頁)にてそのあらすじが紹介された。
(6) 『闇光』王必烈、一九二五年、朝鮮キネマ。朝鮮で封切られたときのタイトルは『神の粧』であった。日本では『キネマ旬報』(一九二五年三月一一日号、二四~二五頁)であらすじが紹介された。なお、もともと朝鮮でも同映画のタイトルを『暗光』としていたが、封切られるとき『神の粧』と改題された。詳しくは本書の第1章を参照されたい。
(7) 羅雲奎「『아리랑』을 만들 때［『アリラン』を作る時］」『朝鮮映画』一九三六年一〇月号、四六〜四九頁。
(8) コロムビア・レコードが発売した「アリラン」は古賀政男の編曲であった。詳しくは、宮塚利雄『アリランの誕生――歌に刻まれた朝鮮民族の魂』創知社、一九九五年、七八〜七九頁を参照されたい。
(9) 이준희「『한국영화와 대중가요, 그 100년의 만남』전시 해설」『한국영화와 대중가요, 그 100년의 만남』한국영상자료원［イ・ジュンヒ「『韓国映画と大衆歌謡、その一〇〇年の出会い』展示解説」『韓国映画と大衆歌謡、その一〇〇年の出会い』韓国映像資料院］、二〇一七年。
(10) 『장화홍련전［薔花紅蓮傳］』홍토무［洪吐無］、高麗映画京城撮影所、一九三六年。
(11) 「幽霊は語る（『薔花紅蓮傳』）」『キネマ旬報』第五八〇号（一九三六年七月一日号）、一二七〜一二八頁。
(12) 「朝鮮映画　大阪で上映禁止」『キネマ旬報』第五八二号（一九三六年七月二一日号）、六頁。
(13) 『홍길동 속편［洪吉童　続編］』이명우［李銘牛］、朝鮮映画京城撮影所、一九三六年。
(14) 「日本映画批評」『キネマ旬報』第六五六号（一九三八年九月一日号）、七五頁。
(15) 「日本映画批評」『キネマ旬報』第七〇〇号（一九三九年一二月一日号）、八二頁。
(16) 『윤봉춘일기［尹逢春日記］』一九三七年（日記の原文は韓国独立記念館のホームページから「独立運動家資料」で見ることができる）。なお、同日記によると、『愛を尋ねて』発声版の試写会は団成社で一九三七年三月二六日に行われ、四月二二日に団成社が封切りした。初日の晩は映画館は満員になったという。そのあと五月一六日から六日間、朝鮮の新宮座や桃花館で封切られた。さらに、尹逢春はこの日記のなかで『愛を尋ねて』以外にも無声映画のいくつかに発声作業が行われたとしているが、具体的な作品名は確認できない。
(17) 「朝鮮映画をめぐって」『キネマ旬報』第三〇六号（一九二八年九月一日号）、二二〇頁。
(18) 한국예술연구소편『이영일의 한국영화사를 위한 증언록 성동호 이규환 최금동편』도서출판 소도［韓国芸術研究所編『李英一の韓国映画史のための証言録　成東鎬、李圭換、崔琴桐』図書出版ソド］、二〇〇三年、一七七頁。
(19) 中川紫郎（一八九二〜一九五八）。帝国キネマの監督、貸しスタジオの中川映画制作所で活動し、マキノ映画時事映画部主任を経て、一九三六年に合同映画社を設立。主に文化映画を制作した。

(20)『防共の誓ひ』中川紫郎、椿三四郎主演、合同映画/京城發聲映画製作所、一九三九年七月。ちなみに、この映画の撮影を担当した岸雅夫や田中一三はエトナ映画社の主なスタッフでもあった。エトナ映画社については、冨田美香「洛西地域映画史聴き取り調査報告4 エトナ映画の軌跡」『アート・リサーチ』第五号、二〇〇五年、一〇五―一一七頁、を参照。

(21) 西亀元貞「朝鮮映画の題材について」『映画評論』一九四一年七月号、五一～五三頁。

(22)「アリラン」『キネマ旬報』第二四八号(一九二六年一二月一一日号)。

(23)『国際映画新聞』第一〇五号(一九三三年七月上旬号)。

(24)「宝塚『日章旗の下に』朝鮮で上映不可」『国際映画新聞』第一〇一号(一九三三年五月上旬号)、四頁。

(25) 当時朝鮮の映画館の入場料金は五〇～七〇銭であった。

(26)『国際映画新聞』第一一八号(一九三四年一月下旬号)、二三頁。なお、このように「大衆向け」をかけていた東亜倶楽部は一九三四年七月にチャップリンの映画『街の灯』の上映権を獲得し、映画興行界を再び驚かせた。チャップリンのフィルムは内地からいつ朝鮮に来るかがわからないうえ、入場料も均一料金の何倍も取らざるをえなかった。東亜倶楽部は三日に一度のプログラム替え、一〇銭や二〇銭均一料金で観客にアピールしたが、チャップリンに関しては六〇銭から一円の入場料で一〇日以上の上映を試みて話題になった(『国際映画新聞』第一三一号(一九三四年八月上旬号)、一六～一七頁。

(27) 市川彩編『国際映画年鑑』国際映画通信社、一九三四年。

(28)「教育映画欄」『国際映画新聞』第二九号(一九二九年七月号)、六一頁。なお、同作品の情報は二〇二一年に大きく変化することになる。一九九一年に韓国映像資料院が大阪で発掘した『아름다운 이웃사랑[隣人愛の麗容]』は、長らく一九三〇年もしくは一九四三年作とされてきた。しかし、二〇二一年夏に韓国映像資料院映画研究チームの이유미[イ・ユミ]が関連資料などをもとに、これが『純情神の如し』と同一作品であることを明らかにした。

(29)「座談会 朝鮮映画の現状を語る」『日本映画』一九三八年八月号、一二〇～一二七頁。

(30) 東京府学務部社会課「在京朝鮮人労働者の現状」一九二九年(中川清編『労働者生活調査資料集成7』青史社、一九九五年所収)。

(31) 大阪府内鮮融和事業調査会の資料によると、一九一一年大阪府内朝鮮人の人口は二四八名であったが、一九二一年末に二万七四二一名、関東大震災後さらに増加し、一九三一年には八万五五六七名になったとしている。一九三一年以降毎年三万名ずつ増加し、一九三六年には二二万四七四九名、一九三七年には二三万四一八八名に達した。このうち「女ノ六割ハ文盲ニシテ男ノ四分ノ一女ノ五分ノ二ハ全ク国語ヲ解セズ」の状況であった（大阪府内鮮融和事業調査会『在住朝鮮人問題ト其ノ対策』一九三九年）。

(32) 『主なき小舟』이규환［李圭換］、一九三二年、柳新キネマ。

(33) 『読売新聞』一九三二年一〇月二一日夕刊。

(34) 한국예술연구소편、前掲『이영일의 한국영화사를 위한 증언록』一四八頁。

(35) 朱永渉「朝鮮映画展望」『キネマ旬報』第六五九号（一九三八年一〇月一日号）、「朝鮮映画展望：論評、學藝」『文章』第一巻号、一九三九年、一五四～一五六頁。

(36) 甲斐太郎「王平の死と」『観光朝鮮』一九四〇年九月号、八〇頁。

(37) 「葉書警告欄」『映画朝鮮』第二冊、一九三六年一一月号、八五頁。

(38) 良銀「『旅路』について」日本大学芸術科篇『芸術科』第五巻七号、一九三七年、一一～一二頁。

(39) 「カレッヂシネマ『旅路』合評」『キネマ週報』第二九〇号（一九三七年五月二一日号）、二六～三三頁。

(40) 『新しき土』の製作過程や当時日本における「国際映画」や「輸出映画」についての議論は瀬川裕司『新しき土』の真実——戦前日本の映画輸出と狂乱の時代』平凡社、二〇一七年を参照されたい。

(41) 鎌原正巳「朝鮮映画『旅路』」『麵麭』第六巻六号（一九三七年七月号）。

(42) 『キネマ旬報』第六〇二号（一九三七年二月一一日号）。しかし、監督の李圭換の回顧によると、『旅路』の契約条件は朝鮮国内の興行権は聖峰映画園が、内地を含む朝鮮以外の地域での興行権は新興キネマが持つことになっていた。新興キネマは『旅路』の日本語字幕版を作り、「上海、満洲一帯」および日本人が多く居住していたハワイ、日本全国の新興キネマの映画館などで上映し、「大儲けをした」という（『李英一の韓国映画史のための証言録』）。高麗映画が中国や満洲で実際に配給されたかどうかは確認できないが、配給されたとしてもその収益が高麗映画に流れていない可能性もある。

(43) 「〝나그네〟의 海外進出〔『旅路』の海外進出〕」『毎日申報』一九三七年四月一日付。
(44) 飯島正「朝鮮映画論」『新映画』一九三八年一月号、四〇〜四三頁。
(45) 『尹逢春日記』一九三七年四月一七日。
(46) 『국경〔国境〕』최인규〔崔寅奎〕、一九三九年、天一映画社。
(47) 金兌鎮「己卯年 朝鮮映画総監」『映画演劇』第二号(一九四〇年一月号)、二六〜三四頁。
(48) 『한강〔漢江〕』방한준〔方漢駿〕、半島映画社、一九三八年。『漢江』に船乗りとして出演した尹逢春によると、一九三七年九月に撮影が終わり、監督の方漢駿が東京に行って、試写会を行うなど内地での上映の可能性を試みたが、契約の成立までは至らなかったという(『尹逢春日記』一九三七年一〇月一一日)。『漢江』が内地で上映されるようになったのは東和商事の後援により、一九三八年七月東京日比谷映画劇場においてであった。東和商事はこれで朝鮮映画へ深くかかわることになった。方漢駿の作品のうち『병정님〔兵隊さん〕』(一九四四年、朝鮮映画配給社)はフィルムが残っている。
(49) 『도생록〔図生録〕』尹逢春、天一映画社、一九三八年。京城映画科学工場との合作で、『授業料』の監督・崔寅奎はこの作品に助監督としてかかわり、録音を担当した。
(50) 「朝鮮に於ける映画検閲の特殊性」『国際映画新聞』第二三一号(一九三八年一〇月上旬号)、一一〜一三頁。
(51) 「座談会 朝鮮映画の現状を語る」『日本映画』一九三九年八月一日号、一二〇〜一二七頁。
(52) 『어화〔漁火〕』안철영〔安哲永〕、極光映画製作所、東宝、一九三八年。配給は松竹キネマ。
(53) 『朝日新聞』一九三八年八月一一日付。
(54) 湯浅克衛原作、今日出海、新興東京、一九三六年。崔承姫の出演作でもっとも有名なのがこの『半島の舞姫』だが、『大金剛山の譜』(水ヶ江龍一、日活多摩川、一九三八年)でも主演を務めている。
(55) 崔承姫のように内地の映画で朝鮮人役を演じる朝鮮人は稀であった。内地の映画界で活躍する朝鮮人の多くは監督やカメラマンであり、役者を目指す人は少なかったのである。
(56) 「教育社のための映画鑑賞講座」『映画教育』第一一二号、一九三七年六月号、二二〜二五頁。なお、本稿では詳しく述べないが、同評論で朝鮮映画『旅路』とともに板垣は興味深い作品として、アイヌの生活を扱った日本内地の映画『熊の唄』を挙げ、両作品とも素材とテーマにおいて新たな試みを図っているとした。一九三〇年代末から一九四〇年代前半にかけて日本映画はいわゆる「地方」に素材を求めたが、『熊の唄』はその一つであった。

(57)『映画評論』一九三七年五月号。

(58)鈴木のこうした意図は『旅路』の監修をした翌年に、東和商事で日中親善を目的とした映画『東洋平和の道』の製作へとつながった。鈴木は「東洋平和の道を完成して」という短文を映画雑誌『スタア』に寄せている(『スタア』一九三八年四月上旬号)。

(59)張赫宙「『旅路』を観て感じること」『帝国大学新聞』一九三七年五月一〇日付。

(60)『映画評論』一九三七年六月号、一一二～一一四頁。

(61)安哲永(一九〇九～?)は東京専修大学予科を経て、一九三一年にドイツに留学、ベルリン大学写真科学学科を卒業したのち、UFAスタジオで研修した朝鮮初のドイツ帰りの監督であった。一九四八年には在ハワイ・コリアンの生活を描いたドキュメンタリー映画『무궁화동산［無窮花の丘］』を監督、また同年の第二〇回アカデミー賞授賞式には金素英とともに招待されており、その際のハリウッド見学記を『성림기행［聖林紀行］』(水道文化社、一九四九年)にまとめている。朝鮮戦争の際に、行方不明となった。

(62)安哲永「藝苑動議 輸出映 와 現實 張赫宙 來島雪夫氏의『나그네』評論을 읽고［藝苑動議　輸出映画と現実張赫宙 來島雪夫氏の『旅路』評論を読んで］」『東亜日報』一九三七年九月一一日付。

(63)「地方通信　京城府」『キネマ旬報』第六八七号(一九三九年七月一一日号)、九七頁。

(64)「映画法施行規則」一九三九年九月二八日内務・文部・厚生省第一号。

(65)『映画旬報』第七五号(一九四三年三月一一日号)、五頁。

(66)「各社試写室より」『キネマ旬報』第六四六号(一九三八年五月一一日号)、四六頁。

(67)「座談会　朝鮮映画の現状を語る」『日本映画』一九三九年八月号、一二〇～一二七頁。

(68)亜木朗「朝鮮映画令一周年を回顧して」『映画旬報』第二八号(一九四一年一〇月一一日号)、二九～三〇頁。

(69)長い間フィルムが現存しないと考えられていたが、一九九八年ロシアの国立映画アーカイブのゴスフィルモフォンドで、『漁火』とともにそれぞれフィルムの一部が発見された。発見当初は日本語字幕があったので、日本映画

だと判断され、日本のフィルムアーカイブに送られた。この二つのフィルムの発見で、韓国映像資料院は植民地時代に作られた朝鮮映画がほかにもあるかもしれないと期待を持つようになった。박혜영「발굴된 과거、한국영화사를 새롭게 쓰다」『영화천국』［パク・ヘヨン「発掘された過去、韓国映画史を書き直す」『映画天国』］第四号、二〇〇八年。

(70) 尹逢春によると、이기세［李基世］の『沈清』の台本はそのままでは「使えないので」、手を加えたという（『尹逢春日記』一九三七年二月二八日、三月四日、三月九日）。

(71) 朝鮮映画株式会社は鉱山事業をしていた최남주［崔南周］が設立したもので朝鮮で初めて映画の起業化を図った会社でもある。『旅路』を制作した聖峰映画園を吸収し、日本で修業した박기채［朴基采］、이필우［李弼雨］なども合流し、一九三九年一作目の『무정［無情］』（朴基采）、二作目の『새로운 출발［新しき出発］』（李圭換）、一九四〇年の三作目の『수선화［水仙花］』（김유영［金幽影］）を次々と出した。しかし、その後続作品を出すことはなかった。そして、一九四二年九月に国策映画会社の朝鮮映画制作株式会社の設立とともに映画史から消えることになる。정종화『식민지와 제국의 영화교섭 # 조선영화라는 근대』（주）박이정［チョン・ジョンファ『植民地と帝国の映画交渉 #朝鮮映画という近代』（株）パクイジョン］、二〇二〇年、二五二頁、二六四〜二七〇頁参照。

(72)「朝鮮映画『沈清』하와이서上映［朝鮮映画『沈清』ハワイで上映］」『朝鮮日報』一九三八年。

(73) 崔長秀「『沈清』を観る」朝鮮総督府図書館編『讀書』第一巻一号、一九三八年一月号、二八〜三二頁。

(74) 同前。

(75)「座談会　朝鮮映画の現状を語る」『日本映画』一九三九年八月号、一二〇〜一二七頁。

(76)「僧舞、『沈清』은［は］到所人気　金東成氏帰国談」『朝鮮日報』一九三八年四月一九日付。

(77) この映画は二〇〇九年三月東京国立映画アーカイブセンターで二巻だけが発見された。発見された二巻のうち、一つには李香蘭の登場シーンもあった。

(78)『キネマ旬報』第六八五号（一九三九年七月一日号）。

(79) 泰猛「朝鮮映画のこと」『文化朝鮮』一九四二年一月、七五〜七六頁。

(80)『釜山日報』一九四一年九月二一日付。

(81) 「泰国で封切りされる志願軍映画　『君と僕』　日夏英太郎　釜山で語る」『釜山日報』一九四一年一一月一六日付。
(82) 帰山教正「朝鮮映画の印象」『映画旬報』第五〇号（一九四二年六月一一日号）、一八～二〇頁。
(83) 「一二面広告　君と僕」『映画旬報』第三一号（一九四一年一一月一一日号）。
(84) 「短信」『映画旬報』第三八号（一九四二年二月一一日号）、四七頁。
(85) 『大坂夏の陣』衣笠貞之助、松竹京都、一九三七年。
(86) 内海愛子・村井吉敬『シネアスト許泳の「昭和」』凱風社、一九八七年。
(87) 李香蘭と大東亜共栄圏との関係については、四方田犬彦『李香蘭と東アジア』東京大学出版会、二〇〇一年を参照されたい。
(88) 最初の企画では「半島の舞姫」崔承姫も登場する予定であったが、途中でキャンセルとなった。
(89) 『君と僕』は長い間フィルムが現存しない「幻の国策映画」として知られてきたが、二〇〇九年に全一〇巻のうち一巻と九巻の一部が発見された（『朝日新聞』二〇〇九年四月三〇日）。そして東京近代美術館フィルムセンターで上映され、同年一〇月には第二二回東京国際映画祭でも上映された。この発見されたフィルムのなかに李香蘭の映像も含まれている。この撮影シーンについては本書の第4章を参照されたい。
(90) 金素英「朝鮮軍製作・志願兵映畵「그대와 나［『君と僕』］」의 内地撮影日記」『三千里』第一三巻一二号、一九四一年一二月号、八六～八九頁。
(91) 李香蘭が朝鮮や台湾でどのように受け入れられていたかについては、渡辺直樹「李香蘭映画の植民地朝鮮・台湾における受容」『武蔵大学人文学会雑誌』第四八巻二号、二〇一七年、四三四～四一二頁に詳しい。
(92) 朝鮮では一九四四年四月から徴兵検査が始まり、同年九月から入隊した。それ以前は「志願」兵であった。志願兵制度は一九三八年四月から始まっている。
(93) K記者「李香蘭、서울에 나타나다!!［李香蘭、ソウルに現れる!!］」『新世紀』一九四〇年九月号、八八～九一頁。
(94) 「李香蘭、金信哉　会見記」『三千里』第一三巻四号、一九四一年四月一日、一八〇～一八四頁。
(95) 一九一五年に扶余の市民による扶餘古跡保存会が発足し、一九二九年には朝鮮と日本の有志たちの寄付によりこの保存会は財団法人となった。一九三九年には財団法人扶餘史蹟顕彰会に改称された。より詳細な内容については

최석영「일제 식민지 상황에서의 부여 고적에 대한 재해석과 관광명소화」서울대학교 비교문화연구소『비교문화연구』［チョ・ソクヨン「日帝の植民地状況における扶餘古跡に対する再解釈と観光名所化」ソウル大学比較文化研究所『比較文化研究』］第九巻一号、二〇〇三年、一〇九～一三七頁。

(96) 이상우『식민지극장의 연기된 모더니티』소명출판［イ・サンウ『植民地劇場の演じられたモダニティ』ソミョン出版］、二〇一〇年。

(97) 水原六三郎「扶余叙情　内鮮一体の聖地最近のレポ」『観光朝鮮』一九三九年六月号（創刊号）、日本観光協会朝鮮支部編、二四～二七頁。

(98) 佐藤邦夫「海峡を渡る鳥2」『コリア評論』第二三〇号、一九八一年、五一頁。

(99) 日夏英太郎「内鮮両映画界の交流について」『映画評論』一九四一年七月号、四九～五一頁。

(100) 「劇場、〝아트랙숀〟은 얼마나 드나?［劇場、『アトラクション』はどれくらいかかるのか？］」『新世紀』一九三九年一月号、一一一頁。

(101) 大岡龍男「文藝峰」『ホトトギス』一九四二年一月号、一一一～一一二頁。

(102) 『都新聞』一九四一年一〇月二〇日付。

(103) 水井れい子「朝鮮映画製作界をかへりみて」『新映画』一九四二年一一月号、九〇～九四頁。

(104) 이효인『한국근대영화의 기원』박이정［イ・ヒョイン『韓国近代映画の起源』パクイジョン］、二〇一七年、二一九頁。

(105) 水井れい子、前掲「朝鮮映画製作界をかへりみて」。

(106) 同前。

(107) 同前。

(108) 丹羽文雄「朝鮮映画」『映画之友』第一八巻一〇号、一九四〇年、七八～七九頁。

(109) イ・ファジンは朝鮮映画に登場する男性像が一九三〇年代半ばまでは狂気と殺人、放火のような行動をとって日本に抵抗する英雄になっていたが、一九三〇年代末からは公的な価値のために苦悩し、日本に留学したり皇国臣民の宣誓をして帝国日本の一部になろうとすると指摘した。이화진『식민지조선의 극장과 소리의 문화정치』현실

문화［『植民地朝鮮の劇場と音の文化政治』ヒョンシルムンファ］、二〇一六年。また、李英載は『家なき天使』を事例に、日本語を話す朝鮮の男性と男の子たち、日本語を話せない朝鮮の女性たちを取り上げ、植民地男性エリートの「再」男性化とその限界について分析している。이영재『제국일본의 조선영화 식민지 말의 반도：협력의 심정、제도、논리』현실문화、二〇〇八年［李英載『帝国日本の朝鮮映画――植民地メランコリアと協力』三元社、二〇一三年］。

(110) 張赫宙「半島映画界におくる言葉」『映画之友』第一八一二号、一九四〇年、七八〜七九頁。

(111) 朝霧鏡子はこの映画の撮影の際に、セットでもロケでも「半島人使用の銀の簪を借り受けて」「朝鮮服で暮らし」、「助監督や裏方に迄「李さん〳〵」と愛称され」ていた（「大船の二新星　朝霧鏡子と野村有為子」『スタア』一九四〇年一〇月上号）、四八〜四九頁。

(112) 内海・村井、前掲『シネアスト許泳の「昭和」』一〇六頁。

(113) 「『君と僕』を語る座談会」『三千里』第一三巻九号（一九四一年九月一日号）、一一三頁。

(114) 「シナリオ　君と僕」『映画評論』一九四一年七月号、一三二〜一四五頁。

(115) 日夏もえ子『越境の映画監督　日夏英太郎』文芸社、二〇一一年、一〇〇頁。

(116) 飯島正「朝鮮映画論」『新映画』一九三八年一月号、四〇〜四三頁。

(117) 帰山教正「朝鮮映画界について」『映画旬報』第五一号（一九四二年六月二一日号）、一九〜二〇頁。

(118) 李創用「朝鮮映画の将来：その死活はこれから……にある」『国際映画新聞』第二五二号（一九三九年八月下旬号）、二〜四頁。

(119) 内田岐三雄「朝鮮映画について」『映画評論』一九四一年七月号、四四〜四八頁。

(120) 日本映画における「国際性」については、「第10章　日本映画の水準と国際性」（アーロン・ジェローほか監修『日本戦前映画論集――映画理論の再発見』ゆまに書房、二〇一八年に収録された五つの論稿）を参照されたい。

(121) 岩崎昶「映画の海外進出①「国際映画」と「輸出映画」」『朝日新聞』一九三八年七月二五日付。

(122) 朴慶植編『在日朝鮮人関係資料集成　第一巻』三一書房、一九七五年、二七〜二八頁。

(123) 水野直樹「第6章　朝鮮植民地支配と名前の『差異化』」山路勝彦・田中雅一編『植民主義と人類学』関西学院

大学出版会、二〇〇二年、一四三〜一六四頁、水野直樹『創氏改名』岩波新書、二〇〇八年。

(124) 日夏のインドネシアでの活動については、内海・村井、前掲『シネアスト許泳の「昭和」』を参照されたい。

(125) 岡田秀則「南方の映画工作」『映画と「大東亜共栄圏」』森話社、二〇〇四年、二七〇〜二八八頁。

(126) ジャワ別班会『プラパタン　ガンビル』二、一九八七年、二五三頁。

(127) 土屋競「バリー防衛義勇軍編成」ジャワ参謀部別班会会誌『プラパタン　ガンビル』一、一九八七年、一四〜三〇頁。

第4章　京城の映画館における植民者と被植民者の「交差」

1　京城の映画観客

本章では植民地朝鮮で、映画館で映画を観るとはどういったことだったのかを考察する。具体的には一九三〇年代の朝鮮映画界の中心にあった明治座を取り上げる。明治座は、京城でもっとも「華やかな場所」だった明治町（現在の明洞）[1]にあった映画館である。明治座は単なる映画館にとどまらず、明治町にできていたデパートやカフェなどとともに消費文化の中心をなしていた。

こうした一九三〇年代の風景の一面を表しているのが一九三八年にコロムビア・レコードから発売された朴響林（박향림）の「兄さんはチンドン屋오빠는 풍각장이야」[2]である。この歌は発売以来、多くの歌手にカバーされ、ドラマや映画、各種バラエティ番組にも使われる、一九三〇年代後半を代表する楽曲である。その歌詞に「明治座に見物に行くときは一人で行くのに」という一節がある。「明治座」はまさに当時の京城の文化生活を示す場所であった[3]。

明治座のあった明洞は、植民地期には「帝国の都・東京を経験してみる場でありながら、外面は華やかであるが、内面は無気力な植民地の民の自画像を確認させる場所」[4]でもあった。本章ではこの明治町という場所が植民地期から解放直後まで映画興行業の変化とともにどのように再編成されてきたのかを明治座を中心に明らかにしたい。

植民地期の明治町は、京城の映画界で活躍していた在朝日本人が活躍した場所であり、その中心には、一九三〇年代に開館した明治座があった。明治町は京城の映画興行界において後発地でありながらも、明治座（現、ソウル芸術映画劇場）[5]を軸に徐々に勢力を伸ばし、一九六〇年代初めまで韓国映画のメッカとなった。

明治座は映画館や劇場の建設ラッシュにはやや遅れたものの、周辺の店舗とともに映画鑑賞も楽しめる総合娯楽施設として成長した。明治町が京城の映画興行界の中心になっていく過程には映画館の企業化、大型化、徹底的な広報マーケティングの定着などの要素が含まれており、こうしたものを持ち合わせていない朝鮮人経営の映画館は次第に力を失っていた。後述するように、在朝日本人が経営する映画館は、莫大な資本を背景に最新設備のアミューズメント施設を建設し、大がかりな宣伝もできるようになるが、資本が貧弱な朝鮮人経営館は施設の老巧化などにより徐々に廃れていったのである。

京城の中心街は今の清渓川[6]を境に、朝鮮人居住地域の北村と日本人居住地域の南村という民族／エスニックな属性によって分断されていた。北村の商業的中心地は鐘路、南村の商業的中心地は本町であった。こうした「棲み分け」は、消費や文化にも影響を与えていた。映画館も消費も人々のエスニックな属性により分かれており、洋画と朝鮮映画は北村にある朝鮮人経営の映画館で、日本映画は南村にある日本人経営の映画館で上映されていた。

映画常設館ができるまで官立劇場の協律社が一九〇二年に東大門の近くにできたが、一九〇六年には閉館し、一九〇七年には団成社が鐘路にできた。団成社は一九一八年から活動写真の常設館となった。協律社以降京城には様々な室内上演館ができ、一九〇八年には光武台が東大門に開館している。[7] 活動写真の常設館は一九一〇年の京城高等演芸館が最初であった。一九一〇年には黄金町に金原金蔵の京城高等演芸館が、一九一二年には朝鮮人経営の優美館と日本人経営の大正館が開館した。一九一一年には京城高等演芸館しかなかったので観客の「棲み分け」はなかったが、一九一三年から日本人と朝鮮人はそれぞれ異なる映画館に出かけるようになった。[8]

一九二〇年代の京城に映画常設館はぜんぶで八館あった。北村には団成社、優美館、朝鮮劇場が、南村には喜楽館、大正館、黄金館、中央館があり、竜山に日本人経営の京龍館があった。[9] 明治座ができる一九三〇年代半ばにはこれらに加えて北村で第一劇場、南村には浪花館が、桃花町には桃花劇場ができ、映画館は一一か所となった。さらに一九三〇年代末になると、北村には優美館、大陸劇場（旧団成社）、第一劇場と公演専用館として東洋劇場（明倫洞）があり、南村には喜楽館、若草劇場、黄金座、中央館、浪花館、京城劇場、明治座、竜山の京龍館など合わせて一七か所になった。しかし、こうした増加は京城に限られ、例えば開城のある「キネマファン」は「わららの所望は常設館」とし、「名画は見ないとしても欧米映画と朝鮮映画」を観たいと投稿している。[10] 一九三九年時点で地域別でみると、京城が常設館一四か所、臨時興行場が二か所であるのに対して、釜山は常設館四か所、臨時興行場は一か所で、仁川も常設館二か所で臨時興行場はなかった。地方都市で映画常設館がもっとも多かったのは平壌で常設館五か所であり、全国合計では映画常設館が六六か所、臨時興行場が六一か所あった。[11] 一九二四年生まれのある画家は、生まれ育った町は朝鮮半島の南にあり、交通が不便で、曲馬団や新派演劇や活動写真が一年に数回しかやってこず、警察署の裏庭で冬にしか上映会がなかったと回想している。[12]

日本語で制作される朝鮮映画や日本語字幕付きの洋画も南村の映画館で上映されるようになり、後発の明治座はこれらの映画館の区分けや人々の消費空間の境界線が崩れたことを意味した。また、朝鮮では一九三〇年代半ばは無声映画からトーキー映画へ移行し、映画館の設備は以前より資金が必要で、貧弱な資本では生き残ることができない時代となっていた。朝鮮人の民族資本は厳しい局面を迎えることになった。本章では、映画を観るという行動にそれらがどのような変化をもたらしたかについても併せて考えることにしたい。

2　明治町、一九三〇年代のノスタルジア

二〇〇〇年代以降の韓国の映像作品は、一九三〇年代の京城をなんども再現しており、そのおかげで我々は当時の様子をすぐに思い浮かべることができる。

こうしたテクストのなかでも注目すべきは、二〇一五年に一二七〇万名の観客を動員した映画『暗殺』[13]（チェ・ドンフン監督）である。この作品に、満洲で独立運動をしている主人公の安玉潤が朝鮮駐屯司令官・川口守を暗殺するために京城へ向かうシーンがある。安たちは初めての任務を遂行する前に、「明治町のカフェアネモネのマダム」に会うようにと指示される。[14] かれらは京城駅を通り過ぎ、ネオンサインが光る夜の明治町に行って、カフェアネモネで近代文明を満喫するべくダンスを踊る。

川口守を狙って銃撃戦をくり広げる舞台は、京城の近代化、消費主義、消費文化を象徴する三越デパートの西洋式宴会ホールである。銃撃戦で三越デパートが破壊されることで、観客はカタルシスを得る。映画研究者のソン・ヒョジョンは、『将軍の息子』[15]（一九九〇年）で主人公の金斗漢が朝鮮劇場や優美館の前で日本人と戦うシーンが「劇場の内外で起こっているスペクタクル」と合わさって、「映画―ショーベストセラーが示す植民地興行業の姿と劇場の前で行われる闘いの風景というダブル・スペクタクル」[16]を提示していると述べる。『将軍の息子』はまず一九八〇年代に新聞連載小説として人気を得て、単行本として出版されるとベストセラーになった。この物語にモチーフを提供した金斗漢の逸話は一九七〇年代には韓国型アクション映画となって人気を得たが、一九八〇年代になってハリウッドの映画と香港ノワールに押し出され、金斗漢のようなヒーロー物はその人気も衰えていた。一九九〇年代に映画界に金斗漢を復活させたのが『将軍の息子』シリーズであった。[17]一九九〇年代の映画館で『将軍の息子』を見ている観客は一九三〇年代の朝鮮映画を上映していた優美館や朝鮮劇場の観客にもなると同時に、一九九〇年代のスクリーンのなかで『将軍の息子』が繰り広げる鐘路の日本人と金斗漢の戦いを見る、ダブル・スペクタクルを感じ取るのである。

二〇一五年の『暗殺』の銃撃戦もこの文脈で考えることができる。ただ、『将軍の息子』が「人情と義理」を強調した「武器なしの体当たりのアクション物」であり、「東アジアのナショナル・シネマとしてのアクション映画」だとすれば、[18]『暗殺』は銃と機関銃、自動車を積極的に活用するハリウッド風のアクション映画だと言えよう。警備と監視が厳しく、自由に武器を入手できなかったはずの京城で銃撃戦を可能にしたのは、満洲というトランスナショナルな空間の設定である。このような「何でも実現できる満洲」という空間と制約の多い朝鮮とのつながりは観客の映画的想像力にリアリティを与える。

『暗殺』の主人公の安玉潤は満洲で独立運動家として育てられ、京城に行ったらコーヒーを飲んでみたいと口ぐせのようにいうが[19]、その夢が実現したのは京城ではなく上海である。独立運動家の母親と親日派の父親の間に双子で生まれたが、生まれて間もなく母親は父親に殺され、玉潤は乳母の手により満洲に渡って育った。大人になり、京城に戻ったかれらには、独立運動家としての「暗殺」の任務がある。京城でかれらは「時空間の圧縮[20]」をもたらした自転車、人力車、汽車、自動車を利用することはできず、消費を楽しむ余裕もない。任務のために人力車や汽車などの近代的なものを「利用」することはあっても「消費」することはできないのである。朝鮮から満洲、満洲から上海、上海から京城と場面の転換は映像の編集によるもので、かれらが直接そうした近代的移動手段を利用することはない。一九三〇年代の知識人たちがよく趣味で「散歩」していた近代化された京城の街を、かれらは堪能できないのである。映画『暗殺』で主人公たちが「近代を消費」することができるのは、京城ではなく上海であった。かれらにとって京城の消費文化は、川口守と同様に排除すべきものであった。

京城のモダンな文化を楽しむことができないかれらは、それを消費して街の一部になる可能性も拒んでいるのである。上海における映画館と観客の関係を論じた菅原慶乃は、こうしたモダンな風景を「遊歩」する人々は主体でありながら、自らもその風景の一部になっていると鋭く指摘している[21]。京城の街を歩かず、コーヒーを飲まず、デパートで買い物もしない主人公らは、風景の一部にならないことで抵抗の意思を示しているのである。

『暗殺』の舞台となった明治町の中心には、明治座があった。一九三六年竣工のこの建物は、京城の映画興行界に大きな地殻変動をもたらした。一九三〇年代初めまで京城は、「朝鮮の首府グレード」にもかかわらず、「気のきいた劇場を一つも持たないことは京城府民の恥だ」といわれるほど文化的な施設が皆無だった。(22)

その頃の京城で最大の繁華街は、本町であった。本町には三越、三中井、平田などのデパートが集まっており、近代的消費空間を形成していた。本町は一九一〇年代まで京城府庁、朝鮮銀行、京城郵便局などがある、行政の中心地であった。一九二六年に平田、(23)一九二九年には三中井(24)が次々と増築され、一九三〇年には「余りにも貧弱に見え」ていた本町の入口に、老舗どうしが協議して連合ビルが建てられた。(25)この連合ビルが三越（現在の新世界デパート）である。本町や明治町と通りを挟んだ向かい側には一九二九年にできた丁子屋(26)があった。一九三一年には「京城では例を見ない下足のまゝで昇降できる設備がされ、電気、通風に特に心して」冬でも安心の映画館・喜楽館もできた。(27)

明治町はこうした本町よりやや遅れて喫茶店やカフェ、食堂などができ、京城最大の盛り場となった。明治町には石橋良介が経営する映画館の浪花館（二番館）(28)も内地から進出していたが（図4-1参照）、京城の主な映画館は鐘路と本町にあった。

図 4-1　京城浪花館
出典：『朝鮮と建築』1933 年 12 月号。

とりわけ鐘路には、朝鮮人が経営する映画館の団成社やカフェもいくつかできた。しかし一九三六年に明治座が建つと、京城の映画興行界は大きく変化していく。一九四〇年代になると、京城にある一六の映画館のうち七館が本町、黄金町、明治町、旭町にあった[29]。明治町が繁華街になり、明治座に観客が集まるにつれ、朝鮮人が経営していた鐘路の映画館は徐々に廃れていったのである。

3　明治町のシネママップ

一九三〇年、京城の映画界は二つの事件で幕を開けた。一月二七日に京城初のトーキー映画『ドラモンド大尉』[30]と『旅役者』[31]が、朝鮮人が経営する常設映画館・団成社で封切られたのである[32]。当時の朝鮮では、トーキー映画を上映する設備が整ったところは京城の優美館、朝鮮劇場、団成社、中央館、東亜倶楽部[33]、釜山の相生館、平壌の偕楽館などわずかであった[34]。このうち京城の日本人経営の常設館では、中央館と東亜倶楽部の二館だけだった。

一九三〇年代初めはまだ北村の朝鮮人経営の映画常設館の方が設備もよく、トーキーを上映できる条件もそろっていたのである。しかし、条件が揃い、設備があったからといって、観客が楽しむことができたわけではない。一九三〇年代初めに団成社や朝鮮劇場で洋画のトーキー映画をみたある観客は、「好感を与えてくれたのは一つもなかった」とし、その理由は「二重発話」にあるとした。あとで述べるが、北村の常設館ではトーキー以降も弁士による説明を加えており、観客には「画面と機械を通じて合流する諸音」と「解説者の肉声[35]」が二重に聞こえて映画に集中できなかったのである。なお、弁士たちは洋画の情報を内地からくる映画専門雑誌から得ていた。例えば、光武台や朝鮮劇場、団成社で弁士として名を知らせた金永換は『キネマ旬報』を「通読し」、洋画の最新情報や内地の映画界の動向を手に入れると映画雑誌に告白している(36)。

前述したように、朝鮮人が経営する映画館(37)では主にハリウッド系の洋画と朝鮮映画、日本人が経営する映画館では主に日本映画を上映していた(38)。かつての無声映画時代には弁士がどの言語を使うかという問題もあり(39)、観客にも境界線があったが(40)、弁士が要らなくなったトーキー映画の時代にこうした境界は崩れ始めた。無声映画時代にたまにあった北村と南村の映画観客の「越境」は、トーキー映画時代になると頻繁になったのである。北村と南村という居住地域の区分は民族／エスニックの境界線でもあったが、映画鑑賞や消費のための境界を越えることもたまにあった。南村に暮らす日本人が洋画を観たければ北村の映画館に行くし(41)、北村の朝鮮人が日本映画を観たければ南村の映画館に出かけたのである(42)。

内地の映画配給会社のうち、大手は一九二〇年代から朝鮮に進出し始め、一九三〇年代にはほとんどの会社が朝鮮に支店を置いた。それまでは在朝日本人と朝鮮人が配給しており、南村の日本人が経営する映画館は内地の大手と配給契約を結ばず、独自のネットワークを持っていた。しかし、一九二一年内地の日活を皮切りに、一九三〇年代に松竹、帝国キネマなどが朝鮮に進出することで植民地の映画興行は帝国の配給ネットワークに包摂された(43)。制作と配給を行っていた内地の映画会社が、朝鮮でもその力を発揮するようになったのである。京城の南村にあった日本映画を主に上映する映画館は今までの独自のネットワークでなく、内地の会社との契約により映画を配給することになった。その一つである帝国キネマは朝鮮へ進出すると明治町に事務所をおき、京城の中央館と配給契約を結んだほか、朝鮮全土に配給する。[44]

一九三〇年五月の京城では、主に朝鮮人を対象にしてハリウッド映画と朝鮮映画、ヨーロッパ映画を上映していた北村の映画館は朝鮮劇場（仁寺洞）、団成社（授恩洞）、優美館（貫鉄洞）などであり、主に日本人を対象に日本映画を上映していた南村の映画館は大正館（櫻井町）、喜楽館（本町）、中央館（永楽町）、東亜倶楽部（黄金町）、京龍館（漢江通り）などであった。ヨーロッパの作品を日本に輸入し、日本の作品をヨーロッパへ輸出するために設立された東和商事は、西大門に支社を置いた。このように朝鮮独自の配給ネットワークは帝国日本に吸収されたのである。[45]

しかし、ここで注目すべきは、内地だけでなくハリウッドの映画会社も配給のため朝鮮に支社を設置し始めたことである。『キングコング』などで有名なアメリカのRKOは、一九三六年一月に明治町に配給委託所を開設した。[46]その近所にはコロムビア映画の朝鮮配給社（一九三四年設立）もあった。[47]フォックスの支社は黄金町にあり、[48]鐘路にはユニバーサルの代理店のほか、パラマウント映画の代理店（紀新洋行）も店を構えた。[49]さらに発声映写装置（トーキー映画上映に必要な装置）を売っていた株式会社ローラ（Rola）カンパニーも黄金町にできた。

このように朝鮮にハリウッド映画の配給社が増えた要因の一つは、当時上映される映画の六割以上が洋画で人気が高かったためである。一方、日本では上映するうち国産映画が八割五分、洋画が一割五分で、朝鮮とは対照的だった。[50]しかし、東京など都会の大学生やいわゆる「インテリ・ファン」は日本映画を観ず、洋画を観に行っていた。一九三六年のある座談会で、慶応の学生は「日本人でいながら外国映画を見に行くという傾向を少くするために」「スケールの大きい映画」を作るのはどうかと問うている。(51) 一九三五年に慶応の学生を対象に調べた調査でも、好きな映画「トップ10」に日本映画は入っていなかった。(52) 内地では「時代映画は下町向き」で労働者や店員などが対象であり、現代物は山手のサラリーマンや知識人階級が対象という図式があった。(53) 店員とは「新聞の配達、カフェー、バアの親爺、女給、それから青年達」などの「町内の顔」を指し、銀座や新宿、浅草以外の「場末の映画館」の主な観客であった。(54)

東宝の小林一三は、東京駅と有楽町駅を利用する多くのサラリーマンを集客する「アミューズメントセンター」を作る計画を立てた。これが丸の内ビル、映画館、銀座の商店街やカフェなどを包摂する構想となったのである。のちに述べるが、明治座はこの「アミューズメントセンター」を「模倣」していたと考えられる。

朝鮮で内地より洋画がよく上映されていたことについて、先行研究は次のように分析している。ブライアン・イシーズは、一九三〇年代半ばまで内地より朝鮮の方が検閲の手数料が安かったことを取り上げる。(55) 韓国のメディア研究者ユ・ソンヨンは、朝鮮で製作する映画が少なく朝鮮人常設館では穴を埋めるため洋画を上映していたこと、洋画でも朝鮮人弁士が朝鮮語で説明してくれたこと、宗主国の日本映画の代わりに洋画を選択する「消極的抵抗」などを、朝鮮で洋画がよく見られていた理由に挙げている。(56) さらに朝鮮の映画興行者は、映画配給会社だけでなく貿易商を通じてもフィルムを欧米から輸入しており、朝鮮総督府の検閲を通ってないいわゆる「上海映画」が上映されることもあった。(57) 朝鮮で西洋的近代を間接的に経験できる洋画が、内地を経由せず朝鮮で配給されていたのである。

なお、検閲を通ってない「不正」映画は朝鮮では「上海映画」と呼ばれていたが、満洲映画協会を経由して内地に入る場合もあった。こうした「不正取引」を防止するために満洲に「活動写真協会」が作られた。協会の目的は「同業者間の共同利益の保護其外必要事項に関しては其都度総会を招集し、適宜の決議をなし、此を実行する事と、不正映画不正取引其他必要と認めたる映画の輸出入配給に関する一切の事項を取扱う」[58]ことだった。ここには内地の新興、日活、ユナイト、三映社が参加した。

朝鮮総督府は、ハリウッド系などの洋画に比べ日本映画の人気がない状況を打開すべく、一九三四年九月一日から「国産映画の奨励」を目的とする活動写真映画取締規則（全一三条。以下、取締規則とする）を実施した。主な内容は「優良映画の奨励及び強制上映」で、具体的には「民衆の教化上に有益なものとして認められれば手数料が免除された作品を強制上映する」と定めた[59]。この取締規則により、朝鮮の映画常設館は一九三四年九月から一九三五年一二月まで上映するフィルムの総メートル数の四分の一、一九三六年には三分の一、一九三七年には半分以上を国産映画（朝鮮映画を含む）の上映に充てねばならなくなった。ここで注意すべきは「手数料が免除された作品」の強制上映である。一九三四年に取締規則を制定したときからすでに「手数料が免除された作品」すなわち「優良映画」は強制上映されており、その他にも国産映画の上映もあるので、実質的に上映する国産映画は増えたと思われる。また、この取締規則は洋画常設館と邦画常設館とを問わず、一か月単位で国産映画と洋画を混合し、上映することも定めていた。

しかし、洋画の規制が直ちに効果を上げたわけではない。翌一九三五年になっても京城では洋画が依然として国産映画を圧倒しており、観客数ランキングでは東和商事が配給したヨーロッパ映画が上位を占めていた[60]。また、内地の映画雑誌『キネマ週報』も京城の映画界が「新緑シーズンを迎えて活発な動

表 4-1　映画観客と外国映画の検閲申請メートルの推移

年度	映画観客数(人)	検閲申請メートル数(単位は m)
1927	260 万	25 万
1928	390 万	34 万
1929	410 万	23.5 万
1930	510 万	26 万
1931	540 万	27 万
1932	570 万	28.5 万
1933	590 万	29.5 万
1934	650 万	31 万
1935	880 万	33.5 万

出典:『朝鮮映画』第 1 号, 1936 年 10 月, 156 頁「朝鮮映画팬의増加　全朝鮮人口의三分の一은映画를 본다」を参照し, 筆者作成。

きを見せている」とし、配給で最高位は東和商事が配給した洋画だと述べた(61)。東和商事はこの年一〇本近くの洋画を喜楽館、浪花座、団成社などに配給していて、南村でも北村でもそれを観ることができた。

ただ取締規則のおかげもあって日本映画の上映は増加した。朝鮮の全人口二四〇〇万人のうち、映画観客数と、検閲を申請した外国映画のメートル数をまとめたのが、表4-1である。

表4-1をみると、外国映画の上映メートル数に規制がかかった一九三四年以降も、検閲を申請する量は減ってないことがわかる。規則は一定以上を「国産映画」にすべきとしていたが、外国映画の検閲メートル数が減らずむしろ増加していることは、相対的に「国産映画」の上映数も増加しているといえる。一九三五年に検閲を受けた映画は洋画が二七%、国産映画が七三%(朝鮮映画は四%)だった。朝鮮のフィルム検閲にかかわっていた岡田順一は、洋画と国産映画を合わせたフィルムの検閲件数を表4-2のように示している。

表 4-2　発声，無声映画の検閲件数（1935 年）

	発声		無声	
	件数	巻数	件数	巻数
1934 年	574	3,859	2,160	10,018
1935 年	1,007	6,286	1,711	8,382
増減	433	2,427	△ 449	△ 1,636

注：△は減少を表す。
出典：「朝鮮のフィルム検閲」『国際映画新聞』第 170 号（1936 年 3 月下旬号）。朝鮮総督府フィルム検閲主任だった岡田順一の論考から再引用の上，一部修正した。

この取締の効果が現れたのは、日本人が経営する京城の映画館が大型化、企業化を図り始めてからである。取締規則が施行される前月の八月に、すでに徳永熊一郎[62]は自分の所有する東亜倶楽部で、日本人経営者としては初めてチャップリンの『街の灯』を一〇日間連続で上映した。徳永は新聞広告、立て看板、広告チラシの新聞挿入、愛読者優待、街の行進など、京城の映画館としては破格の宣伝活動を行った[63]。朝鮮人常設館と日本人常設館の違いは上映プログラムであったが、この違いがなくなると、北村の朝鮮人もより設備のよい南村の映画館を選択するようになった。

朝鮮で日本映画の配給が強化されると、徳永は松竹の朝鮮配給権を取り、松竹座を開館して観覧料を安く設定し[64]、さらに早朝割引（半額）を実施して観客を集めた[65]。一九三五年六月にはかつて室内上演館の光武台があった土地と隣接の土地を購入し、一四〇〇人を収容できるルネサンス式の鉄骨大型映画館を建築しはじめた。さらに翌月には本町三丁目に若草映画劇場を建て、ここは冷暖房完備の映画館として注目された。徳永がこのように次々と映画館事業に着手していた一九三五年には、一八〇〇名を収容できる公営の京城府民館[66]も建った。例の取締規則により一九三六年一月からは洋画対国産映画の比率を二対一にすべきとする統制令が発令され、京城の映画界は「非常時」を彷彿させた(67)。一九三七年の京城で、国産映画の配給会社は五社、洋画の配給会社は一〇社であった。この統制により洋画配給会社は打撃を受けると思われたが、「打撃を受けるのは洋画専門でやっていた朝鮮人側高級館」で、「内地人経営館」が朝鮮人観客を呼びよせようと「優秀洋画の併映」をやったので、相対的に洋画は増える「皮肉な」結果となった(68)。南村の映画館は企業化、大型化に拍車をかけ、国産映画の上映に力をいれる一方で、北村から流れてくる朝鮮人観客向けの洋画も上映する状況となったのである。

4　明治座の誕生

一九三〇年代の京城の映画界で前述した徳永熊一郎は「ダークホース」の位置づけだったが、誰もが認める有力者は石橋良介であった。石橋は一九二六年に明治町の一角に丸ビル会館カフェ（以下、丸ビルカフェ。図4-2参照）をオープンする一方、洋画専門の映画館（再上映館）である浪花館も経営していた。浪花館の登場により、徐々に北村まで洋画を観に行く在朝日本人の数は減ったが、それでも再上映ではない新しい洋画を見る日本人は北村の映画館に出かけた。

一九二五年の秋に開館した最初の丸ビルカフェは、のちにできる丸ビル会館と同じ場所にあった。「当時東京の新名物として「丸ビル」(69)の名が宣伝され始めた頃であった」ので「「おぼえやすく」しかも「親しみ深い」名称をとこゝに丸ビルとつけ」たという（『朝鮮新聞』一九三七年二月一九日付）。一九三二年に京城は「カフェの時代」と呼ばれていたが、その先がけが丸ビル会館カフェであった。このカフ

図 4-2　丸ビルカフェの正面外観
出典：『朝鮮と建築』1932 年 10 月号。

エブームで数多くできたカフェのなかでも、丸ビルカフェは「明治町のアミューズメントセンターに殿堂を誇つて（そこの宣伝マッチには紳士淑女の社交場と書いてある）」いた。[70]

しかし、石橋を有名にしたのは、東京浅草にある大勝館を真似た明治座を一九三六年に建ててからである。[71] 明治座は建坪数八五六坪、地下二階地上四階の鉄筋コンクリートの建物であり、[72] 石橋が館主、田中博が支配人を務めた。広告では、「松竹映画の封切場 家族を連れて」と謳い、「冬は暖かく、夏は涼しく」過ごせる「最高の映画演劇の天堂」、「大衆的料金の準備万全のサービス」を強調している（『朝鮮年鑑』一九四〇年版、六五〇頁広告）。明治座には映画館をはじめ、「食堂もあり、喫茶店もあり、売店もある」「デパート風の雰囲気」であったため、多くの「京城人たちを吸引し」た[73]（図4-3参照）。明治町には様々なモダンな店が人々を惹きつけていたが、明治座はその建物のなかだけでそうした経験ができるようになっていた。明治座はカフェや売り場、そして食堂までそろい、スペクタクルを楽しめる映画館まで一つの空間に配置された、明治町の縮図ともいえるテーマパークのようなものだったといえる。

また、明治座は「鮮満通じては勿論内地六大都市でも容易にみられぬ超豪華映画殿堂が京城否半島のホープとなって堂々築かれ」たと評判を呼んだ。[74] 京城の南村と北村のエスニックな境界はあいまいにな

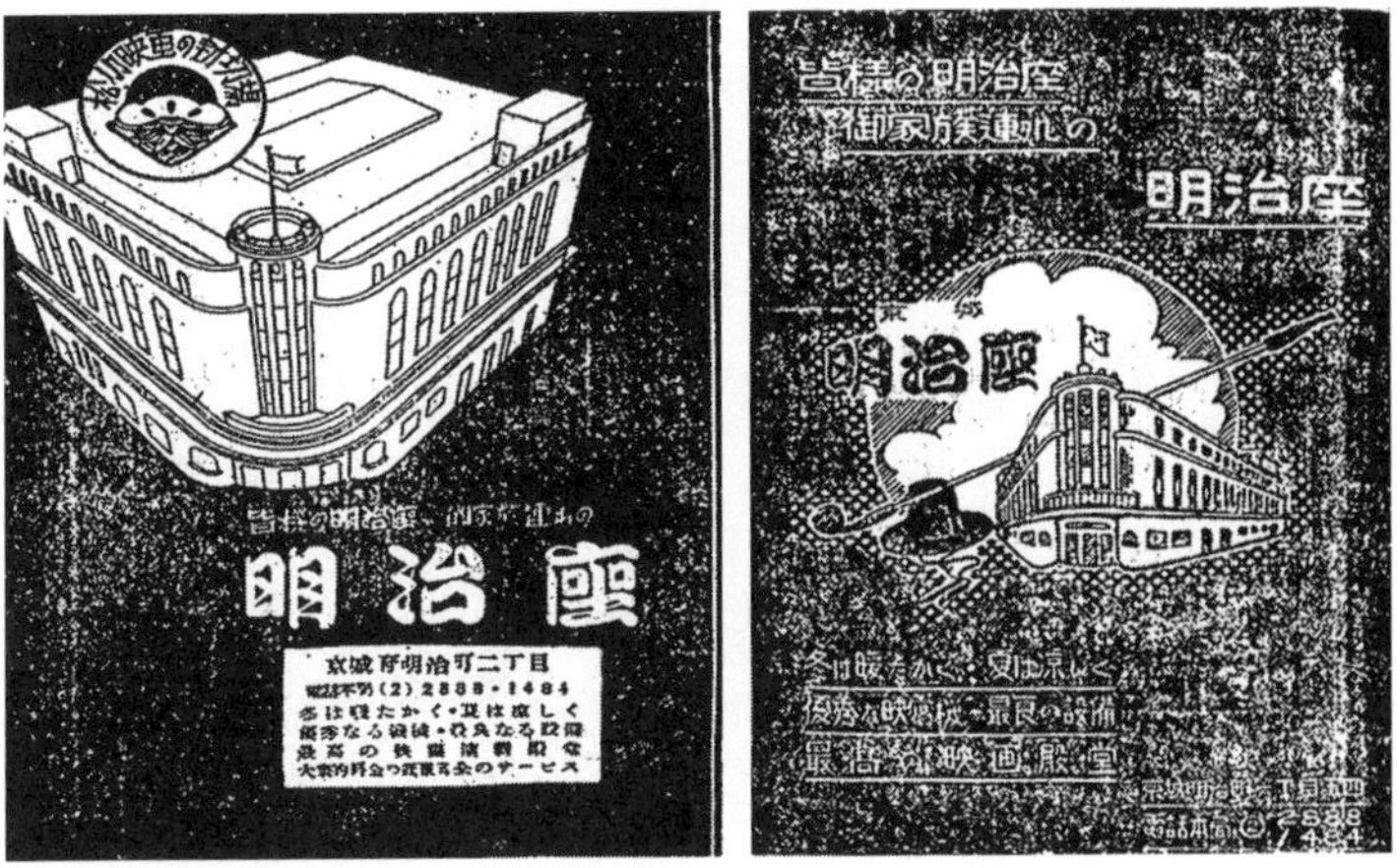

図4–3　明治座の広告
出典：左『朝鮮年鑑』1940年版，650頁，右『朝鮮年鑑』1943年，597頁。

り、朝鮮人も明治座で朝鮮映画や洋画を楽しむようになった。明治座は松竹系の作品だけでなく、一九四一年にはアメリカの映画会社メトロ・ゴールドウィン・メイヤー・ピクチャーズ（Metro-Goldwyn-Mayer Pictures）の全朝鮮配給を担い、洋画にも力を入れた(75)。明治座の興行収益は、朝鮮はおろか西日本の松竹系映画館すら凌駕するほどの好成績を誇った(76)。

石橋は明治座以外にも、一九三九年に授恩町にあった朝鮮人常設館の団成社を吸収して明治座の第二封切館にし、大陸劇場(77)に改称した(78)。これは朝鮮人常設館の没落を象徴する出来事だった。

朝鮮初のトーキー映画『春香伝』を上映した一九三五年の時点で、すでに団成社は厳しい経営状況に直面していた。団成社は一九三四年に改築し、トーキー映画専用館へ移行しようとしていた(79)。しかし、これが団成社にとってよい変化をもたらしたわけではない。朝鮮では、トーキー映画でも弁士の解説付きで上映することがしばしばあった。イ・スンジンによると、団成社で弁士がすべて退社したのは一九三七年であり、それまで観客は映画の音とセリフ、弁士の声をすべて耳にしながら映画を観覧していたという[80]。こうした上映方式は評判が悪かったが、それでも続けたのは「朝鮮人映画常設館としてのアイデンティティ」と結びついていたからである[81]。しかし、団成社が明治座に吸収され、このアイデンティティは薄れていた。団成社のよきライバルだった朝鮮劇場も、一九三五年に第一劇場の港谷久吉に経営権が移譲されており、さらにその一年後には火災で焼失し、京城で朝鮮人常設映画館はその勢いを失っていた。

その一方で日本人常設映画館は勢いを増していた。在朝日本人の莫大な資本とネットワークをバックに、どの映画館も改修・改築を進め、収容人数の増加を図る。京城の日本人映画興行者——本町にあった松竹座（徳永熊一郎が新館設立許可を提出）、大正館、中央館、分島周次郎の京城演芸館[82]——が次々と改築を計画していた[83]。これを後押ししたのが、一九三五年三月に京城府が発表した新道路開設旧道路改修工事計画であった。その詳細は以下のとおりである[84]。

南大門二丁目明治町入口より永楽町一丁目専売局前に至る五百二十メートルの現道路を、現在の約三分の一乃至二倍に広め、一貫した十五メートル幅の道路にせんとするもので、（中略）この本町を中心とする両側道路実現の暁は、現本町を完全な商店街とし、南山寄り新道路を幹線道路として高層ビルの建築のみを許可し、明治町十五メートル道路を所謂京城の「浅草」とし、映画・カフェー等の娯楽地帯とするものゝ如く、大京城にまた一つ名所がふへるものとして期待されてゐると。

本町から明治町までを一大繁華街へ改革し、娯楽地帯にしようとする京城の都市計画は、映画館を改修するいい機会でもあったのである。映画館のみならず、朝日座のような劇場も舞台を拡張するなど、一九三〇年代半ばの本町、明治町の南村は大きく変化した。

建築雑誌『朝鮮と建築』が特集で明治座、黄金座、若草映画劇場という三軒の日本人常設館を取り上げたことからも、その話題性がうかがえる（図4-4参照）。同誌の口絵八枚を明治座の正面とステージと二階、黄金座の正面玄関と二階ホール、そして若草劇場の正面と二階ホールと客席、一階の平面図に充てているのである。

京城の南村にできたこの大型映画館のうち明治座は松竹、黄金座と若草劇場は東宝の映画を配給していた。映画研究者の鄭忠實によれば、このように京城の南村に次々と大型映画館ができたのは、京城の人々が東京の西銀座にあこがれていたからだという。東京では古くから浅草が映画街として有名だったが、この頃、新たに西銀座が注目を浴びるようになっていた。銀座のデパートなどに出かけるついでに、映画を観る行為が新しい消費文化にもなりつつあり、さらにいえば西銀座で映画を観るのは高級で「近代的」で映画ファンのなかでは「エリート」意識をもつことにもなっていたのである[85]。

さて、朝鮮劇場の焼失後の一九三〇年代末に、南村と北村の映画館の観客はどのような構成になったのであろうか。正確な統計はないが、ある大衆雑誌をみると、次のようになっている。演劇専用の東洋劇場は観客のほとんどが朝鮮人で、黄金座は朝鮮人と日本人の割合が六：四、団成社は八：二、明治座は五：五、喜楽館もほぼ五：五、優美館は九：一、若草劇場はほぼ五：五の割合であった[86]。この調査が行われた一九三八年に朝鮮人映画常設館の観客はほとんどが朝鮮人であるが、日本人常設映画館では

図4-4　上から明治座，黄金座，若草劇場
出典：いずれも『朝鮮と建築』1936年12月号。

半々のところが多く、朝鮮人観客が南村の映画館に移動していることがわかる。

一九四〇年以降、明治座は常に京城の映画興行界の中心にあった。一九四〇年四月には、朝鮮映画『授業料』（崔寅奎監督）の有料試写会を開催した。[87] 朝鮮映画はもはや朝鮮人常設映画館ではなく、大規模資本の最新設備の映画館で上映されるようになった。東京で一部の撮影と後半の編集作業を終えた『旅路』は明治座で封切られた。[88] また、一〇月一日から五日間、朝鮮の映画館では初めて避難訓練を実施するなど、時局にも対応した。[89] 満映のスター俳優・李香蘭は朝鮮を訪問した際ここで舞台挨拶を行い、集まった観客の整理のため警察が動員されることもあった。

一九四〇年代になると京城の本町、若草町、明治町にある日本人常設映画館は改修が終わり、在朝日本人人口の増加やそれによる映画観客の増加、大陸景気の影響などにより、収益は一九三〇年代半ばの三倍以上となった。[90] 明治座は「観客を優待するのでなく、新聞社、配給社、役所方面を攻略するところに力を注ぐ」という旧来の形態にもかかわらず、興行成績は常に上位にあった。[91] 明治座が完成する前から噂になっていたのは、映画作品の出来度合いでなく、広告や見世物に偏る広報戦略を取っていたことであった。例えば、明治座では「第一回公開祝賀記念興行にはるばる東京、大阪などから崔承姫女史を招き、歌舞伎を呼び、宝塚のレビューと松竹レビュー団まで動員させ、大京城六〇万府民の眼目を恍惚させるつもり」であり、「そのあとも年四、五回は東京、大阪でこうした歌舞伎レビュー団を招聘し、全国の男女に絶好のサービスを提供する」予定であった。[92]

明治座のこうした広報戦略は朝鮮人の観客にも大いに歓迎され、観客の六割が朝鮮人になる日もしばしばであった。[93] 一九二〇年代は、北村から南村の映画館へ「越境」する主体は日本映画を愛好する朝鮮人であった。しかし、一九三〇年代末から明治座に集まった朝鮮人は、主に『愛恋頌』『国境』のような朝鮮映画やハリウッド映画を観ている。

そのほとんどが若者で、映画館を出ると「スタジオマンよりも華やかな背広、強烈な色のシャーツで街を歩き」「友達に会うと握手をするなど」映画の登場人物と同じような行動をとって、明治町界隈を散歩した[94]。明治座は「本町通りから一筋入った路地にあったが」、「位置的利点としては一番よい場所」であった[95]。

明治町はこのように映画に刺激され「模倣」する若者であふれた。映画のようにシャツと背広を身にまとい、握手をするのは、内地に行ったこともなく、日本映画を観たこともない若者たちの近代化の体現であった。欧米から入ってきた近代生活様式は、京城の若者たちの体に刻印された[96]。一九三〇年代末から一九四〇年代までの京城で「本町通りの人種は多く職業をもつ青年男女の群れであって正当には警戒を要する人種」であり、「「多少」の不良性」さえ帯びていた[97]。この若者たちは、近代文明を楽しむ主体であったが、近代風景の一部として見られる客体でもあったのだ。

しかし、明治座に集まった朝鮮人観客のなかには日本語リテラシーのない人々もいた。一九三七年の調査によると、京城府内に居住する朝鮮人は五七万二七七四名で、このうち「国語」が少し理解できる人は男性二万八三九六名、女性が一万五九四八名であり、日常会話レベルは男性が一〇万五一四五名、女性が二万八九四〇名で、人口比にすると男性は四割強、女性は三割弱しか日本語を理解していなかったという[98]。この比率で考えると、朝鮮人が明治座で日本語字幕付きの映画を観る場合でも日本語がおぼつかなかった人もいたのである。例えば、韓雪野の小説『心の郷村』をみると以下のような話が出てく

る。(99)

明治座は建物もよくて客もいわば演劇ファンより洗練されている。さらに名画というのでいつもの見物に来ているいわば映画ファン以外にもソウル内の文化人と呼ぶべき人々が来ており、いつもより雰囲気がやや盛り上がっているようだ。また映画を見るという緊張感あふれる期待と興奮があってよい。（中略）でも大体の人々はただ人が良いというから良かろうと思って観ているのであり、ある人はとても良いだろうと思って居たが流れがわからないというし、ある人は字幕を読むのに精いっぱいでシーンを見逃してしまい慌てており、スペクタクル映画に若い人々は文芸映画とは話にならないくらいつまらないものだと口うるさくいうなかでシーンは変わっていく。草香は蘭心に時々映画の内容をつぶやいた。蘭心は字幕を充分読めてないし、俳優たちの格好いい姿にばかり目を奪われ、物語の流れをつかめずにいた。

ここで注目すべきは、日本語字幕が理解しづらくても洋画を観にくる朝鮮人の姿である。弁士付きの映画(100)ならば日本語リテラシーのない朝鮮人も洋画を楽しむことができたが、北村の映画館が衰退し、さらにトーキーが登場した一九三〇年代半ば以降、洋画を観ても俳優の外見しか楽しむことができなくなった。日本語リテラシーのある人でもシーンを追いながらすぐ消えてしまう字幕を読み、俳優たちのしぐさまで頭に入れるのは容易なことではない。明治座に集まる朝鮮人のなかに、日本語リテラシーによるヒエラルキーができてしまった。

また、この小説では明治座で映画を観終わった二人が近所のカフェに場を移し、映画の話をする場面もある。明治座を中心として明治町では映画をみて映画について語るという行為が自然とつながる構図となっており、映画館と同じビルのなかや少し歩くだけですぐカフェを見つけることも可能であった。

一方、内地の映画界は戦況の悪化により、映画の製作本数は大幅に減っていた。明治座は上映できる新作が減ると、朝鮮楽劇団[101]と提携し、「オーケストラの歌劇隊」を結成する。初舞台は一九四一年六月二三日で、「チョゴリ、シスターなど注目される華やかなスタッフで幕」を開けた。この舞台は二週間連続公演され、「記録的人気」を集めた[102]。

明治座の登場は京城のほかの映画館にも影響を与え、大型化、企業化が進んだ。南村の南山のふもとにあった「朝鮮神宮の境内」から京城を見渡すと、あちこちの映画館が視界に入るほどだった[103]。いずれも約一〇〇〇席の収容規模と冷暖房を完備し、洋画を上映して朝鮮人を観客に取り込んでいったのである。

朝鮮人の観客が増えると、明治座は朝鮮映画も上映するようになった。朝鮮映画『旅路』は、日本語字幕版が明治座で、朝鮮語版は鐘路の優美館で上映された[104]。明治座に出向く朝鮮人は、日本映画ではなく洋画や朝鮮映画が目当てだった。とりわけ『旅路』の上映のときは観客の八割が朝鮮人であったという[105]。

これは、大勢の集客をもくろむ映画館の資本主義的欲望と、よい施設で映画を楽しみたい観客の欲望があわさった結果でもあった。明治座は、植民地で作り出された様々な政治的・社会的規則が人々の欲望と衝突し拮抗する文化的空間であったともいえる[106]。京城の明治町と本町は、西洋の帝国文化とこれを模倣する日本帝国の植民者、被植民者が混淆する空間であった。

明治座は一九四一年に松竹明治座に改称された。「大陸映画界についての関心が高まり、その関門である朝鮮の重要性を」認識した内地の松竹が、松竹明治座という名のもと「華やかで発展的に再出発」を図ったのである。(107) 松竹に続いて内地のほかの映画会社も相次ぎ京城に進出したが、いずれも翌年には撤退する。明治座は石橋良介が松竹と協議の上、契約関係を解除、個人経営に戻った。(108)

国民総力朝鮮連盟宣伝部の役員だった石橋は、松竹が明治座の経営を手放した年の一一月に『半島の春』(李丙逸)と『君と僕』(日夏英太郎)を有料試写会で披露し、さらに一〇日間は一般封切として上映した。『君と僕』は、一二月には松竹明治座と京城宝塚劇場で同時に封切られた。戦況が厳しくなり、一九四二年になるとハリウッド映画が上映できなくなったため、代わりにドイツ映画『西班牙の夜』(109) を上映し、朝鮮人客を集めた。(110) 経営者が松竹でも個人でも、明治座は朝鮮人を集め続け、朝鮮人常設映画館は日本人映画常設館の二番館になってしまった。

5 拮抗の場としての映画館

一九二〇年代に京城の映画興行界に登場した徳永熊一郎は、一九三五年に最新の冷暖房を完備した若草劇場を本町に建てた。そして石橋良介が翌三六年に明治町に建てた明治座は、一九三〇年代の京城のシネママップに大きな変化をもたらした。朝鮮人の街であった鐘路(北村)と内地人が中心の南村というエスニックな境界が崩れ、一九三〇年代半ば以降、朝鮮の映画興行界は在朝日本人同士が競い合う場となったのである。[111] 少なくとも一九三〇年代半ばまで京城の映画界は南村と北村それぞれの観客、それぞれの映画が存在していたが、一九三〇年代後半からはこうした多様性が均質になったかのようにみえた。明治座や若草劇場のような最新設備を備えた映画館の上映プログラムは多様になり、観客も「多様に」なったが、京城の映画興行界全体からみると、緊張関係のない均質なものにみえたのである。

京城の映画興行界を均質にしたのは、北村の朝鮮人映画常設館の衰退のほか、南村の日本人映画常設館同士の競い合い、「どの位の人員を収容したならば営業上成立って行くものかということ」や「京城府としてあれ位の映画館が五つも六つも存在して間に合って行くものかどうか[112]」などを考慮しなかったことも要因であった。明治座、若草劇場、黄金座という大型映画館以外の日本人常設映画館は、競争に耐え抜くことができなかったのである。松竹の配給館であった浪花館は明治座にその配給権を奪われたし、喜楽館や中央館も設備投資が厳しく、再上映館にならざるをえなかった。大手映画館による配給の独占が始まっていたのである。

さて、明治座は朝鮮人を集めるために、洋画や朝鮮映画（日本語字幕版を含む）を上映しており、観客は最新の設備がそろっている映画館で欧米の近代と「朝鮮」を観て、経験した。一九三七年の『旅路』の日本語字幕版、『家なき天使』や『授業料』、『半島の春』に『君と僕』まで、朝鮮映画界で話題の作品は明治座で封切られ、試写会も行われた。

京城の映画館界は明治座の登場により朝鮮人映画館や資本のない日本人映画常設館が没落し、均質で平滑な空間となった。しかし、その均質性は常に緊張と拮抗をはらんでいた。朝鮮人が明治座で映画を観ることには文化人としての自負もあったが、一方では「何がよいかわからず」流れに乗って入場した観客もいたのである。

明治座の出現は、巨大な資本に吸い込まれる京城の映画興行界を象徴する出来事だった。朝鮮人は施設のよい映画館で日本語字幕付きの朝鮮映画を観て、朝鮮楽劇団が披露するレビューも楽しむようになった。しかし、均質に見えたこの空間にも様々な差異——日本語字幕の読み書きができる人、日本語を早く読み取ることができる人、物語に着いていけない人々など——があったのである。

では、朝鮮人常設映画館の様子はどうだっただろうか。大陸劇場になった団成社や優美館には朝鮮人観客が集まっていた。『映画旬報』の執筆者だった時實象平は、一九四三年に次のように述べている。朝鮮の映画館の観客をみると、二〜三割が内地人で七〜八割が半島人であり、朝鮮の総人口が二四〇〇万人で内地人の人口が七〇万人であることを考えると、内地人の割合は高い。これは朝鮮映画が内地映画の延長線上にあることを示している。本町や明治町から鐘路に近づくほど半島人の割合が高くなる。明治座の観客は内地人三に半島人七、「半島人街の鐘路に近い京城宝塚劇場」はその割合が二対八、大陸劇場となった団成社は「半島人の専門館」である。さらに、「鐘路の裏道には優美館」があるが、その周辺には「手品師の露店」が多く、歩けないほど人々が集まっており、不潔であるが、映画館内の雰囲気も外と変わらない(113)。映画を楽しむ人々はよりよい設備と施設を求めて南村に集まったが、二番館の地位に落ちてしまった北村の映画館もしたたかに生き残っていたのである。

これらの映画館は、植民地的資本主義と観客の欲望が縫合された場所であり、植民地都市でこうした欲望と資本主義が規制とぶつかる拮抗と混淆の場にもなった。どの作品をどこで見るかという観客の主体的な文化経験が、資本により選択肢を狭めながら再編成されていく過程を示しているのである。

注

（1）現在の明洞は、植民地期には本町（現、忠武路一街と二街）、黄金町（現、乙支路）、明治町（現、明洞四ギル、六ギル、八ギル、一〇ギル）と呼ばれ、解放後にようやく明洞という地名を取り戻した。このように地名を取り戻すまでの間にここには多くの映画館ができては消えている。

（2）この歌については장유정『오빠는 풍각쟁이야』민음사［チャン・ユジョン『お兄さんはチンドン屋だ』ミンウムサ］、二〇〇六年に詳しい。

（3）二〇一一年の明洞生活文化調査資料を見ると、二〇代～四〇代は明洞と聞くと消費の中心地としてのショッピングモールを連想するが、一九八〇年代以前の明洞を経験した五〇代以上はショッピング街になったことにネガティブなイメージを持つという。서울역사박물관（편）『명동이야기』서울역사박물관［ソウル歴史博物館編『明洞物語』ソウル歴史博物館］、二〇一二年、一六二頁。

（4）이진성、박재철、이영미『사운드맵 음악으로 그린 서울지도』라임북［イ・ジンソン、パク・ジェチョル、イ・ヨンミ『サウンドマップ 音楽で描いたソウルの地図』ライムブック］、二〇一五年、九一頁。

（5）演劇評論家のユ・ミンヨンは演劇などの公演が明洞に定着したのは明治座があったからだと述べる。유민영「한국무대예술의 메카 명동의 연극을 중심으로 한 무대예술」서울역사박물관 편『명동이야기』서울역사박물관［ユ・ミンヨン「韓国舞台芸術のメッカ」ソウル歴史博物館編『明洞物語』ソウル歴史博物館］、二〇一二年、二一一頁。

（6）ソウル市庁から鐘路を経て東大門方面までソウルの中心地を流れる人工河川である。

（7）光武台は朴承弼が作った室内上演館であり、一九一三年には黄金町に移っている。朴承弼は一九一八年映画常設館の団成社の支配人として就任、同映画館を四階建てに改築した上で再開館している。

（8）이순진『조선인극장 단성사 １９０７‐１９３９』한국영상자료원［イ・スンジン『朝鮮人劇場 団成社１９０７‐１９３９』韓国映像資料院］、二〇一一年、一一六頁。

（9）現在の孔徳付近。京城市区改修計画により、様々な鉄道の路線ができることで、映画館への接近も容易になった。この改修計画について詳しくは、廉馥圭、橋本妹里訳『ソウルの起源 京城の誕生――１９１０～１９４５ 植民地統治下の都市計画』明石書店、二〇二〇年を参照されたい。

(10) 権松岩「우리들의所望은常設館［われらの所望は常設館］」『映画時代』一九三一年七月号。

(11) 「全朝鮮에잇는映画常設館은몃개［全朝鮮の映画常設館はいくつ］」『新世紀』一九三九年一月号、一一一〜一一三頁。

(12) 千鏡子「出演少女의 肖像画를 그려서 주기도 했다［出演少女の肖像画を描いてやったりもした］」『新映画』一九五七年四月。

(13) 〈암살〉최동훈［『暗殺』チェ・ドンフン］、二〇一五年。

(14) 一九三〇年代京城のカフェ界は「次から次へ大資本に依る面目一新で、資本の競争時代を出現し」ていた（『朝鮮と建築』一九三一年一一月号）、四八頁。さらに、一九三二年七月にはすでに京城の本町署内だけでもカフェは五六軒を超えていた（『朝鮮と建築』一九三二年七月号）、五五〜五六頁。

(15) 〈장군의 아들〉임권택［『将軍の息子』林權澤］、一九九〇年。

(16) 송효정「명동액션영화——식민、해방、냉전기 기억의 소급적 상상」『비교한국학』［ソン・ヒョジョン「明洞アクション映画——植民、解放、冷戦期記憶の遡及的想像」『比較韓国学』］第二一巻三号、二〇一三年。

(17) 同前、八六頁。ソン・ヒョジョンによると、原作小説は『朝鮮日報』にて一九八五年から一九八八年まで홍성유［ホン・ソンユ］が『인생극장［人生劇場］』というタイトルで連載したもので、一九八七年には『장군의 아들［将軍の息子］』というタイトルで単行本となり、ベストセラー七位となったという。この物語は映画化の一〇年後にはＳＢＳで『야인시대［野人時代］』（二〇〇二年七月二九日〜二〇〇三年九月三日）としてドラマ化され、日本では二〇一〇年にＤＶＤが発売されている。

(18) 송효정、前掲「명동액션영화」九七頁。

(19) 植民地朝鮮の映画人はカフェと深いかかわりがあった。例えば映画人の李慶孫は朝鮮初のカフェである「카카듀［カカテュー］」を、映画俳優の卜惠淑は仁寺洞に「비너스［ビーナス］」、映画監督の方漢駿は明洞に「라일락［ライラク］」というカフェを開いた。장유정『다방과 카페、모던보이의 아지트』살림［チャン・ユジョン『茶房とカフェ、モダンボーイのアジト』サリム］、二〇〇八年。映画が初めて大衆に有料公開された場所がパリのカフェ

であったことを考えると、カフェと映画は密接な関係があった。カフェは人々が集まり、政治や社会的テーマについて討論する公の場であったが、映画館も同一の趣味をもった観客が大勢集まる場所という意味ではパブリックな空間といえる。韓国映画界においてカフェは貧しい映画人たちの生計を立てる手段にもなり、映画のなかでは若いカップルの貧困と絶望の象徴でもあった。一九六〇年の이만희［李晩熙イ・マンヒ］監督の『휴일［休日］』には経済的余裕がなく、カフェに入れないカップルが登場する。このカップルは映画の最後までカフェでコーヒーを飲むことはできない。ここでコーヒーは将来が見えない貧しい青春のメタファーであった。

(20) David Harvey, *The Condition of Postmodern*, New York: Blackwell Publishers, 1989（デヴィッド・ハーヴェイ、吉原直樹監訳『ポストモダニティの条件』青木書店、一九九九年）.

(21) 菅原慶乃『映画館のなかの近代――映画観客の上海史』晃洋書房、二〇一九年。

(22) 『朝鮮と建築』一九三二年七月号、五二頁。

(23) 一九〇四年に平田商店として京城進出、一九二六年に株式会社となり、百貨店となった。

(24) 三中井は一九〇五年に朝鮮の大邱に進出、一九一一年に京城の本町に進出している。この時は三中井呉服店であったが、一九二二年に株式会社となり、一九二九年に増築して百貨店になった。三中井については、林廣茂『幻の三中井百貨店――朝鮮を席巻した近江商人・百貨店王の興亡』晩聲社、二〇〇四年を参照されたい。ちなみに三越は一九〇六年に京城に進出し、一九一六年と一九二五年に建物を増改築、一九三〇年に本町の入口に新館を建てた。朝鮮人の居住地であった北村には崔楠が建てた東亜百貨店（一九三二年一月）、朴興植が建てた和信百貨店（一九三二年五月）があった。

(25) 『朝鮮と建築』一九三〇年一二月号、一二七頁。

(26) 現在のロッテヤングプラザ。一九〇四年頃京城に進出し、一九二一年には株式会社となり、一九二九年九月に本店を増築、百貨店となった。

(27) 『朝鮮と建築』一九三一年七月号、四五頁。

(28) 浪花館はほかの映画館で上映したハリウッド映画や洋画を再上映する洋画専門の二番館であった。石橋が明治座を新築し、ほかの在朝日本人とは異なり、洋画と朝鮮映画を上映するようになったのはこうした彼の経歴も関係するかもしれない。

(29) ある在朝日本人は京城の中心部一キロメートル四方に七館もの映画館があることに驚いたと述べている。沢井理恵『母の「京城」私のソウル』草風館、一九九六年、八七頁。

(30) 原題は *Captain Swagger* (Edward H. Griffith, 1928).

(31) 原題は *The Spieler* (Tay Granett, 1928).

(32) 『キネマ旬報』第三六六号(一九三〇年五月一日号)、一三一~一三二頁。『朝鮮日報』一九三〇年一月二七日付。なお、団成社で初めて上映されたトーキー映画は「外国語のセリフは聞き取れず、日本語の字幕リテラシーもなかった大体の朝鮮人には好奇心」の領域を超えるものではなかった。이순진、前掲『조선인극장 단성사』一一六頁。

(33) 東亜倶楽部は一九一三年に黄金館という名前で開館し、一九二九年に東亜倶楽部に改称した映画館である。一九四〇年には京城宝塚劇場に改称、解放後は国都劇場、現在はベストウェスタンプレミアホテル国都となっている。

(34) 「映画館録」『キネマ旬報』第三九四号、一九三一年四月一日号、二一八~二一九頁。

(35) 金赤蜂「発聲映画에対하야［発声映画に対して］」『映画時代』一九三一年二月号、一七~一八頁。

(36) 金永換「映画生活」『映画時代』一九三一年五月号、三〇~三六頁。

(37) 朝鮮人経営の映画館でも所有権は日本人が持っており、朝鮮人は興行権を持っていた。朝鮮劇場や団成社の所有権も日本人が持っており、朝鮮人の経営者は映画館の賃貸料と映画興行の負担を抱えた(이순진、前掲)。

(38) アメリカなどでも日本映画の観客は在留日本人に限定されていた。柴田良保「朝鮮の映画統制について」『キネマ旬報』第四八九号(一九三三年一一月二一日号)、一五頁。

(39) 無声映画時代の日本人常設映画館には女性役をする女性弁士や子どもの声を出すための子ども弁士もいたが、朝鮮人常設映画館の弁士はすべて成人男性であり、説明弁士と呼ばれていた。

(40) 정충실『경성과 도쿄에서 영화를 본다는 것 관객성 연구로 본 제국과 식민지의 문화사』현실문화［鄭忠實『京城と東京で映画をみるということ』ヒョンシルムンファ］、二〇一八年。

(41) 在朝日本人たちは「洋画をみるために朝鮮人側の常設館に行く」のを好んだわけではなく、さらに、その原因は芸術としての映画を理解していない日本人経営者たちにもあるとした(宮崎生「朝鮮映画大観」『朝鮮公論』第二七六号、一九三六年）。

(42) 詩寝子「地方通信　おきき下さい、朝鮮の話を」『キネマ旬報』第三四五号（一九二九年一〇月号）、一五六～一五七頁。

(43) 한상언『조선영화의 탄생』박이정［ハン・サンオン『朝鮮映画の誕生』パクイジョン］、二〇一八年、二六七頁。

(44)「朝鮮映画通信」『キネマ旬報』第三六七号（一九三〇年六月一日号）、一一五頁。

(45) 中央館は帝国キネマのほかマキノの配給も担当していた。朝鮮には、ハリウッド映画を含む洋画の専門上映館が五か所、邦画およびその他を上映する映画館が三二か所で、計三七館の映画館があった。

(46)『キネマ旬報』第五六二号（一九三六年一月一日号）、一三頁。

(47)『映画年鑑』昭和一六年版。

(48)「朝鮮映画通信八月五日調査」『キネマ旬報』第三七五号（一九三〇年八月二一日号）、六八頁。

(49) 紀新洋行はパラマウント映画の配給のほか映画製作にも積極的で、一九三七年に『沈清』を製作した。

(50)「国産映画を必ず一本挿入のこと　朝鮮の映画統制辞意」『キネマ旬報』第四八九号（一九三三年一一月二一日号）、一五頁。

(51)「学生に映画を聴く座談会」『キネマ週報』第二六〇号（一九三六年一月三日号）、一二三～一二五頁。

(52)「慶大生は何館がお好き　第一位は帝劇、第二位は日比谷」『キネマ週報』第二五三号（一九三五年九月二七日号）、九頁。

(53)「顧客数の多い割に顧みられぬ　サラリーマンズ・シネマの奨励　映画に真実の社会性と現実性を持たせる道でもある」『キネマ週報』第二八〇号（一九三六年一一月六日号）、七頁。

(54) 新居格「場末の映画館にて」『キネマ週報』第二二七号（一九三五年二月一日号）、二四頁。

(55) ブライアン・イシーズは、洋画の検閲手数料は朝鮮の方が五、六割ほど安かったとしている。内地では原本フィルム三メートル当たり五銭、現像フィルムは一メートル当たり二銭であったが、朝鮮では原本フィルムは一メートル当たり一銭、現像フィルムは一メートル当たり〇・五銭の手数料だった。詳しくは、브라이언 이시즈「식민지 조선에서 좋은 사업이었던 영화검열 할리우드 제1차황금기（1926-1936）의 부당이득 취하기」

『한국문학연구』［ブライアン・イシーズ「植民地朝鮮でいいビジネスであった映画検閲――ハリウッド第一次黄金期（一九二六―一九三六）の不当な利益を取ること」『韓国文学研究』］第三〇号、二〇〇六年、二〇三～二三七頁。

(56) 유선영「황색식민지의 서양영화 관람과 소비의 실천 1934-1942」『언론과 사회』［ユ・ソンヨン「黄色の植民地の西洋映画観覧と消費の実践 一九三四―一九四二」『言論と社会』］第一三巻二号、二〇〇五年、七～六二頁。

(57) 前田夢郎「朝鮮映画の現状」『キネマ旬報』第三五八号（一九三〇年三月一日号）、五七～五八頁。なお、東京を中心に内地でも検閲を通ってない「不正フィルム」が各地で上映されていた。「不正フィルム密売団検挙さる」『キネマ週報』第一九〇号（一九三三年三月九日号）、一四～一五頁。

(58) 「満洲にも活動写真協会」『キネマ週報』第二四三号（一九三五年六月二一日号）。

(59) 「朝鮮の映画統制案」『キネマ旬報』第五一五号（一九三四年八月二一日号）、三五頁。

(60) 『国際映画新聞』第一五二号（一九三五年六月下旬号）、三六頁。

(61) 「京城の映画界　東和が最高位」『キネマ週報』第二四一号、一九三五年五月三一日、一五頁。

(62) 徳永は一九二〇年に朝鮮に渡り、映画関連事業を始めた。徳永の経歴については、정종화「식민지 조선영화의 일본인들 무성영화시기 일본인 제작사를 중심으로」한국영상자료원（편）［チョン・ジョンファ「植民地朝鮮映画の日本人　無声映画期の日本人制作者を中心に」］、二〇一一年を参照されたい。また、朝鮮総督府が編集した『朝鮮総督府キネマ』によると、徳永熊一郎の東亜キネマ株式会社（一九二九年七月設立、以下同様）、日本キネマ製作所（一九三一年一月）、東活映画株式会社（一九三二年三月）、寶塚キネマ株式会社（一九三四年四月）、河合映画社（一九三五年一〇月）のそれぞれの作品が推薦映画とされている（朝鮮総督府文書課編『朝鮮総督府キネマ』一九三八年）。

(63) 本社地方通信部「昭和九年上半期全国地方別　最高興行成績映画は何か（二）」『国際映画新聞』第一三一号（一九三四年八月上旬号）、一六～一七頁。

(64) 「地方通信　京城　京城映画界近状」『国際映画新聞』第一四一号（一九三五年一月上旬号）、五二～五四頁。

(65) 「京城」『国際映画新聞』第一四三号（一九三五年二月上旬号）、二四～二五頁。

(66) 一九三五年一二月竣工の京城府民館は、今日でいう府立劇場の役割をしていた。劇団の公演、映画の上映、集会なども行われた。
(67)「京城　非常時映画界」『国際映画新聞』第一六五号（一九三六年一月上旬号）、七九〜八〇頁。
(68)「朝鮮の映画配給」朝鮮総督府図書館編『読書』第一巻一号（一九三七年一月号）。
(69) 東京で話題になっていた「丸の内ビルディング」を指す。東京の「丸ビル」は「皇居と東京駅という異なる関係性のもとで存立するシンボル」であった（松橋達矢『モダン東京の歴史社会学――「丸の内」をめぐる想像力と社会空間の変容』ミネルヴァ書房、二〇一二年）。
(70) 高田信一郎「京城のカフェと茶房」『観光朝鮮』一九四〇年九月号、七二〜七三頁。
(71) 一九三六年一〇月に浪花館は石橋から園田實生に館主が変更された。
(72)「大京城 六十萬府民을 부르는　映畵藝術殿堂「明治座」、今秋에 完成되는「松竹」映畵封切館」『三千里』第八巻六号（一九三六年六月一日号）。
(73)「映画都市通信　京城」『日本映画』一九三九年五月一日号、一二七〜一二八頁。
(74)「築き上げる彼と人生（十）嵐を呼ぶ沈黙の男、「我れは常に大衆と共に行く　丸ビル会館明治座の主石橋良介氏」」『朝鮮新聞』一九三七年二月一九日付。
(75)『映画年鑑』昭和一六年版。
(76) 前掲「築き上げる彼と人生（十）」『朝鮮新聞』一九三七年二月一九日付。
(77) 大陸劇場が再び団成社という名前を取り戻したのは、一九四六年二月の旧正月だった（『東亜日報』一九四六年一月三一日付）。
(78) 이순진、前掲『조선인극장 단성사』。
(79)「団成社新築工事概要」『朝鮮と建築』一九三五年二月号、三二〜三四頁。이순진、前掲『조선인극장 단성사』一一六頁。
(80) 同前、一一八頁。
(81) 同前、一一九頁。

(82) 分島は一九一九年九月に本町に京城演芸館を建てており、一九三四年一〇月に本町にできた京城撮影所の所有主でもあった。
(83) 『朝鮮と建築』一九三五年二月号、六二～六三頁。
(84) 『朝鮮と建築』一九三五年三月号、四五頁。
(85) 정충실、前掲『경성과 도쿄에서 영화를 본다는 것』。
(86) 「機密室、朝鮮社会内幕一覧室」『三千里』第一〇巻五号、一九三八年五月一日号、二六頁。
(87) 『国際映画新聞』第二六九号（一九四〇年五月上旬号）、四五頁。
(88) 『朝鮮日報』一九三七年四月三日付。『旅路』の朝鮮語版の試写会と封切りは優美館にて、日本語版字幕付きのものは明治座にて封切られた。
(89) 「各地興行街通信　京城」『国際映画新聞』第二八〇号（一九四〇年一〇月下旬号）、三四～三五頁。
(90) 「地方通信　京城府」『キネマ旬報』第六八七号（一九三九年七月二一日号）、九七頁。
(91) 同前。
(92) 「大京城　六十万府民을 부르는 映画藝術殿堂『明治座』」『三千里』第八巻六号（一九三六年六月号）、一〇二～一〇三頁。
(93) 黒田省三「朝鮮映画雑感」『映画評論』一九四一年七月号、前掲「地方通信　京城府」。
(94) 前掲「地方通信　京城府」。
(95) 『映画旬報　朝鮮映画特集号』第八七号（一九四三年七月一一日号）、五一頁。
(96) 明治座のような大型映画館の影響以外にも、朝鮮人が経営するカフェが増えたこともこの頃明治町に朝鮮人が多くなった理由の一つであろう。画家、演劇俳優、音楽評論家などが経営するカフェで朝鮮の若い知識人たちは西欧の文化に接し、経験することができた。김시덕「서울의 근대 민속 신문명과 식민지 문화의 남촌」『서울민속학』［キム・シドク「ソウルの近代民俗　新文明と植民地文化の南村」『ソウル民俗学』］第二号、二〇一五年、九〇頁。
(97) 水井れい子「朝鮮から」『東宝映画』一九三八年六月。

(98)『三千里』一九三八年五月号、一九頁。
(99) 韓雪野「마음의鄕村」(四三)『東亜日報』一九三九年八月三〇日付。
(100) キム・ミヒョン［김미현］によると、トーキーの時代になってから弁士は「京城の封切館から次第に消えていったが、地方公演とテント劇場の巡回上映を通して一九六〇年代半ばまで一部活動していたものと」見られる。無声映画は一九四〇年代までは製作されることもあり、トーキー公演（トーキー映画のサウンドを低くし、弁士が説明する）も行われていた。김미현 편『한국영화사 개화기에서 개화기까지』커뮤니케이션북스、二〇〇六年、八三頁［キム・ミヒョン編、根本理恵訳『韓国映画史 開化期から開花期まで』キネマ旬報社、二〇一〇年、一〇一頁］。
(101) 日本人経営の大型常設館は明治座のほか若草劇場、黄金座などがあった。この三つの映画館のうち、朝鮮人観客の割合が一番高かったのは若草劇場であった。若草劇場では朝鮮楽劇団がよく上演した。朝鮮楽劇団は朝鮮で大人気の楽劇団であり、明治座もこの人気に目を付け、朝鮮楽劇団と提携するようになった。
(102)「映画館の頁 京城」『映画旬報』第二一号（一九四一年八月一日号）、四四頁。
(103)「朝鮮の映画館」『映画旬報 朝鮮映画特集号』第八七号（一九四三年七月一一日号）、五一〜五三頁。
(104)『毎日申報』一九三七年四月二三日付。
(105)「『나그내』와 文藝峰［『旅路』と文藝峰］」『三千里』第九巻第四号（一九三七年五月号）、一六〜一七頁。
(106) イ・スンヒは、朝鮮人が日本映画よりは洋画を多く見ていた一九二〇年代について、「洋画の消費は観客―大衆の政治的選択であったが、この選択が結果的には日本帝国主義の文化に対するボイコットとも結びついている」点に注目している。이승희「동아시아 근대극장의 식민성과 정치성」이상우 외 편『월경하는 극장 동아시아 근대극장과 예술사의 변동』소명출판［イ・スンヒ「東アジアの近代劇場の植民性と政治性」イ・サンウほか編『越境する劇場 東アジアの近代劇場と芸術史の変動』ソション出版］、二〇一三年、七一〜七二頁。
(107)「時報」『映画旬報』第二三号（一九四一年八月二一日号）、五頁。
(108)「映画館の頁 京城」『映画旬報』第四二号（一九四二年三月二一日号）、五三〜五四頁。
(109) 原題は *Andalusische Nächte, Nights in Andalusia* (Herbert Maisch, 1938).
(110)「映画館の頁 京城」『映画旬報』第四一号（一九四二年三月一一日号）、六〇〜六一頁。

(111) 一九三〇年代半ばまで北村の朝鮮人映画常設館は朝鮮人の「種族空間」であり、警察にとって監視と統制のしやすい空間でもあった。이순진、前掲『조선인극장 단성사 1907-1939』。

(112) 「映画館に就いての座談会」『朝鮮と建築』一九三六年一二月号、九〜二九頁。

(113) 時實象平「朝鮮の映画館」『映画旬報』第八七号、一九四三年、五二頁。

第5章　児童映画から「少国民」の物語へ

1　物語として消費された朝鮮の児童映画

本章では児童映画として作られながらも、「非一般用」となった朝鮮の映画を二つ取り上げる。一九三九年一〇月から内地にて施行された映画法により、一九四〇年一月一日から「一般用」は年齢を問わず誰でも見られる作品、「非一般用」は一四歳未満の児童は見られない作品と定められた。「非一般用」は「教育上支障」があると判断されたものである。

前述したように、一九三〇年代半ば以降、朝鮮の映画界には内地から資本や技術や俳優、監督など様々なものが入ってきた。そして、内地と協力して作られた朝鮮映画は内地にも移入されるが、作品そのものよりはローカル・カラーが評価されるようになった。朝鮮の風景を映し、朝鮮語のセリフを話す朝鮮映画は、その「ただ珍しい風習人情を見せつけ」たからずっと内地に受け入れられたわけではない(1)。さらに内地の朝鮮映画の主な観客であった在日朝鮮人は、張赫宙がいうように「何か面映いやうな恥ずかしいやうな気のしない時はなく」「自分の家庭内の秘事を他人に見られるときのやうなさうした羞恥心」[2]を抱いたかもしれない。朝鮮の映画界はこうした状況を踏まえ、朝鮮のローカル・カラーを強調せず内地でも受け入れられるものをと考えたのが、これから取り上げる二つの児童向け映画であった。

ここでは一九四〇年代の崔寅奎監督の『授業料』[3]と『家なき天使』[4]を取り上げたい。どちらも朝鮮で児童向け映画として製作され、内地では「少国民」の物語として受容された。『授業料』は小学生の作文をシナリオ化、映画化したもので、日本の子ども向け雑誌に映画物語[5]として掲載された。『家なき天使』は映画になったあとに日本で単行本として出版された。この二本の映画は監督や製作スタッフ、出演者が重なっていたことにも注目したい。しかし、朝鮮で作られた児童向け映画は内地では「物語」として消費されながら、映画そのものは「非一般用」となり、児童の目に触れることはなかった。

『授業料』は、光州の小学四年生の禹寿栄（ウ・スヨン）の作文[6]を内地の脚本家八木保太郎と朝鮮の柳致眞が脚色し[7]、映画にした。朝鮮の小学生の作文が原作だったため、内地では「朝鮮の『綴方教室』」と紹介され、そののち映画物語として雑誌『富士』にも掲載された。植民地朝鮮の小学生の作文から出発し、映画のシナリオを経て、映画物語へとテクストが翻訳されたのである。本章ではこの翻訳過程にも注目したい。その過程で、朝鮮の児童が書いた作文はいかに内地の少国民の物語へと変貌していったのだろうか。

そこで本章では、一次資料として『授業料』と『家なき天使』の映像と八木保太郎による脚本（『映画人』一九四〇年四月号[8]）、子ども向け雑誌『富士』の物語（一九四〇年一二月号）を取り上げ、どのような変化が起きていたのか考察する。

2　朝鮮の「綴方教室」

『授業料』と『家なき天使』は監督や製作スタッフ、出演者が重なっているものの、日本語と朝鮮語の使い方は異なっていた。本論に入る前に、まず当時の朝鮮における言語の選択について考えてみよう。

一九三七年以降、朝鮮は朝鮮語と日本語が併存するダイグロシアであった。一九三八年三月には第三次朝鮮教育令によって各学校で朝鮮語は必須科目から選択科目となり、「国語」常用政策が推進された[9]。しかし、内地とは異なり、朝鮮では義務教育制度が施行されておらず、「一九四三年の段階においても朝鮮人学齢児童の半数近くが不就学の状態」であった[10]。一九四〇年には創氏改名、一九四二年には「国語普及運動要綱」が発表され、文学や映画、演劇、音楽などで極力「国語」を使用するよう奨励された。一九四四年には徴兵制が実施される。

日常生活においては一九三九年から「全鮮の国語普及運動」が始まり、「全鮮の農山漁村を舞台として」「簡易な国語奨励読本を制定して無償配布し」「初等学校教員がこれを台本として各地学校を中心に約三か月間」講習をすることが求められた。この運動の目標は「少なくとも半島青少年層が」「国語を解し得る程度までに普及せしめんとするもの」であった[11]。一九四〇年の段階で統計をみると、朝鮮人の国語理解者は全人口の約一四・〇%であり、「大正二年に比べ二十二倍」増加している。さらにこれを地域別にみると、もっとも高いのが京城を含む京畿道で一九・四%、低いのは江原道の一〇・四%だった[12]。江原道では普及率を上げるために、学校で国語を身につけた子どもたちが各家庭で「国語を普及する先生」の役を担うこともあった[13]。

一九三〇年代半ばから内地の映画監督や俳優、スタッフの協力を得ていた朝鮮映画においては、どの言語で作るのかは大きな悩みであった[14]。第3章で述べたように、一九三〇年代後半から内地の資本と技術を取り入れ始め、内地との合作を試みていた朝鮮映画は、内地の映画館でも見てもらえるように「朝鮮のローカル・カラー」を強調した。朝鮮で製作するときは朝鮮語のセリフで、日本人俳優も朝鮮語で発話をし、日本語字幕を付けた形で内地に移出した。帝国日本映画の一端を担いながらも、朝鮮らしさと朝鮮語が重要なローカル・カラーだった。しかし、一九三八年に東宝と合作を試みた『軍用列車』の失敗により、朝鮮では「朝鮮らしさや朝鮮語」を特徴とする合作は姿を消すようになった。

『授業料』と『家なき天使』を手がけた高麗映画協会の理事・李創用は、小学三年生以上は学校で朝鮮語を教わらなくなった今、朝鮮語で映画が作れなくなると、朝鮮語ですら非識字率が八〇%を超える朝鮮で日本語の映画が果たして「読解」できるだろうかと疑問を呈する。さらに朝鮮映画で朝鮮語を排除すると朝鮮の風俗なども消えてしまい、朝鮮の人々はますます映画から遠ざかって、映画に社会性が期待できなくなるとした[15]。朝鮮映画における朝鮮語の排除は、朝鮮のローカル・カラーの排除ともつながる問題であった。

この問題について、『授業料』と『家なき天使』を事例に考えてみよう。『授業料』の原作は『京城日報』の「京日小学生新聞」コンクールで朝鮮総督賞を受賞した光州の小学生の「国語」作文であった。「京日小学生新聞」は新しい教育令に合わせ、小学校の教科書補助読本や参考書として一九三八年四月に創刊された。その作文を八木保太郎が脚色し、崔寅奎と方漢駿が映画化した[16]。一九三九年六月から撮影が始まり、一九四〇年の春に完成した。このように小学生の作文が映画化されたという点で、内地では「朝鮮の『綴方教室』[17]」「朝鮮が生んだ最初の児童映画[18]」と紹介されるようになった。

『授業料』は小学生の「国語」作文に基づき、八木保太郎が脚本を書いたが、劇作家の柳致眞［유치진］がそこに朝鮮語のセリフも加えた。朝鮮では、この「国語と朝鮮語が織り交ぜられている」シーンが「朝鮮の少年達の現実の生活がそのまゝ」反映していると評価された[19]。朝鮮語のセリフが少々あるものの、『授業料』は朝鮮初の「自発的な国語映画」であったとみる研究者もいる。映画研究者の李英載は、『授業料』における「国語使用は帝国の呼びかけに対する被植民地人の応答」であったと分析している[20]。

一方、『綴方教室』とは、東京都葛飾区立本田小学校四年生の豊田正子の作文を二六本集め、一九三七年に出版された本を原作とする映画である。この作文集は教師の大木顕一郎が豊田を指導した記録を「個人指導篇」としてまとめたものであった。東京の庶民の貧困を子どもの目から描いた作文は話題を呼び、一九三七年に出版されるや否や大ベストセラーになった。翌年三月に新築地劇団が舞台化し、八月には東宝で山本嘉次郎が映画化するなど[21]、『授業料』と同様に『綴方教室』も多様なメディア・テクストになっていった。

内地と朝鮮の子どもの作文を原作とした映画『授業料』と『綴方教室』は、いずれも貧困が作品の根底にあった。『授業料』の主人公・栄達の両親は金物類の行商をしていて、『綴方教室』の主人公の父親はブリキ職人である。どちらの親も懸命に働いているが、生活が改善されるわけではなく、『授業料』では祖母と二人暮らしをしている栄達の授業料や生活費の仕送りさえも途絶えた状態である。『綴方教室』で授業料の話が出ないのは、前述したように内地の小学校は義務教育だったためであろう。

また、『綴方教室』の主人公・豊田正子は、鉛筆と紙さえあればできる綴方教室は「子供の力ではどうにもならない」「貧富の格差」を感じない時間であったと述べ、「マイナス要因であるはずの「貧困」が積極的に価値づけられてい」ったとした。[22] 豊田正子は『授業料』や『家なき天使』など主に子どもと貧困を結びつけた朝鮮映画が内地で公開される際、推薦文や広告文に頻繁に引用されるようになった。[23]

『授業料』や『家なき天使』に描かれた朝鮮の貧困は、内地が朝鮮映画を受け入れるときによく用いるイメージでもあった。このほか内地では『授業料』の広告に、初めて映画に出演した主役少年の率直な演技、哀しさ、純真さ、友情、日本人教師と朝鮮人児童との交流といった文言が使われた。児童の純朴さや純真さ、内地と朝鮮の交流は、朝鮮映画を表象するものでもあった。朝鮮映画は「少ない資本と貧弱な設備」に負けない「映画一年生」であり、[24]『授業料』の児童のように、貧しいなかでもたくましく立ち上がるものなのである。

映画『授業料』で田代先生を演じた薄田研二は、資金を集めては映画を撮り、資金がなくなると映画撮影を休むという朝鮮の貧弱な製作環境のせいで内地に戻る予定が半年くらい延びた。新築地劇団の所属俳優でもあった薄田は、一九三九年七月の劇場創立記念日に出演する予定を断念し、『授業料』の撮影に臨んだのである。[25] 薄田は、内地で築地小劇場の一期生で新劇の中心人物であった丸山定夫に勝るほどの「風格」を持っており、「朝鮮の小学訓導という違った役柄は一寸興味のある新しい演技が生まれた」と映画評論家の菊池盛央は評している。[26]

『授業料』を撮る際も、朝鮮映画界は資本も技術もまだ十分ではなかった。それでも「東京から新築地劇団の薄田研二が特別出演した関係で、セットはもとよりオープンにもほとんど同時録音を行ってゐるが」「此の朝鮮映画としては畫期的な試みであるシングルの撮影がなか〳〵出来栄えがよくて大成功」した。内地の映画人は朝鮮映画に対し、当初は脚本や監督、映画技術の監修、音楽など技術面で協力したが、一九三〇年代末になると薄田のように俳優も特別出演や主演として協力するようになった。第3章で述べたように、映画『旅路』が内地で一定の成功を収めて以来、内地から朝鮮へ映画人が次々と渡ってきたが、期待されていた『軍用列車』など『旅路』を超える好評作は出なかった。映画人たちは朝鮮映画が内地で好評を得ることができず、興行的にも不振になると、その原因を朝鮮語に見つけようとした。内地の俳優・佐々木信子さえも朝鮮語のセリフのある『軍用列車』など失敗するしかないと考えていたのである。

そして、一九四〇年代からの朝鮮映画は「国語」のセリフの割合を高め、内地から参加する俳優たちも「国語」のセリフを言うようになった。『授業料』ではまだすべてのセリフが「国語」になったわけではなく、例えば学校では「国語」で会話する朝鮮人児童が、家庭へ帰ると朝鮮語で生活する様子も描かれている。これはまだ「過渡期的な言葉の問題[27]」であった。さらに『家なき天使』以降、朝鮮映画から朝鮮語は消えていくのである。

3　シナリオから少国民物語へ

それでは、朝鮮の児童が書いた作文の『授業料』はどのようにして映画になったのか。ここでは、

『授業料』の映像とそのシナリオ、そして雑誌『富士』に掲載された映画物語『授業料』のテクストを分析する。

映画評論家の来島雪夫は『綴方教室』と『授業料』の原作を読んで、次のように評価した。「正子の文章には、他から教えられたり、自分で工夫したりした苦心の末に出来上がった巧みさ、うまみがある」が、『授業料』は「実に、率直で、表現欲も発表欲も自分としては持たないようで」「この可憐な生一本の少年の行動は、美しく愛すべきものだが、又、この衝動のはけ口の方向によっては憂うべきものも予想せられる」ので、総督府が「余裕のある心を以て、かゝる少年達の指導に努力を」払おうとして、この作文を入選させたのだろうと推察した[28]。

来島は映画『旅路』をめぐって在日朝鮮人小説家の張赫宙と朝鮮のローカル・カラー論争を繰り広げていたが、『授業料』についても二人の意見は異なっていた。来島は映画『授業料』のシナリオについて、「一寸勝手が違っていて、決して成功したものではないと思われる」と酷評した。一方、張赫宙は、「映画の企画のよさと純粋さ」もよく、「演出もカメラもいいが、シナリオがもっと優れて居り、成功の大半の功績を担って余りある」[29]と高く評価した。張赫宙だけでなく内地の多くの評論家が、映画『授業料』が成功した要因の一つに優れたシナリオを挙げた[30]。また、かれらは朝鮮語はあまり出てこなくて、ローカル・カラーも薄れてしまった朝鮮映画が内地でそれほど見られなくなったとき、『授業料』のような子どもという素材は集客につながる新たな要素になるという期待もあった。

ここで、『授業料』のあらすじを紹介しておく。

両親が行商に出てしまい、祖母と貧しい暮らしをしていた小学校四年の栄達（ヨンダル／エイタツ）は授業料も家賃も滞納し、学校にも行かなくなる。祖母は隣町に住んでいる親戚に経済的援助をしてもらおうと、栄達を行かせる。栄達は二〇キロ以上も一人きりで歩く寂しさと疲れと闘いながらも、無事親戚の家に辿り着き、お米やお金をもらって帰ってくる。学校に行ってみると、級友たちが彼の事情を知り、「友情箱」を作って助けようとしていた（原作の作文はここまで）。さらに、家には久々に親からの手紙とお金も届いていた（シナリオはここまで）。お盆（秋夕）になり、町がにぎわうなか、両親も戻ってきて、みんなで迎えに行くことになる（映画はここまで）。

このあらすじはテクストによって追加されたところのみを表示したが、詳しくみると、各シークエンスがテクストの種類によって変容していくのがわかる。前述したように『授業料』は小学生新聞コンクールの入選作であるが、『綴方教室』は教師の「個人指導篇」として出版されたものであり、教師の「指導」に焦点を当てていた。映画『綴方教室』でも作文を指導する大木先生の苦悩が多くの比重を占めるが、『授業料』では先生の苦悩よりも子どもの学校生活や貧困、それを克服しようとする子どもの努力に焦点を当てた。『授業料』で田代先生を演じる薄田研二は、教室で「国語」の発音を矯正したり綴方を指導することもなく、「つつましやかな協力程度」の演技をしている(31)。

ここで薄田の演技を「つつましやかな協力」と書いたのは、様々な意味を含む。作家の丹羽文雄は、『授業料』における薄田の登場の仕方がこれからの朝鮮映画における内地の映画人の関わり方に一つの示唆を与えると述べた。薄田は『授業料』のなかで「つつましやかに」に登場しており、この作品では

「半島人の生活が歪曲」されることもなく、自然に映っているとした。今までの朝鮮映画『旅路』や『漢江』が内地で支持されなかった理由は、珍しい風習や人情を誇示しただけで、内地人には理解しづらかったからだ。『授業料』には日本人の俳優が一人だけ登場し、内地人の理解を助けている、としたのである。(32)

これについて韓国の映画研究者のチョン・ジョンファは、映画『授業料』に登場する田代先生は現存する朝鮮映画では「もっとも説得力のある日本人男性像」であるが、その役割は原作よりもかなり縮小されたという。それはもともと八木保太郎が書いた日本語のシナリオを朝鮮人監督たちが解釈し、柳致眞の朝鮮語のセリフを取り入れるなかで、映画製作意図の最初の目的に亀裂を生じさせるものでもあった。例えば、朝鮮語を知らない田代先生が主人公・栄達の家を家庭訪問した際に、日本語がわからない祖母が朝鮮語で「아、월사금……몇 달치나 밀려서……그게 어린 생각에도 미안해서……그래 못간다우［あ、月謝……何か月も払えなくて……それを幼い子でも申し訳ないと思い……だから学校に行けないのです］」と話す場面や、エンディングで帰ってきた両親と栄達が再会する場面などで田代先生の役割が減っているのである。(33)

原作の作文では、事情を先生から聞いた子どもたちが「友情箱」を作ってお金を集めるなど、貧困を克服するための先生の役割は大きかったし、八木保太郎のシナリオでも父母からお金が送られてくる場面で終わっていた。しかし、映画では「秋夕」を楽しむ人々のところに父母（母親役は文藝峰）が登場し、家族が再会して終わる。薄田が演じる田代先生の役割は作文や八木保太郎のシナリオより、映画化の過程で縮小されてしまったのである。

では作文と八木保太郎のシナリオ、映画化にいたる過程でどのような変遷があったのだろうか。以下ではこの点について考えてみたい。

八木保太郎のシナリオ

映画『授業料』のシナリオを書いた八木保太郎は、一九三〇年代に内地で流行っていた文芸映画のシナリオ作家として有名であった。代表作は『人生劇場』で、愛知県出身の作家・尾崎士郎の原作を映画化したものである。八木のシナリオの特徴は、文学性と「人間性への追求」、「シナリオ構成の緻密さとか心理の必然性を妥当に表示すること」からくる「数学性」が挙げられていた[34]。

内地ですでに名をはせていた八木保太郎はなぜ朝鮮に行き、朝鮮映画のシナリオを書くことになったのだろうか。そのシナリオはどのようにして内地で公開されるようになったのだろうか。

八木保太郎のシナリオ『授業料』はまず、社団法人全日本映画人連盟（以下、映画人連盟とする）の機関誌『映画人』に一九四〇年に掲載された。『映画人』は映画専門雑誌というよりは、団体の会報の性格が強かったため、シナリオが掲載されるのは珍しいことだったと考えられる。

そもそも、この映画人連盟はどのような団体であったのか。映画人連盟は一九三九年六月に内地の日本映画監督協会、日本映画作家協会、日本カメラマン協会に、新たな組織であった日本映画俳優協会、日本映画美術監督協会が集まって作られた。のちに日本映画録音技術者協会も加わる。創設の目的は、「日本映画の新たなる躍進の為に、全面的協力をなし、その文化的役割を果たさんと」することであった[35]。三月に、映画に関わる技術者は試験を受けねばならないという映画法が議会に上程されたのがきっかけであった[36]。

映画人連盟は本部委員会、関東地方委員会、各分科会（経済、企画、研究、調査）、関西地方分科会からなり、本部委員会は理事長、常任理事、理事、評議会の役員で構成され、連盟長は木村荘十二がつとめた[37]。連盟の主な業績の一つは機関誌『映画人』を定期的に発行したことである[38]。編集は連盟の構成団体の一つである日本映画作家協会の会員が担当した[39]。会報の主な内容は各協会のニュースで、各協会の構成員が書いた専門的なエッセーも掲載された[40]。「ザラ紙のパンフレット、編集技術の拙さ」を批判する声もあったが、読者層が北海道から朝鮮まで幅広かったのも特徴である[41]。

このように専門的な「技術者」の会報誌である『映画人』に映画『授業料』のシナリオが掲載されたのはいったいなぜだろう。各団体のニュースや専門的なエッセーが大半を占めるなかで、『授業料』のシナリオが掲載されたことは不思議に思われる。しかも、内地では、『キネマ旬報』に載った『授業料』の広告に、希望者に限り『映画人』を送付するとの文句が登場したこともあった[42]。

『授業料』の脚色を担当した八木保太郎は、日本映画『奥村五百子』[43]の撮影のため、一九三九年に朝鮮に渡った。八木はここで朝鮮総督府の招聘で「朝鮮映画人協会」創立準備委員会に参席することになった[44]。『授業料』のシナリオが掲載された『映画人』の編集後記をみると、「八木保太郎が朝鮮に行くことで去年の本誌九月号で紹介した朝鮮映画人協会が今度正式に設立」され、これを祝して『授業料』のシナリオを掲載したとある[45]。つまり、八木は全日本映画人連盟の作家協会書記長であったが、『映画人』に『授業料』のシナリオが掲載されたのは、彼の朝鮮における活動も後押ししたと考えられる。

映画『授業料』のシナリオ

ところで、映画の完成度とともに高く評価された八木のシナリオであるが、シナリオから映画に翻訳される過程でどのような変容が起きていたのか。八木のシナリオはもともとの作文を元にした脚色であり、このシナリオが映画化の過程でまた変容する。そもそもシナリオ通りの映画化はありえず、映画化の過程で少なからず変化はくわえられる。しかし、『授業料』の場合は、日本語、朝鮮語、そして朝鮮人監督による映画化も変容の要因であった。これを本章では「翻案」と考える。

この翻訳は、禹寿栄の作文も八木保太郎のシナリオもすべて日本語で書かれているのに対して、映画はセリフに日本語と朝鮮語を併用し、朝鮮語のセリフには日本語の字幕が付いたことで起きた。このような日本語と朝鮮語の併用は朝鮮のダイグロシアを示すものでもあった。

背景についても、作文とシナリオでは朝鮮南西部の地方都市光州とその周辺都市（木浦、長城など）であったが、映画では京城に近い水原が主な舞台となり、周辺都市も仁川と平澤に変更された(46)。また、シナリオと映画では作文にはなかった主人公・栄達の交友関係が描かれ、朝鮮の小学校の授業の様子も新たに登場した。例えば、主人公・栄達は授業料未納で教室には入りづらく、学校が見える丘の上で級友の貞姫と二人で勉強している。この二人が手にしている本は朝鮮総督府が編纂した普通学校第二期国語読本（一九三三年）の「第一三課神風」であり、二人は声を出して読んでいく。

そして、栄達が授業料を借りるため隣町・平澤の親戚の家まで六里を歩くロードムービーのようなシークエンスも原作にはなく、さらに映画のクライマックスにもなっている。このエピソードは、原作では「忍苦鍛錬」として簡単に触れるだけだが、シナリオではここが八つのシーンに膨らみ、「さびしい

道　栄達、歩いて来て、突然歌を歌い出す、彼は元気で歌う。歌っているうちになんだか涙がほほへながれ出た」と記された。映画ではこのシークエンスはシナリオよりさらに緻密に描写され、朝から歩きつづけて歪んでいく栄達の表情の変化や疲れた仕草も映っている。

「忍苦鍛練」とは後述する『家なき天使』のエンディングシーンにも登場する「皇国臣民の誓詞」に出てくる言葉である。「皇国臣民」とは帝国日本の植民地を拡げるなかで、日本人と朝鮮人を合わせて呼ぶ新しい語彙であった。(47) 誓詞は日中戦争直後の一九三七年一〇月に朝鮮で制定され、「忠良ナル皇国臣民」を育成する第三次朝鮮教育令に合わせて普及された。「皇国臣民の誓詞」は小学校までの子ども向けのもの（其ノ一）と中等教育以上で使われるもの（其ノ二）の二種類があり、『授業料』と『家なき天使』で使われたのは「其ノ一」であった。(48)

皇国臣民ノ誓詞

【其ノ一】

一、私共ハ大日本帝国ノ臣民デアリマス

二、私共ハ心ヲ合セテ　天皇陛下ニ忠義ヲ盡シマス

三、私共ハ忍苦鍛錬シテ立派ナ強イ国民トナリマス

【其ノ二】

一、我等ハ皇国臣民ナリ忠誠以テ君国ニ報セン

二、我等皇国臣民ハ互ニ信愛協力シ以テ団結ヲ固クセン
三、我等皇国臣民ハ忍苦鍛錬力ヲ養ヒ以テ宣揚セン

この引用でもわかるように、「忍苦鍛錬」は二種類の誓詞で重要なキーワードとして使われている。一九四〇年代以降作られた朝鮮映画で誓詞が使われるのは、『授業料』と『家なき天使』の二作品だけである。

ここで注意すべきは栄達が一人で疲れ果てた頃、自分を鼓舞するために歌う歌である。シナリオでも原作でも単に「歌」となっていたが、映画では、当時朝鮮の小学校に普及していた軍歌の「愛馬進軍歌[49]」を栄達に歌わせる。「愛馬進軍歌」は一九三九年一月に朝鮮の各学校に広められた。朝鮮総督府は軍歌を普及させるため、尋常小学校児童用図書として初等唱歌一年生用、二年生用、新刊三年生用と四年生用をそれぞれ発行した。このうち四年生用の初等唱歌に、「靖国神社」などと共に「愛馬進軍歌」が掲載されていたのである[50]。この歌は一九三八年一〇月に内地の陸軍省主催の馬をテーマにした歌詞を全国に募集して入選した楽曲であった。陸軍省はこの歌の普及のため、当時の日本六大レコード会社に同時にレコード制作を依頼したが、もっとも人気の高かったのは馬の足音が効果的に収録されたキングレコードヴァージョンであった。歌い手はテノール歌手の永田絃次郎（本名・金永吉[51]）である。

原作の作文を元に脚色を担当した八木保太郎は、作文のエピソードだけでは映画にならないと判断し、様々な交友関係や人物を脚色の過程で加えた。映画はそのシナリオを具現化し、例えば栄達が隣町に行く過程はシナリオよりも詳細な表現が加わった。隣町まで行くのに牛車に乗せてもらったり、バスが通

りすぎてしまうシーンがある。帰り道では状況が変わり、親戚からお金をもらえたためバスに乗ることができ、そのときの子どもらしい楽しげな表情も描写される。[52]

こうしたシークエンスの長短やディテールの差異以外に、シナリオと映画とのもっとも異なるところは、言葉であろう。シナリオは日本語で構成されているが、映画は日本語と朝鮮語のダイグロシアである。例えば、薄田研二演じる田代先生は授業料未納で学校に来ない栄達の家を訪問するが、栄達の祖母は日本語が少しも話せず、田代先生は朝鮮語が話せないので、二人は同じ空間にいながらもコミュニケーションが取れない。栄達の友人の姉（金信哉が演じる）が祖母の様子を見に来てくれ、その通訳で二人は意思疎通が可能になる。映画全体で子どもたちは学校のような公的な場においては「国語」を使い、家庭や町中のプライベート空間では朝鮮語を使うなど、場合に応じて言葉を使い分けるのも、シナリオと映画との差異といえる。田代先生と栄達の祖母の言葉によるコミュニケーションの不在は、朝鮮の現実を反映した描き方であった。

ところで、こうした『授業料』のダイグロシアについて、内地と朝鮮の映画評論家では反応が異なっていた。高麗映画協会理事の李創用はある座談会で、八木保太郎がシナリオを書き、朝鮮で撮影台本を別途に作ってから撮影したため二重言語になったのであり、当局が「国語」を強要したことはなく、朝鮮の映画人たちが自発的に「国語」を用いたと述べている（図5-1参照）。しかし、内地の映画評論家は『授業料』が成功した要因の一つとして、八木保太郎の「内鮮語セリフ」の「巧みな融合」に見出し、内地映画の一角として発展すべき朝鮮映画の将来に大きい示唆を与える、と評価した。[53] この議論でも核心にあったのは八木保太郎のシナリオであったことを覚えておく必要がある。

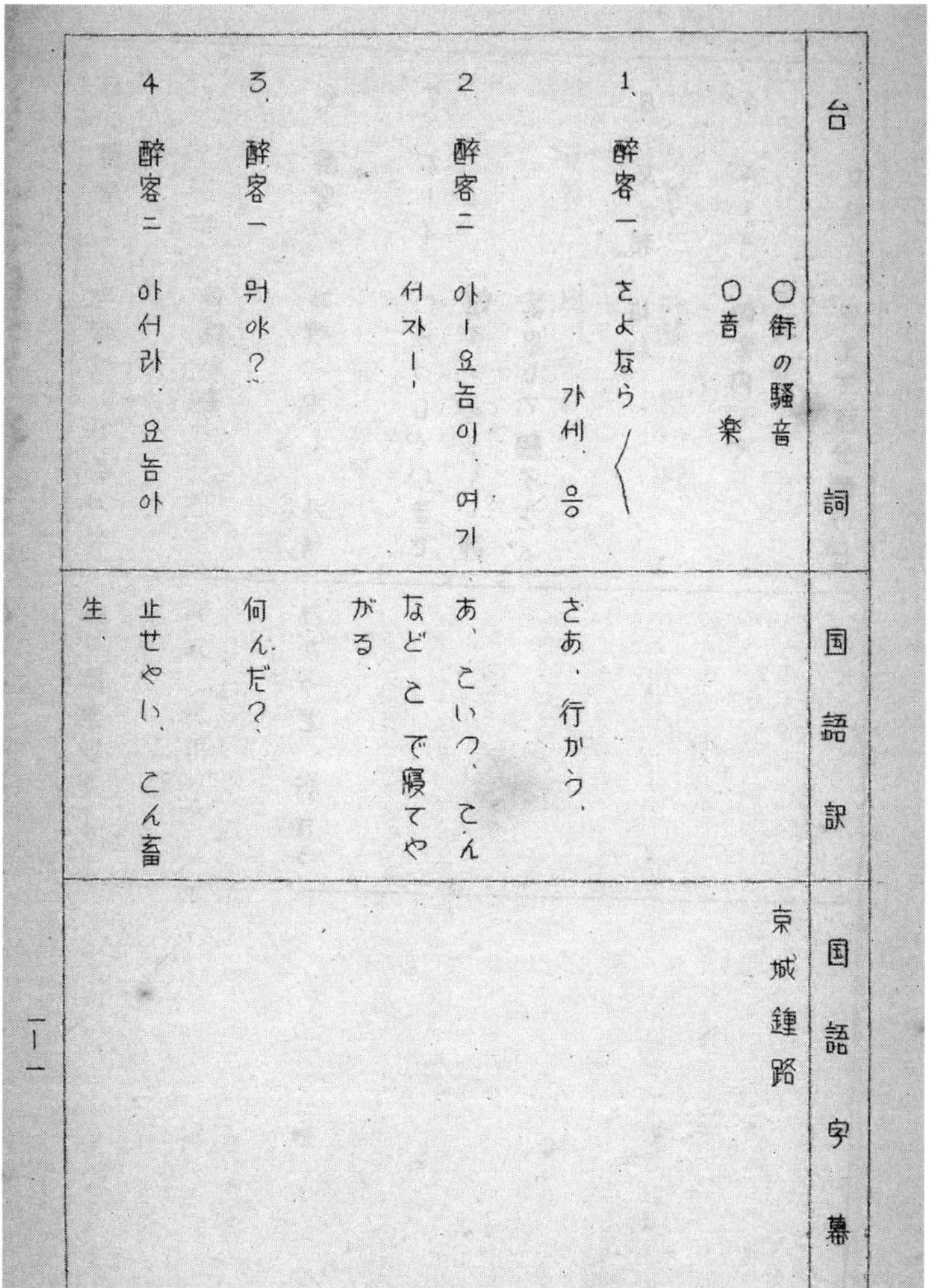
台詞

○街の騒音
○音楽
1. 酔客一 さよなら 가세 응
2. 酔客二 아ー 요놈이 여기 서자ー
3. 酔客一 뭐야?
4. 酔客二 아서라 요놈아

国語訳

さあ、行かう、
あ、こいつ、こんなどこで寝てやがる、
何んだ？
止せやい、こん畜生、

国語字幕

京城鍾路

—1—

図 5-1 『家なき天使』のシナリオ
出典：韓国国立中央図書館が所蔵しているものの一部であり，それぞれ「台詞」「国語訳」「国語字幕」の三層構成となっている。

4　内地における『授業料』の読み物としての受容

映画『授業料』は、一九四〇年四月三〇日に京城の明治座と大陸劇場で封切られた。東京では五月から東和商事が配給を準備し、一九四一年九月二五日に東京で公開すると広告はされたものの、正式に封切られることはなかった。一九四〇年八月一一日号の『キネマ旬報』は、「悲しい涙のため」非一般用に指定された、と伝えている。

映画の公開に先立って一九四〇年四月には映画人連盟の機関誌『映画人』に八木保太郎のシナリオが掲載され、一二月には大日本雄弁会講談社（以下、講談社とする）発行の『富士』にその映画物語が掲載された。映画作品を見るだけでなく、「読み物」として捉えようとする動きは、一九〇八年頃からすでにあった。その頃の映画物語とは、映画を見に行った観客が弁士の語りを聞き覚え、あらすじや内容を後で文字で起こした上、匿名で映画雑誌に投稿するものを指しており、観客の能動的な映画経験にもなっていた。(54) 無声映画時代の特徴とされるこうした映画の「読み物」と観客の能動的なかかわりは、一九二〇年代に映画産業の発展とともに、様々な映画関連テクストを生み出し、新聞の「映画小説」という新しいジャンルも現れる。「映画物語」が「読み物」としての映画で、映画を観て来たあとに観客が作成する映画のノベライズだとしたら、「映画小説」は映画化されることを前提に書かれた小説であり、観客よりも専門的な小説家によって書かれたものである。こうした意味で『富士』に掲載された『授業料』は、映画草創期の「読み物」に性格が似ているかもしれない。

朝鮮でも『授業料』は、映画撮影が終わる前に日本語の読み物として消費されていた。例えば、撮影が始まった一九三九年六月に、阿部一正は「授業料」を児童向けの読み物として翻案した(55)。映画やシナリオとは異なり、登場人物を子どもたちと田代先生に限定し、「友情箱」のエピソードも盛り込んだ。級友たちの友情や人間関係、教師との関係などに重点を置いたのである。

また、『授業料』の作文と映画は京城の児童劇団童心園主宰の金相徳により、児童劇にもなった(56)。ここでは映画の最初のシーンがスチル写真として挿入されるも、映画やシナリオとは異なる構成になっていた。例えば、この児童劇は全三幕で、雑誌には一幕だけが掲載されたが、朝鮮半島の地図を黒板に書き、京城より光州の方が内地に近いと強調する小学校の地理時間の風景が児童劇のなかに描かれたのである。映画では撮影の問題で舞台を光州から水原に変更しているが、この児童劇は原作の作文とシナリオのままにした。光州が内地に近いという理由であった。授業料が払えないほかの子どもの様子などは映画と変わらなかったが、映画物語は映画小説より観客の積極的なかかわりを必要とする。さらに、映画小説が専門家たちによる執筆であるとすれば、映画物語は素人の手によるものでもあった。例えば、一九四〇年五月に丘きよしによる「映画物語　授業料」が『観光朝鮮』に掲載された。『観光朝鮮』には映画関連の記事や映画物語がしばしば掲載されており、この「授業料」もその一つであった(57)。

では、内地ではどのように受容されたのだろうか。前述したように、映画の公開は告知されたものの、一九四〇年五月一日号の『キネマ旬報』に初めて広告が掲載されて以来、一年経っても公開されることはなかった。映画の公開よりはむしろ読み物として先に大衆の前に現れたのである。

映画『授業料』を読み物として掲載したのは雑誌『富士』であった。『富士』の創刊号では「面白いことでは日本一、而も非常に為になる、真の人物を作る、上品で痛快！無双の大雑誌！」と大きく宣伝している。「創刊の弁」は「面白い、とても面白い、隅からすみまで一頁残らず面白くて堪らない。僕も読もう、俺も読もう、私も読みましょうと、万人が万人に好かれ愛さるゝ雑誌として『富士』が」生まれたという。(58)『富士』の前身は『面白倶楽部』（一九一六年創刊）であるが、一九二七年に『富士』に誌名変更された。講談社の『キング』を分析した佐藤卓己によると、『面白倶楽部』も『キング』もアメリカの雑誌をモデルにしているため、『キング』が一〇〇万部を突破したら、『面白倶楽部』はすぐに休刊になってしまったという。(59)どちらも小記事中心で差別化できず、とりわけ『面白倶楽部』には『キング』の余剰原稿が使われることもあり、『面白倶楽部』は一九二七年に休刊せざるを得なかった。(60)

そして、その翌年に『富士』として（再）出版されたのである。主に「ソクラテスの義務心(61)」や「海の英雄ネルソン(62)」など子ども向けの物語と小記事を中心に構成された。一九二九年五月号からは映画物語や映画スターの物語を掲載した。また、一九三四年九月号では「最新映画大鑑」を別冊として添えるなど、小説、映画、漫才にも大きな関心を寄せた。この『富士』に、映画物語として『授業料』が掲載されたのは、一九四〇年一二月号であった。映画『授業料』は運動場で遊ぶ子どもたちの場面から始まるが、『富士』の映画物語は田代先生の「国語」の授業から始まる。

『富士』の映画物語は、シナリオにも映画にもなかった栄達と両親の再会場面を長く丁寧に描いている。久々に両親に会えた栄達は父親に「折角帰って来ても、又直に　行商に出るのでは僕イヤだナア」という。すると父親は「いやもう今度は旅に出ないよ。ずっとこれから此処に住むことにしたんだ。……本当だとも。今度の支那事変でお父さんの行商物の金物もほとんど作れないことになった。お父さんも、これから行商を替えて転向するんだ。この村に住んで、戦争に必要な品物を創造する町の工場に毎日通うことに決めたよ」と答える（傍線は筆者）。雑誌『富士』は一九四〇年八月号から表紙に「国策協力」[63]という文字を掲げ、表紙の絵も自然や動物、少年少女などから軍服姿の軍人に変え、内容も時局的なものに変更するものの、一九四一年一二月号を最後に廃刊した。

映画『授業料』や原作の作文、八木保太郎のシナリオには出てこなかった「戦争」という言葉が『富士』に使われているのは、一九四〇年後半という時代的背景がかかわっている。このように原作、シナリオ、映画、映画物語は、それぞれ大枠は変えないながらも、時代を伝える要素を配置し、少しずつ翻案されていたのである。

5　観られる朝鮮映画／読まれる朝鮮映画

『家なき天使』と検閲

ところで、高麗映画協会は『授業料』のあと、もう一つの児童映画『家なき天使』を製作している。高麗映画協会はもともと映画製作ではなく、映画の配給から始まった会社であった。その中心人物は李創用で、最初は朝鮮キネマで働いたのち、京都の新興キネマで撮影技術を学び、朝鮮に戻ったあとは紀新洋行[64]と三映社朝鮮支社で配給の知識を身につけた。一九三七年には高麗映画配給所を設立、すぐ製作も兼ねることで高麗映画協会に改称した。高麗映画協会の作品のうち、『授業料』の興行的成功は朝鮮内の高麗映画協会の地位を揺るぎないものにした。

高麗映画協会の『家なき天使』は朝鮮初の同時録音技術を使った映画であり[65]、朝鮮では一九四一年二月一九日から二三日まで京城宝塚劇場で上映された（図5−2）[66]。そして、内地では文部省推薦朝鮮映画第一号に指定され、一九四一年七月一七日に一次検閲を経て、九月二〇日に試写会を開催した。内地の配給は『授業料』と同じ東和商事が担当した。文部省がこの朝鮮映画を推薦したのは、「京城の街に浮浪する少年少女達を救ふため献身的な努力をして少年の家『香隣園』を建設する一牧師の物語を描いた物語」で「録音技術に絹々不充分の点はあるが真摯なる演出態度に於て朝鮮映画としては異色あるものである（以上九月八日第一四回）」からという[67]。

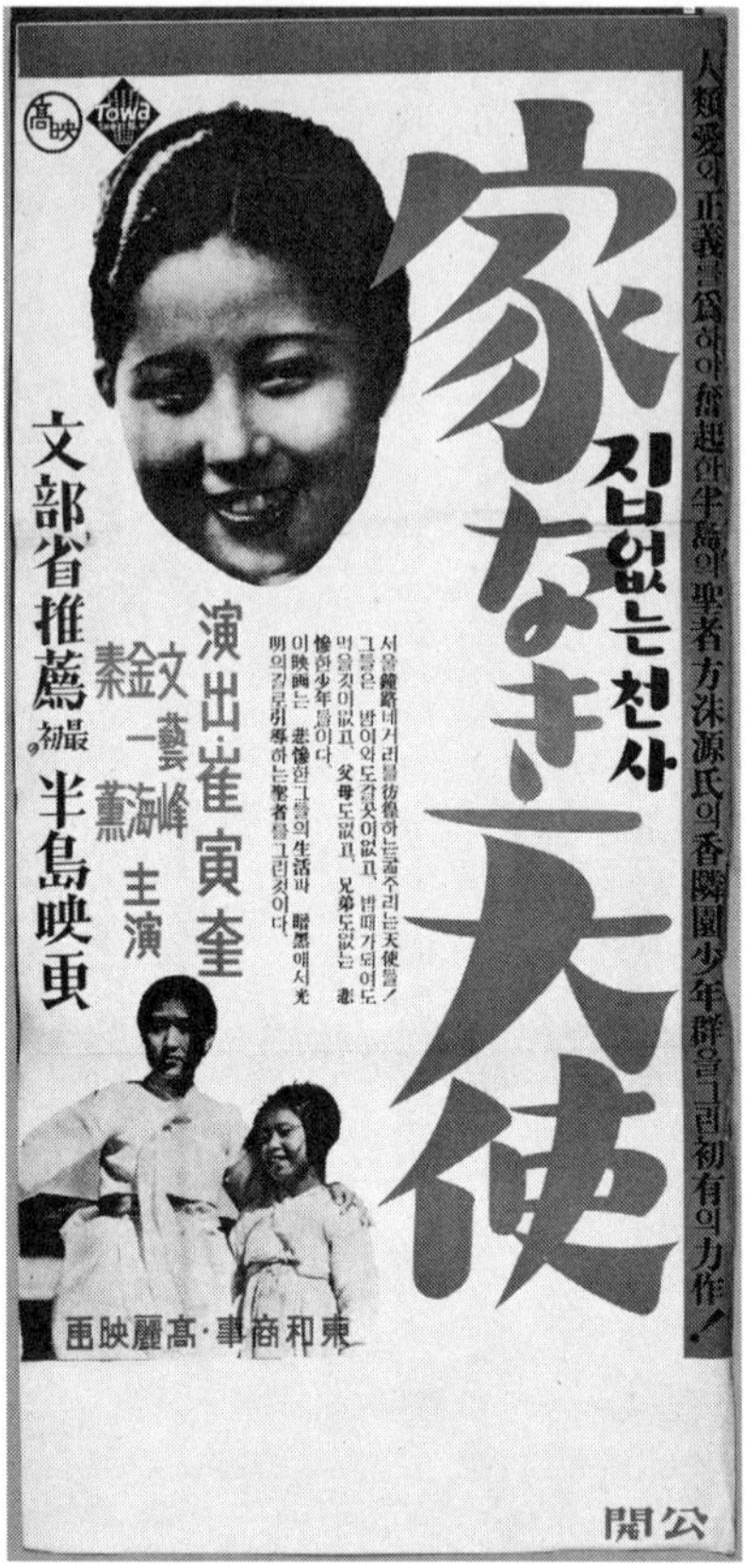

図5–2　朝鮮の『家なき天使』のポスター
出典：韓国映像資料院所蔵・提供，管理番号 DPK011583。

図5-3　映画『家なき天使』の撮影場面
出典：韓国映像資料院所蔵・提供，管理番号 DSKT149720。

しかし、試写会の二日後に内務書から再検閲の要請があり、その結果、「非一般用映画」になったばかりか、ラストシーンを含む二二六メートル（時間的には八分にあたる）がカットされた。その代わり、日本語の吹き替え版は一〇月一日に検閲を通り、一〇月二日から六日まで東京での上映許可を得た[68]。その後、東和商事は精力的に広報活動を繰り広げ、東京以外にも京都、愛知、福岡などでの上映を図ったが、どこの地方でも許可は下りなかった[69]。

『家なき天使』は最終的に東京で五日間の短期上映のみが許可され、国際劇場[70]や銀座映画劇場[71]で公開されるも、興行は失敗した（図5-4参照）。『映画旬報』の「興行価値」欄をみると、国際劇場は初日二二〇〇円の売り上げ、銀映は六〇〇円の売り上げで低迷して、四日間でプログラムを変更し

図 5-4　国際劇場の『家なき天使』の広告
出典：『読売新聞』1941 年 10 月 1 日付。

ている。[72]

また、この「興行価値」ではさらに、国際劇場や銀座映画劇場など松竹系列で『家なき天使』が封切られたことについて、「半島映画は内地の映画観客には信用がない」ので朝鮮映画以外のものを合わせない一本立てでは興行ができないとした。とりわけ、『家なき天使』の観客は「半島人が六分」で「内地人が四分」であり、この作品を上映しつづければ観客を失う可能性があり、危険だとしている。したがって、この作品は「半島文化に関心を持っている知識人層」や「半島人を観客にしている映画館」で公開すべきだとした。在日朝鮮人を主な観客としない映画館で朝鮮映画を上映すると、これまで来ていた日本人の観客が来なくなるということであった。

読まれる朝鮮映画

『授業料』と『家なき天使』は製作会社も監督も同じで、内地での公開に苦労した。[73] 東和商事の社史によれば、『授業料』や『家なき天使』よりも前に朝鮮映画の『漢江』の録音に協力して「半島映画との接触を重ね」、以降『図生録』や『授業料』『福地万里』『家なき天使』の内地配給を次々と企画したが、「この中で陽の目を見たのは『家なき天使』唯一本であった」という。[74] しかも、それは検閲で一部が削除されたヴァージョンであった。

『授業料』と『家なき天使』の内地配給に携わった東和商事大阪支部の佐藤邦夫によると、『漢江』も『家なき天使』も朝鮮での録音がままならず、東和商事が録音費用などを負担し、配給権を得たという。[75]『漢江』の場合は「音のない作品の試写をみ」て契約しており、音楽などは東和商事が経費削減のため、レコードを使っていた。

さて、映画『家なき天使』の内地における公開は難航したものの、映画のモデルとなった方洙源の手記は単行本となって内地で販売された。[76] メディアミックスの程度は『授業料』ほどではなかったが、『家なき天使』も映画物語になり雑誌『観光朝鮮』に掲載されている。[77]『授業料』と同様に児童映画だが、内地における受容過程は少し異なる。

『家なき天使』の舞台は、牧師の方洙源（映画のなかでは方聖貧）が京城の郊外に設立した孤児院の香隣園である。『授業料』の企画に参加していた西亀元貞がシナリオを書き、崔寅奎が監督、朝鮮語のセリフは林和、「国語版」の監修は飯島正がそれぞれ担当した。[78] 映画化されたあと、内地では児童文学者の村岡花子が編纂した単行本が刊行される。

映画は、親のいない明子と龍吉の姉弟が物乞いで暮らしていたが、龍吉はその生活に耐えきれず、家出して孤児の集団に入る場面から始まる。龍吉は孤児たちにいじめられ、それをみた主人公の聖貧は龍吉を自宅に連れ帰る。聖貧は孤児院の香隣園を作ろうとし、子どもたちと共に少しずつ生活空間を造っていく。一方、カフェで花売りしていた姉の明子は偶然聖貧の義兄で医師である安仁奎と出会い、看護婦として手伝うことになった。離れ離れになっていた姉弟は香隣園で再会するも、明子のあとを不良輩が襲う。しかし、香隣園の少年たちが立ち向かったあげく、彼らは怪我をしてしまう。安と明子は孤児たちを治療し、みんなで「皇国臣民の誓詞」を朗読しながら映画は終わる。「皇国臣民の誓詞」は一九三七年の秋から朝鮮各地で普及されて以来、朝鮮語で翻訳されたものが配布されることもあり、一九三八年一月に京城府では府の通牒で「国語で朗唱せよ」を出したという。「鮮語を以て解説を附す分は差支ないが鮮語で朗唱することは控差へ必らず国語で朗唱され度」という内容である。(79)

「皇国臣民の誓詞」は『授業料』では栄達が自分を励ますのに使ったが、『家なき天使』では登場人物たちの葛藤を乗り超える装置として用いられた。さらに、『授業料』と同じように「行進するシーン」もある。『授業料』では栄達が親戚の家まで行くのにバス代がなく歩くが、『家なき天使』では京城市内の南大門から弘済里まで歩く子どもたちの姿が映っている。朝鮮の雑誌『人文評論』で白晃はこれを「無用な場面の連続」と批判し、街の風景とオーバーラップする程度で、子どもの心理描写がないと断じた。(80)『授業料』で栄達は六里を歩くが、『家なき天使』では三里を歩く。どちらの作品も「疲れてもあきらめない「忍苦鍛錬」の一種として、行進や歩くシーンを取り入れた。

『家なき天使』や『授業料』はこのように多くの共通性を持っているが、『家なき天使』の方が「皇国臣民」の子どもたちをより積極的に描写している。最後の「皇国臣民の誓詞」の朗読もそうであるが、映画の導入部で聖貧が龍吉に自分の息子を紹介するシーンには時局に合わせようとする意図が垣間見える。ここで聖貧は九歳の息子・耀翰（ヨハン）を「喇叭の名人」で「未来の志願兵」として紹介するのである。興味深いのはほかの子どもたちはただの「君の友達」として紹介している点である。教育を受けた九歳の子は「未来の志願兵」として皇国臣民であるが、教育を受けられなかったり、これから教育を受ける子どもたちはまだ皇国臣民にはなってない。この子どもたちはエンディングで「皇国臣民の誓詞」を朗読して今まで香隣園で受けた教育の成果を示し、ようやく「未来の志願兵」の一員となる。こうした意味で最後の場面は多くの研究者や評論家が分析しているように唐突なものではなく、映画の一連の流れに組み込まれていると考えられる。

『授業料』は小学校四年生の作文を元に八木保太郎がシナリオを書いたが、『家なき天使』は西亀元貞が香隣園に関する記事や方洙源のインタビューをもとにシナリオを書いた。方洙源によると、『京城日報』に香隣園関連の記事が載り、「香隣園を主題とした小説、レコードの発売、社会での説教の題材」になった挙句に、映画化の話まで出て驚いたという(81)。

しかし、『家なき天使』は内地では児童映画でありながらも、一四歳未満の入場を許さない非一般用に指定される。朝鮮ではすでに朝鮮総督府の検閲を通っているが、内地で公開されるためにはもう一度検閲を受ける必要があった。方洙源によると、一九四一年一月半ばに朝鮮総督府学務局関係者の試写会と検閲が実施された際に「芸術的に云っても思想的に云っても」「近来での傑作だと思ひましたし、あゝいうキリスト教なら健全なものですが、ただ浮浪児が靴を盗むところがあるが、あの一点だけが非一般になった」という(82)。

東京の試写会(一九四一年九月一三日)で『家なき天使』をみた文芸評論家の大槻憲二は、以下のように感想を述べる(83)。

最も愉快に思ったのは、安仁圭と方聖貧とが香陽園《ママ》貸借の件に就いて相談中、永八少年が聖貧の靴を盗む條である。永八は警護団員に捕へられて安仁圭の玄関に連れて来られる。こゝで『レ・ミゼラブル』のミリエル僧正を聖貧が気取るのであらうと私も想像してゐた通りであつたが、永八は聖貧の情けある處置に対してジャンバルジャンのやうには反応しては来ない。貰つた靴を返してくれと云うなら金を寄越せと云ふ。何にその金を使ふつもりかと訊けば余計なお節介だといふ。なかなか不良なみに理屈が通つてゐるので、安仁圭は「ミリエル僧正大惨敗だね」と大笑する。かう云ふリアリズムは實に爽快であると思つた。安易な善人気取りに近頃あまりに食傷してゐる我々としては……

原作者の方洙源も大槻も、「永八が靴を盗むシーン」のせいで朝鮮や内地で『家なき天使』は非一般用になったというが、高麗映画協会の李創用や内地の映画評論家たちは様々な推測はしているものの、確実な理由は不明だとしている。この作品の再検閲を申請した内務省も推薦を取り消した文部省も理由をまったく示していないので、方洙源や大槻の見解は推測に過ぎないかもしれない。

さらに、再検閲や約八分にあたるフィルムのカット、日本語版のみ公開許可の知らせを受けた李創用は内地に渡り、日本語改訂版を監修した飯島正や映画評論家の筈見恒夫などと座談会を開いた。[84] この座談会で筈見は「朝鮮映画でも国語」ならばよいが、「朝鮮映画で朝鮮語映画」だから問題になったのかもしれないと発言した。朝鮮語の朝鮮映画は朝鮮で上映するのは構わないが、内地で上映するのは問題となる、との見解であった。また、「不良輩」が着ている服装が日本の労働者の服装と似ているのがよくなかったのかもと述べた。

さて、この作品の試写会には大槻のほかに小説家の張赫宙も参加していた。張赫宙は映画『家なき天使』を観てからは、「京城で、どんなにご馳走になり、愉快に過ごしても帰りの汽車の中で、ふとあの乞食たちのことを想ふと、もう決して愉しくなれな」かったという。そして京城でも「浮浪少年」についての新聞記事を注意深く読むようになり、「方牧師の少年園経営や、済州島の方へ開拓戦士として送出したやうな記事を」読む程度の知識も持った(85)。

ここでうかがえるのは在日朝鮮人観客のヒエラルキーである。第2章でも触れたように、村山知義の『春香伝』を観て感想を残している多くの在日朝鮮人は、張赫宙のような作家や内地で活躍している様々な「文化人」だった可能性が高い。そして、『家なき天使』の推薦を取り消したり、一九三〇年代の大阪で朝鮮映画の上映を却下する理由に挙げられる、集団行動を起こす恐れのある「群衆」として想定された在日朝鮮人は労働者であった。在日朝鮮人内の多様性については次章で詳しく述べることにしたい。

児童から少国民になる

『授業料』とよく比較された映画『綴方教室』は内地の「児童が観た世界を描いている」作品であったが、朝鮮では教育者から「非教育的映画」というレッテルが貼られていた(86)。貧困をテーマにした朝鮮映画『授業料』や『家なき天使』そして内地の『綴方教室』は、結局朝鮮でも日本でも推薦映画にはならなかった。

高麗映画協会が製作し、崔寅奎が監督した『授業料』と『家なき天使』は非一般用となり児童向けに上映できなかったが、少国民の読み物として内地に受容された。この二つの映画は内地では活字メディアとして受け入れたのである。

このように『授業料』や『家なき天使』が内地で物語として受容されていた一九四〇年代初めは、「映画と児童とに関する問題が、特に多く論議せられるやうになった」時期でもあった[87]。一四歳以下の児童は入場できない非一般用映画上映館でも、「毎週一回早朝興行もしくは一定時の特殊興行を許可し、戦況ニュース映画と文化映画を低料金で観覧させること」を文部省と内務省が協議して決めた[88]。従来の日本児童文化協会は日本少国民文化協会と改称した。一九四一年一二月には同協会のなかに大日本映画協会、映画教育中央会、全日本映画教育研究会の三つの団体が中心となって、映画部会準備会が結成された[89]。

内地で『授業料』が『綴方教室』と同じような作品と受け止められたのは、作文の質や内容ではなく、貧困というテーマのためであった。豊田正子も映画『授業料』の批評のなかで、「映画の出来栄はどうであったか、そういうことは、本当のところ私にはわからない。私のものと同じに、綴方が映画化され、同じような貧乏ものなので、特に私は心を打たれたかもしれない」と述べ、貧困が二つの作品の共通点であると指摘する[90]。

また、「朝鮮の『綴方教室』」として内地に紹介された『授業料』は原作、シナリオ、映画、映画物語とテクストが翻訳される過程で、少しずつ変化していった。それぞれで重点は、原作では友情と内鮮交流に、シナリオと映画では「愛馬進軍歌」を歌う場面に、映画物語では父親との「戦争にかかわる」話に置かれた。『授業料』は前述した豊田の批評が出た一九四〇年一〇月時点では児童映画として紹介されていたが、その二か月後には「少国民」に読ませる物語になっていたのである。

この『授業料』を児童向け物語として翻訳しなおした講談社は、『キング』や『富士』のほかにも『少年倶楽部』という子ども向け雑誌を出していた。佐藤は、これらの雑誌が児童について「『赤い鳥』に代表される大正期の童心主義が保護されるべき「子供」とみなしていた」のに対し、『少年倶楽部』は「国家を担う使命感や義務感を訴え」「少年が、「少国民」となり戦時体制に翼賛した」と分析している。[91]『富士』も同様に「少国民」向けに編集されていたことは、容易に想像がつく。朝鮮のある小学生新聞に掲載された作文の『授業料』、新聞記事からモチーフを得た『家なき天使』は映画化を経て、内地では「少国民」向けの読み物になって受容されていたのである。

また、『授業料』と『家なき天使』が朝鮮で映画化された後、内地で試写会や一部地域に限って受容されたのは、朝鮮の映画界も内地の映画界も大きな変化に巻き込まれた時期でもあった。文部省や朝鮮総督府の映画推薦制度は映画法に基づいていた。内地では日本映画法が一九三九年四月五日に制定され、一〇月一日から施行、朝鮮では朝鮮映画令が一九四〇年一月四日に制定され、八月一日から施行された。とりわけ、内地では映画法の施行とともに一九三九年一〇月から「「年少者の教育上支障なき」映画、即ち「一般用映画」の認定を行い」、それ以外は「非一般用映画」とした。[92]このほかに文部省認定文化映画も指定された。『家なき天使』は朝鮮映画として初めて内地の文部省に認められた推薦映画だったのである。

注

（1）丹羽文雄「朝鮮映画」『映画之友』第一八巻一〇号、一九四〇年、七八〜七九頁。

（2）張赫宙「談話室　半島映画界におくる言葉」『映画之友』第一八巻一二号、一九四〇年、七八～七九頁。

（3）二〇一四年六月に韓国映像資料院が中国電影資料館で『授業料』を発掘したことで、韓国に現存する朝鮮映画は一五本となった。二〇〇六年に中国の同資料館で発掘された『兵隊さん』（一九四四年）以来、八年ぶりの発見であった。ちなみに、朝鮮で製作された映画は現存しないものも合わせて約一五七本と言われている。

（4）二〇〇四年に韓国映像資料院が中国電影資料館で発掘した。

（5）映画物語は、すでに上映された映画のあらすじを活字化した作品とか、最初から映画化を目的に書かれた物語など、様々な解釈が可能である。ここでは朝鮮で映画化され、内地で活字になった作品なので、前者の意味で使っている。

（6）作文の原文は『文芸』一九四〇年六月号、八木保太郎のシナリオは『映画人』一九四〇年四月号にそれぞれ掲載された。

（7）『映画旬報』第四三号（一九四二年四月一日号）、二三五頁では、朝鮮映画『仰げ大空』の紹介文のなかで同映画の脚本を書いた西亀元貞について述べ、彼がこれ以外にも『授業料』と『家なき天使』の脚本を執筆したとしている。当時朝鮮総督府図書課の嘱託の西亀は、『授業料』の立案に貢献したためこのような記述になったと考えられる。

（8）『授業料』のシナリオが掲載された『映画人』は管見のかぎり、早稲田大学演劇博物館図書室、公益財団法人川喜多記念映画文化財団の二か所に所蔵されている。本稿では早稲田大学に所蔵されているものを一次資料として参考にした。

（9）朝鮮における唱歌教育の研究をした高仁淑によると、植民地朝鮮における「学校令」は次のように分けることができるという。旧韓末期（一九〇六～一九一〇年）の「普通学校令」では修業期間を四年に短縮した普通学校が登場し、一九一〇年の「日韓併合」以降は、第一次朝鮮教育令（一九一〇～一九一九年）では、既存の普通学校の上に四年制の高等普通学校、三年制の女子普通高等学校と実業学校が設立された。第二次朝鮮教育令（一九一九～一九三八年）では四～六年制の普通学校、四～五年制の高等普通学校と師範学校、四年制の専門学校と大学が設立され、「国語」教育が強調された。第三次朝鮮教育令（一九三八～一九四一年）では日本語の常用と朝鮮語の禁止、皇国臣民の誓詞が制定され、志願兵制度も実施された。この時期に小学校は「尋常小学校」となった。そして、一

九四一年三月一日から「改定第三次朝鮮教育令」（国民学校令。一九四一～一九四五年）が施行された。詳しくは、高仁淑『近代朝鮮の唱歌教育』九州大学出版会、二〇〇四年を参照されたい。さらに、ユン・ヒョンサンによると、第一次朝鮮教育令は朝鮮人に適用されたが、第二次朝鮮教育令は在朝日本人と朝鮮人両方に適用された。また、一九三八年の第三次朝鮮教育令によって朝鮮人学校も日本人学校も同様に「尋常小学校」となった。しかし、学校令が日本人と朝鮮人に適用され、名称も統一されるものの、朝鮮人と日本人向けの教育財政には差異があった。詳しくは、윤현상「일제 하 교육재정 국고보조금의 지급과 ‘국민교육’」호서사학회 편『역사와 담론』［ユン・ヒョンサン「日帝下教育財政国庫補助金の支給と『国民教育』」湖西史学会編『歴史と談論』］第八六号、二〇一八年、一～三二頁。

(10) 有松しづよ「植民地朝鮮の大和塾における不就学学齢児童の「錬成」――「国語講習会」に注目して」『植民地教育史研究年報』第一八号、二〇一五年、一三一～一五三頁。

(11)「三十万人を目標、全鮮の国語普及運動、新年度から開始す」『朝鮮時報』一九三八年一月二一日付。

(12)「朝鮮人의国語理得者　全人口의約十四%［朝鮮人の国語理得者　全人口の約十四%］」『満鮮日報』一九四〇年六月一日付。

(13)「児童도家庭에서는先生님――毎日国語한마디씩教授하게 한다［児童も家庭では先生――毎日国語を一言ずつ教授するようにする］」『毎日新報』一九四一年一一月一三日付。

(14) 少なくとも一九三〇年代末までは、内地に移入された朝鮮映画に関しては、その主なターゲットであった在日朝鮮人を意識してダイグロシアの広告（朝鮮語と日本語の併用）が打たれていたが、『授業料』が移入された一九四〇年頃からそのような傾向もなくなったと考えられる。

(15) 李創用「朝鮮映画の将来」『国際映画新聞』第二五二号（一九三九年八月下旬号）、四頁。

(16) 当初は崔寅奎が監督を務めていたが撮影中に健康を害したため、方漢駿が後半の監督をした。

(17)『キネマ旬報』第七〇三号（一九四〇年一月一日号）、五二頁、および一九四〇年五月一日号の広告文、『国際映画新聞』第二七六号（一九四〇年八月下旬号）などに掲載された文句である。

(18)『キネマ旬報』第七二四号（一九四〇年八月一一日号）の広告記事の文言である。

(19) 北旗男「春の半島映画界」『観光朝鮮』一九四〇年三月号、七〇〜七一頁。
(20) 이영재『제국일본의 조선영화 식민지 말의 반도：협력의 심정、제도、논리』현실문화、二〇〇八年、一三三頁〔李英載『帝国日本の朝鮮映画――植民地メランコリアと協力』三元社、二〇一三年、一二九頁〕。
(21) この『綴方教室』の「ブーム」については、中谷いずみ「『赤い鳥』から『綴方教室』へ――教師という媒介項」日本文学協会『日本文学』第五三巻九号、二〇〇四年、三六〜四六頁を参照されたい。
(22) 同前。また、一九三八年に起きた豊田正子ブームについては、中谷いずみ「〈綴方〉の形成――豊田正子『綴方教室』をめぐって」日本大学文学会『語文』第一一一号（二〇〇一年一二月号）、四三〜五四頁を参照されたい。
(23) 『キネマ旬報』第七二六号（一九四〇年九月一日号）、『映画旬報』第二八号（一九四一年一〇月一一日号）など。
(24) 『キネマ旬報』第七二四号（一九四〇年八月一一日号）。
(25) 北旗男「初秋の朝鮮映画界」『観光朝鮮』一九三九年八月号、七二〜七四頁。
(26) 菊池盛央「最近の朝鮮映画」『観光朝鮮』一九三九年六月号（創刊号）、六二〜六四頁。
(27) 北旗男、前掲「初秋の朝鮮映画界」。
(28) 来島雪夫「児童映画 授業料」『映画評論』第二二巻一〇号（一九四〇年一〇月号）、一一二〜一一四頁。来島は原作とシナリオについては酷評しながらも、映画そのものに関しては「一見の価値あり」としている。
(29) 張赫宙、前掲「半島映画界におくる言葉」七八頁。
(30) 『授業料』は朝鮮の映画館、そして内地の映画評論家たちには高く評価されたが、大衆の朝鮮映画に対する無関心により、内地の興行成績は低調であったと『映画旬報』第二八号（一九四一年一〇月一一日号）は書いているが、実際は正式に封切られなかった。
(31) 主人公・栄達が欠席する日が多くなると、先生は家庭訪問をするが、この行動も生活指導を目的としたものではなかった。なお、内地の『授業料』の広告には、薄田を主役と謳ったものもあるが（『国際映画新聞』第二七六号＝一九四〇年八月下旬号など）、薄田を主演とみるには少々無理がある。
(32) 丹羽文雄「半島映画について」『映画之友』第一八巻一〇号、一九四〇年、七八〜七九頁。
(33) 정종화『#조선영화라는 근대 식민지와 제국의 영화교섭사』（주）박이정［チョン・ジョンファ『#朝鮮映画

という近代　近代植民地と帝国の映画交渉史』」、二〇二〇年、三六〇〜三六一頁。
(34) 北原行也「八木保太郎」『映画評論』第二一巻五号（一九三九年五月号）、八五〜九三頁。
(35)『映画人』一九三九年七月一五日号。
(36)『映画人』一九四一年二月号。
(37) 木村は一九三〇年に映画監督デビューしたが、一九三二年に労働争議で所属会社から解雇された。以降独立プロダクションを立ち上げ活動し、一九四一年に満洲に渡り満映で監督をし、一九五三年に日本に帰国した。
(38) 一九四一年二月号を最後に自主的に廃刊した。
(39) 日本映画作家協会は一九四〇年一月に自ら機関誌を創刊し、「原則として協会会員のシナリオ作品はこの機関誌のみに発表、他誌への掲載は見合わせる」とした（『読売新聞』一九四〇年一月九日付）。このため、『映画人』には『授業料』以降シナリオを掲載できなくなったと推察される。
(40)『映画人』の原稿は会員が書くので、原稿料はなかった。また、満映ニュースが頻繁に掲載されたことは注目すべきである。
(41)『映画人』一九四一年二月号。
(42)『キネマ旬報』（一九四〇年五月一日号）の広告では「本映画シナリオ掲載の『映画人』（映画人連盟機関紙）をご希望の方に進呈致します（但し、三百名限り）」となっていた。また、『日本映画』一九四〇年六月一日号にも文言は異なるものの、やはり『映画人』を三〇〇名に限り贈呈するという『授業料』の広告が掲載された。
(43)『奥村五百子』豊田四郎、東京発声映画製作所製作、東宝映画、一九四〇年。
(44)『映画人』一九三九年九月号。
(45)『映画人』一九四〇年四月号。
(46) この変更は撮影の都合上によると推測される。
(47) 高仁淑、前掲『近代朝鮮の唱歌教育』一一八頁。
(48) 引用は『毎日申報』一九三七年一〇月二一日付である。なお、一九三七年一〇月中旬から朝鮮総督府寄りの新聞『毎日申報』や在朝日本人向けの新聞『釜山日報』などでは、一面に毎日のように誓詞の全文を掲載している。誓

詞は映画にもなり、朝鮮全国の映画常設館で上映されたという新聞記事もある（「映画化한 皇国臣民の誓詞 各處常設館에 상영성적이 매우양호하야地方注文이殺到［映画化された皇国臣民の誓詞 各處常設館にて 上映成績が非常に良好で地方注文が殺到］」『毎日申報』一九三七年一一月一日付）。

(49) 新城正一作曲、久保井信夫作詞。「愛馬進軍歌 各小・中等校に普及」『毎日新報』一九三九年一月二八日。

(50) 植民地朝鮮における唱歌教育について詳しくは、高仁淑、前掲『近代朝鮮の唱歌教育』を参照されたい。

(51) 永田絃次郎については、金英達「美声のテノールに揺れるアイデンティティ――金英吉の名前と国籍の変転」『ほるもん文化』第八号、一九九八年、一八〇～一八六頁、『新映画』一九四一年一一月号のグラビア（キャスティング）を参照されたい。

(52) 滋野辰彦「試写室から朝鮮映画二本」『映画旬報』第八号（一九四一年三月二一日号）、五〇～五一頁。

(53) 『キネマ旬報』第七二四号（一九四〇年八月一一日号）、『国際映画新聞』第二七六号（一九四〇年八月下旬号）。

(54) 山本直樹「「読み物」としての映画」明治学院大学大学院研究科芸術家紀要『Bandaly』第一号、二〇〇二年、四九～六八頁。

(55) 阿部一正「児童劇 授業料」『朝鮮の教育研究』一九三九年六月号。

(56) 金相徳「コドモノクニ 児童劇 授業料」『国民新報』（一九三九年九月二四日付、第二六号）。

(57) 『観光朝鮮』は日本旅行協会朝鮮支部が一九三九年六月から二か月に一回発行していて、一九四一年から『文化朝鮮』に改称した。映画関連情報は『観光朝鮮』のときから掲載されており、たとえば、映画物語『志願兵』（田中みのる、一九四〇年新年号、七二～七三頁）や「映画 豊年歌」（田中三春『文化朝鮮』一九四一年一〇月号、八〇頁）の記事もあった。

(58) 『富士』一九二八年一月号、一八頁。

(59) 佐藤卓己『『キング』の時代』岩波書店、二〇〇二年、一三二～一三三頁。

(60) 同前。

(61) 『富士』一九二八年三月号。

(62) 『富士』一九二八年五月号。

(63)『キング』に「国策協力」という文字が登場したのは一九四〇年四月以降であり（佐藤、前掲『キングの時代』三一一頁）、『富士』より四か月早かった。

(64) 紀新洋行は朝鮮初の朝鮮人資本の映画配給会社で、一九二七年五月に設立された。ハリウッドのパラマウント社の配給権と、メトロの配給権を契約し、毎月一五、六本の洋画を上映した。東京や大阪、神戸などにあった欧米映画会社の日本支社と接触し、朝鮮での配給権を取った。한국영상자료원 편『고려영화협회와 영화신체제 1936-1941』한국영상자료원［韓国映像資料院編『高麗映画協会と映画新体制 1936-1941』韓国映像資料院］、二〇〇七年。

(65) 朝鮮映画初の同時録音映画であるが、まだ録音技術が十分ではなく、字幕がないとセリフの内容が理解できないほど俳優の声が聞こえなかったという。白晃「映画時評　집없는天使［映画時評　家なき天使］」『人文評論』一九四一年、五〇～五一頁。

(66)「高麗映画　崔寅奎作品　画期的な優秀作品　집없는 天使」『毎日新報』一九四一年二月二一日付。

(67)「文部省推薦・認定月報」『映画教育』第一六五号（一九四一年一〇月号）、二四頁。

(68) 映画『家なき天使』の内地における検閲については、李英載、前掲『帝国日本の朝鮮映画』二九八頁、金麗實「映画と国家――韓国映画史（1897-1945）再考」京都大学大学院博士号請求論文、二〇〇五年、八九頁を参照されたい。

(69)「[地方都市　興行既況]京城」『映画旬報』第三三号、一九四一年一二月一日付、六六頁。

(70) 一九三七年に浅草にできた松竹直営館である。

(71) 一九三七年一二月三〇日に銀座歌舞伎座前にでき、松竹一本立て、三〇銭の低料金で人気を博した。国立映画アーカイブで当時の様子がうかがえる写真を閲覧することができる（https://www.nfaj.go.jp/onlineservice/digital-gallery/dg20130904_004/）。

(72) 鈴木勇吉「[封切り映画　興行価値]『家なき天使』」『映画旬報』第三〇号（一九四一年一一月一日号）、五三頁。

(73) 厳密にいうと、二つの映画のスタッフで一致しているのは、監督の崔寅奎、製作者の李創用（高麗映画協会）、音楽（伊藤宣二）である。

(74) 川喜多かしこ『東和商事合資会社社史　昭和三年―昭和十七年』東和商事合資会社、一九四二年（加藤厚子監修、土田環解説『社史で見る日本経済史　第83巻』ゆまに書房、二〇一五年に所収）。
(75) 佐藤邦夫「海峡を渡る鳥1」『コリア評論』第二二九号、一九八一年、五三～五九頁。
(76) 方洙源、村岡花子編『家なき天使』那珂書店、一九四三年。
(77) 冬木房「映画物語　家なき天使」『観光朝鮮』一九四〇年一一月号、七八～八〇頁。
(78) 西亀元貞は高麗映画協会文学部所属で、一九三九年からは朝鮮総督府警務局図書課の嘱託を兼任していた。
(79) 「皇国臣民の誓詞、国語で朗唱せよ、本府通牒を発す」『朝鮮時報』一九三八年一月一二日付。
(80) 白晃、前掲「映画時評　집없는天使［映画時評　家なき天使］」五〇～五一頁。
(81) 方洙源、村岡花子編、前掲『家なき天使』七八頁。
(82) 同前、九三頁。
(83) 大槻憲二『映画創作鑑賞の心理』昭和書房、一九四二年、二九三～二九四頁。
(84) 「朝鮮映画新体制樹立のために（座談会）」『映画旬報』第三〇号（一九四一年一一月一日）。
(85) 張赫宙「京城」『文化朝鮮』一九四二年一二月号、一四～一五頁。
(86) 朴魯春「映画와 女学生［映画と女学生］」『映画演劇』一九三九年一月号、三八～四一頁。
(87) 松浦晋「一般用映画と年少者の観覧指導」『映画教育』第一五二号、一九四〇年、八頁。
(88) 稲田達雄「少国民文化運動における映画の問題」『映画教育』第一六九号、一九四二年、九頁。
(89) 「時報」『映画教育』第一六六号（一九四一年一一月号）、五五～五九頁。
(90) 豊田正子「『授業料』の試写をみて」『映画之友』第一八巻一〇号（一九四〇年一〇月号）、七八～七九頁。
(91) 佐藤卓己、前掲『『キング』の時代』六一～六三頁。
(92) 「年少者の教育上支障なき「一般用映画」認定状況」『映画教育』第一四三号（一九四〇年一月号）、二六頁。

第6章　在日朝鮮人の映画への接合
――映画からの排除と参入

1　朝鮮映画たるものを求めて

内地では、朝鮮映画は主に在日朝鮮人向けという認識があった。しかし、帝国日本における朝鮮の位置づけが大陸進出への兵站地として強調されればされるほど朝鮮映画に対する期待も高まり、内地から朝鮮へ人、技術、資本などが渡った。それとともに内地でも朝鮮映画が封切られる機会が増え、在日朝鮮人に朝鮮映画を観る契機を提供した。しかし、朝鮮映画は帝国日本映画の一角にはなり得ず、ナショナルシネマとしての朝鮮映画としても成り立たなかった。朝鮮映画を観るのはほとんどは在日朝鮮人だという想定のもとに、内地の朝鮮映画は東京警視庁や内務省警保局の監視下に置かれることになった。

映画はその始まりから資本主義的な性格を強く持っており[1]、アジア太平洋戦争下の日本でもそれは変わらなかった。膨大な資料を綿密に検討した藤木秀朗によると、総動員期においてさえも公共の政策は「資本主義システムを否定するよりもむしろ、それを土台にしたり、利用しようとしたりすることによって映画による動員システムの確立を構想」していた。さらに、藤木はこの構想には大きく分けて二つの側面があり、「一つは、既存の資本主義を利用するという面」、もう一つは「資本主義の周縁ないしは外部を取り込もうとする面であり、とりわけ映画館がない地方に住む人々や少数民族を念頭においたもの」であるとした。いずれにしても、こうした政策は「資本主義に置き換わろうとするのではなく、むしろそれを補完する形で映画を通じた動員のシステム化が推進し」ており、「動員とは、とり厳密に言えば、映画館・映画上映会（つまり映画観客）への動員、映画を観ることを通じた「東亜民族」への動員、そして戦争への（兵士または労働力としての）動員という三段階に分けられ」るが、「当時の観客言説ではこれらの区別が曖昧にされ、明確な根拠なく等式で結ばれることを前提にしている場合がほとんどであった」[2]。

本章では藤木のいう二つの構想を踏まえた上で、内地の朝鮮映画に集まった在日朝鮮人を取り巻く状況に注目する。朝鮮映画に集まる在日朝鮮人は、映画館にとっては映画を消費する観客であったが、東京の警視庁などからは集団行動を起こす恐れのある脅威の対象とみられていた。本章ではこうした在日朝鮮人に向けられる二つの視線についても考えてみたい。

さて、映画の越境を考える際に、在朝日本人の映画経験と在日朝鮮人の映画経験は、その性格も内容も異なっていたことに留意しなければならない。どちらも異郷で暮らしているが、植民者と被植民者、支配層と被支配層では、映画経験も著しく異なっていた。第4章では在朝日本人の映画経験を取り上げたが、本章では在日朝鮮人が映画にアクセスしていく様子に焦点をあてたい。

2　在日朝鮮人と在朝日本人の映画経験の重なり合い

朝鮮に移入された内地映画の主な観客は在朝日本人であり、内地に受容された朝鮮映画の主な観客は在日朝鮮人であった。ここで注意すべきは、多くの朝鮮映画の製作に在朝日本人がかかわっていたことである。映画は資本がなければ製作できず、植民地初期には経済力をもった在朝日本人が数多く朝鮮映画の製作に携わっていた。初期朝鮮映画には在朝日本人の資本と技術力が動員されていたのである。

こうした在朝日本人がかかわった朝鮮映画は、内地では朝鮮映画というだけで上映禁止処分になることもあった。例えば、『洪吉童伝』[3]（一九三六年）の大阪での上映禁止処分を見てみよう。この作品は朝鮮の京城映画撮影所で製作された。同撮影所は朝鮮映画を代表する製作会社であり、京城の映画興行界の中心人物であった分島周次郎が作ったもので、在朝日本人と朝鮮の映画人たちが結集する場でもあった。朝鮮で『洪吉童伝』はめざましい興行成績を収め[4]、さらなる利益を求めて内地に移出したのだが、上映中止処分を受けてしまったのである。

この映画の監督を務めた金蘇峯こと山崎行彦は『朝鮮公論』で、朝鮮で映画製作に携わっている在朝日本人を「吾々現業者」「鮮産映画の当事者」と称した[5]。このなかで彼は映画『洪吉童伝』の上映中止に、朝鮮の映画人の立場から強い遺憾の意を示している。山崎行彦は金蘇峯という朝鮮名で映画を撮っていた在朝日本人の映画監督である。山崎行彦はもともと山崎藤江という名前で松竹キネマ下賀茂スタジオ[6]の監督として映画を作っていたが、一九三二年に朝鮮映画興行株式会社京城スタジオ（京城撮影所）に入社した。[7] 山崎藤江が松竹キネマ下賀茂スタジオにいたのは一九二七年から一九二八年までの一年余りであるが、この間に『風雲城史』（一九二八年）を含む五本の映画を監督し、そのうち一本は原作と脚色まで担当している。また、一九二八年八月には中根龍太郎プロダクション[8]で映画『おんぼろ草紙』を作っているが、日本映画史においてそれ以降の山崎の足取りは不明である。

この映画の中止をめぐっては、内地でも朝鮮でも大きな反響があった。例えば、文学者の中野重治はこの映画が「大阪の朝鮮人にひどく人気があって、そのため小屋が朝鮮人で一ぱいになるのがいけない」とし、「日本の警察は民族的なものが文化を破壊すると認め」る結果になったと批判した。[9] また、一九三六年七月二二日付の『京城日報』や雑誌『キネマ旬報』は、映画そのものの問題ではなく、「殆ど全部の観客が朝鮮人となるので」「劇場の衛生によくない」問題や「同化運動の障害」の二つの点が上映取り消しの理由としている。[10] この作品の内地配給にかかわった三映社は、内務省が許可したのに地方（大阪）の特高課が禁止したのはおかしいと、その理由について調査依頼を出した。[11]

京城では、この問題が単なる映画の上映禁止に留まらず「内務省が許可した映画を地方官庁である大阪府で禁止したのは行政当局が統制されてないことを如実に証明しており、さらに考えるとこれは朝鮮文化の進歩と発展に莫大な影響がある」と受け止めた。そこで、京城撮影所の分島周次郎、朝鮮映画株式会社の李基世、東和商事映画部京城支社の高仁文、オッケー映画社の尹鐘悳、高麗映画協会の李創用、大都映画支社長の園田實生、朝鮮興行株式会社映画配給所の鄭殷圭などの映画関係者たちが京城府民館に集まり、朝鮮総督府や内地の内務省、大阪府に抗議することを決めた。[12] まずは鄭殷圭、高仁文、分島周次郎の三人が七月二五日に朝鮮総督府図書課にこの問題について陳情を出し、図書課を経由して大阪府の答弁を公文書で聞くことにした。そしてもし「朝鮮映画全般に関する問題であればまた内務省と大阪府に陳情書を出すことを決議」したのである。[13] この一件は収益を目論んで内地に移出した在朝日本人を含む朝鮮の映画製作者と、内地の検閲や統制当局の対峙を物語っている。朝鮮映画の内地への移出は、統制と資本に緊張と亀裂をもたらしたのである。

当時大阪は朝鮮人の居住者が二〇万人を超えていたが[14]、この上映取り消しの一件だけでも内地の当局がいかに在日朝鮮人の集まる場を恐れていたのかがうかがえる。大阪は朝鮮映画が封切られれば必ず興行が成功する地域であり、東京よりも多くの朝鮮映画が上映されていた。『授業料』と『家なき天使』の監督・崔寅奎が作った映画『国境』[15]は、『洪吉童伝』と同様に三映社が内地で配給していたが、上映したのは大阪だけだった。[16]

また、大阪では成功しているものの、東京では興行に失敗した朝鮮映画もあった。例えば、大阪の新世界・パーク劇場で公開したときは、在日朝鮮人の観客が集まり興行成績も好調であったが、同じ作品を東京浅草で上映したら話題にもならなかった事例もあった。[17] 浅草は東京の古い映画館街ではあったが、在日朝鮮人が集まるような場所ではなかったのである。東和商事が初めて内地配給を手掛けた朝鮮映画『漢江』(図6-1参照)は一九三九年に東京と大阪で封切られるものの、東京では失敗し、「大阪朝日開館で上映した際は半島人によびかけて大当たり」をした。[18] 各映画専門雑誌が朝鮮映画で興行収益を出すためには朝鮮人が居住する地域で上映すべきだというくらい[19]、「朝鮮映画の観客は朝鮮人」という図式は一般的であり、こうした認識は官民に共通していた。

さて、第2章で述べたように、日本映画で朝鮮を舞台にし、朝鮮人の女性を登場させた『大地は微笑

図 6–1　映画『漢江』の広告
出典：『読売新聞』1939 年 7 月 19 日付。

む』は、この朝鮮人役を朝鮮人の俳優に任せるべきだという読者の要望が出るほど、話題を呼んだテクストであった[20]。この要望は叶わなかったが、三〇〇名余りの在日朝鮮人が撮影現場にエキストラとして参加した[21]。また、内田吐夢[22]の傾向映画[23]『喜劇・汗』にも、在日朝鮮人はエキストラとして参加した。プロレタリア映画評論家の中島信はこの作品について、映画の手法やカメラ技術はそれほどでもないが、「中間搾取の親方（村田宏壽）の好演技を織り込み、鮮人労働者を忘れず（殊に土方部屋に合宿する鮮人労働者の女房や子供を忘れなかった注意は、従来の日本映画に比して特筆すべき[24]」と高く評価した。『汗』は退屈な毎日を過ごしていたブルジョアの息子が家出をし、工事現場で働きながら汗をかく労働の意味を悟っていくという物語である。この土方のシーンに朝鮮人労働者たちが登場しているが、その妻子は朝鮮の民族衣装を身にまとって集団で現れる。

このように、在日朝鮮人たちは単に映画を見る「観客」ではなく、朝鮮にかかわる映画の情報を積極的に入手し、時には「能動的に」映画に参加していたのである。それでは、在日朝鮮人の映画製作はどのような形で行われていたのであろうか。次節では在日朝鮮人の映画製作について考えてみたい。

3　在日朝鮮人の映画製作

一九二〇年代まで在日朝鮮人の映画経験は前述したように映画を見る、あるいはエキストラとして映画に出る程度であった。だが一九三〇年代になると、内地の映画技術を身につけたいと朝鮮から渡ってくる人や内地の大学に留学していた人々が演出やスタッフとして映画製作に専門的に関わり、映画経験はより豊かで能動的なものとなった。

プロレタリア映画と井上莞

在日朝鮮人のなかでもっとも知られている映画人は井上莞である。一九一二年に朝鮮の全州で生まれた井上（本名・李炳宇）は京城中東中学校を中退し、内地に渡った。この頃ソビエト映画に感銘を受けたと語っている。[25] そして、プロキノ映画に興味を持ち、一九三三年には音画芸術研究所に所属し、木村荘十二や立花幹也に師事した。[26] 音画芸術研究所が手がけた最初で最後の映画が『河向ふの青春』なので、井上がこの映画製作にかかわった可能性は高いとみられる。

今まで井上に関しては、一九三六年に芸術映画社[27]に入社したあと撮影助手でかかわった劇映画『秋晴れ』[28]、撮影でかかわった文化映画『雪国』(石本統吉、一九三九年)や『空の少年兵』(井上莞、一九四一年)が主に語られてきたが、もう少し遡り、プロレタリア映画に興味を持っていた時代の音画芸術研究所での活躍に注目すると、『河向ふの青春』という作品に当たる。『河向ふの青春』は一九三三年作で、東京に居住する朝鮮の映画人たちが助演したと『東亜日報』が報じている[29]。同記事によると、東京の朝鮮人映画人たちは音画芸術研究所と協力して『河向ふの青春』に出演することになったという。

音画芸術研究所は大村英之助、木村荘十二、松崎啓次、立花幹也、一木和彦などによって一九三二年に設立された映画製作会社である。一九三二年に京都の新興キネマ太秦撮影所で「下級従業員の待遇改善を要求するストライキが起き」たとき、木村は製作中であった映画を放りだし、このストライキに参加したため、警察に検挙されたという。木村の回想によると、このあと映画会社で働く道は閉ざされたため、独立プロダクションを作ることにした[30]。しかし、日本映画常設館は大手映画会社の直営であり、外国映画常設館へ進出して「高級映画ファンを自認する外国映画ファンに日本映画を見せ」ようとしていた。それでまだ日本映画界では目新しかったトーキー映画を作ることにしたのである。トーキーには、既存の映画俳優ではなく、新劇から連れて来た瀧澤修、丸山定夫、薄田研二などが出演するようになった。そして第一作『河向ふの青春』を作ったが、内務省の検閲は「工場労働者が次第に団結して行く部分をほとんど徹底的にと云ってよいほど無残にカットしてしまった」[31]。それを洋画常設館は上映したものの、「わずかな製作費すら回収できない結果」となり、音画芸術研究所は一年足らずで消えている。『河向ふの青春』はＰＣＬ映画製作所と提携して作られた[32]。ＰＣＬは Photo Chemical Laboratory の略で一九三一年東京砧に現像所、録音ステージを持って創立された。PCLは『河向ふの青春』の製作に協力することによって、全面的に映画製作に乗り出すようになる。(33) 音画芸術映画所が解散したあとも、その製作スタッフたちはPCLに吸収され、映画を作り続け、それを東和商事が配給したのである。東和商事の社史によると、「日本映画と云へば、各々が確固たる地盤と確然たる配給系統を持つてゐる中に、未だ無名の俳優や、少荘の監督たちによつて、割り込んでいくために、製作者PCLにも、配給社東和商事にも可成りの努力が必要」であったという。(34)

一方、美術評論家の板垣鷹穂は朝鮮映画の『旅路』をみて「ソヴィエト映画の農民物を連想させるところが多く」日本の映画のなかでは「可成りの前に製作された『河向ふの青春』という貧農物が多少似たところをもつて」いたと論じた。(35) 木村は『河向ふの青春』が「農村の娘たちが売られていく悲劇と、都会の労働者諸君の闘いとの二つの線をたどっていく話」のはずなのに、検閲によって「都会から出てきた女の子が結局うちへ連れ帰されるみたいな話だけ」になってしまったと述べる。(36)

『河向ふの青春』は戦前「最後の傾向映画」で、松崎啓次が原作と脚本を、木村荘十二が監督を、立花幹也が撮影を担当した。映画評論家の岩崎昶によると、「一九二九年頃から、一般大衆の間に於ける左翼的傾向と歩調を合わせて、『生ける人形』『傘張剣法』『維新暗流史』『何が彼女をさうさせたか』等々の作品が市場に現れて」おり、これらを「資本主義制度の下に於けるプロレタリア映画」と称した。「資本主義的企業を唯一の目的とする現在の撮影所に置ては、真の意味でのプロレタリア映画の製作は不可能である」と岩崎は考えた。(37) 一九二八年にプロレタリア芸術の組織ナップが設立され、その傘下組織として日本プロレタリア映画同盟（プロキノ）が結成された。映画会社がこの動きに呼応して「左翼的な映画」を作るようになり、これを傾向映画と呼んだのである。傾向映画は観客に人気があり、映画会社は「金もうけのために」利用した。[38]

ところで、傾向映画として作られた『河向ふの青春』の現存する台本をみると、全九六頁のうち一八頁が検閲で全ページ黒く塗りつぶされている。[39] 部分的に削除された個所も多数あり、治安維持法による検閲がいかに容赦なかったかがわかる資料となっている（図6-2参照）。

監督の木村荘十二は、映画が完成すると、それに合わせて台本を作り直し、検閲担当に提出することになり、検閲官は映写される映画と提出された台本を見比べながら映画をカットしていたと回想している。[40] フィルムは現存してないものの、この黒塗りの台本から推測するに、完成後の映画も台本のようにカットされていたのであろう。

また、一九三三年二月にトーキーとして初めて紹介されたこの作品は、[41] 映画評論家の北川冬彦が評したように「たゞ音が這入り、日本語のセリフが聞こえるというだけ」の既存のトーキーとは異なり、様々な試みをした意欲作であった。[42] しかし、こうした試みが好評を得ることはなかった。映画評論家の佐々木能理男はこの映画には「製作者の意気込みも、製作の趣旨も、かなりはっきりと現れてゐる」が、農村と都会の悲惨な生活を描き出しながらもその原因を観客に納得させようとしておらず、「魂の抜けた形式主義的映画」だと断じた。つまり、リアリズムに対する認識が浅いというのである。[43] 映画評論家の岸松雄も、この作品はすべてにおいて「貧しい」し、「プロレタリアという言葉が「貧しい」という意味でないが故に、あらゆる点から見て最も似而非プロレタリア映画的なるトーキー」と評した。[44]

それでも『河向ふの青春』は無声からトーキーへ移行する時期に製作された日本映画史上重要な作品

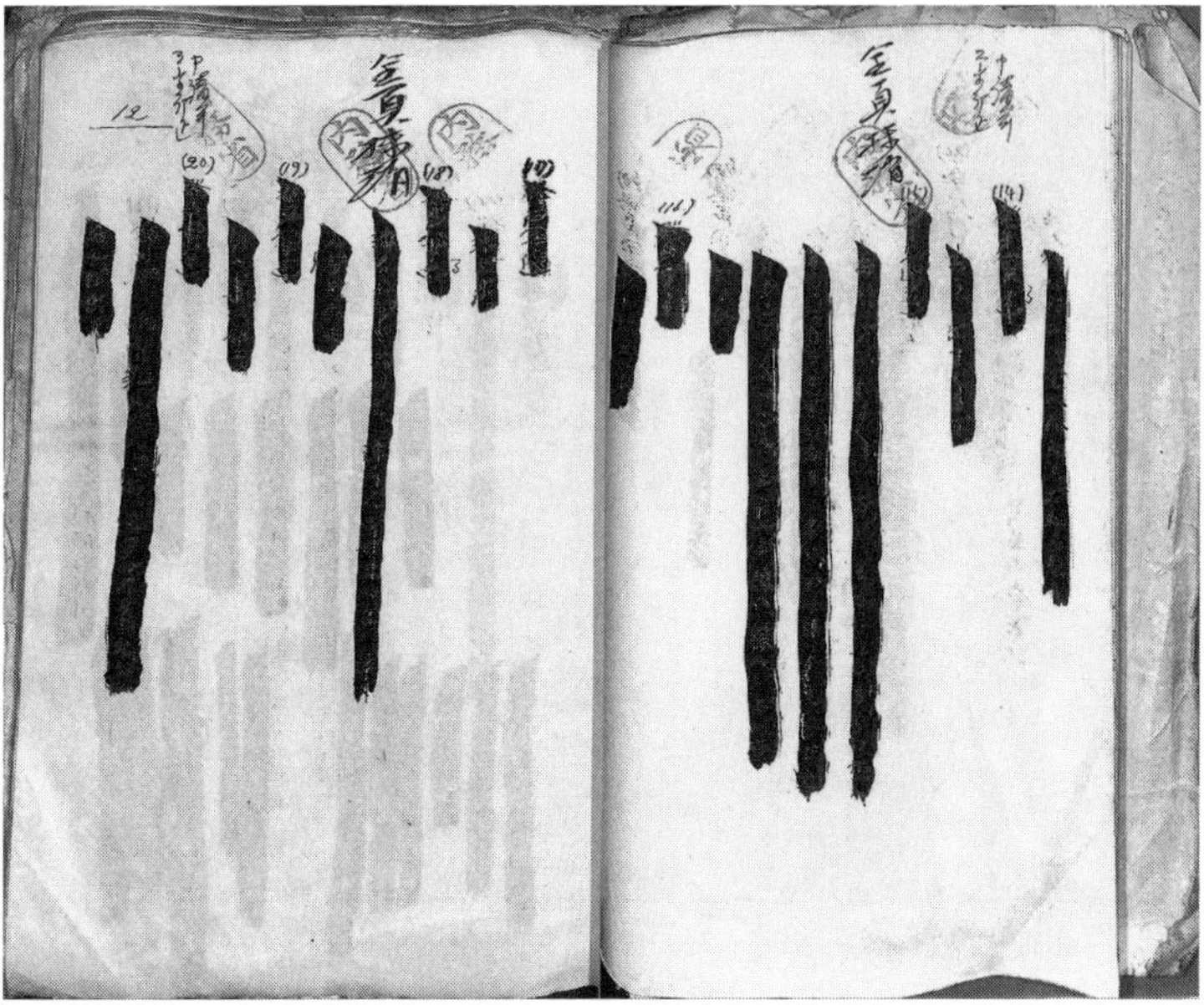

図 6-2　検閲された『河向ふの青春』の台本
川喜多文化財団所蔵。

であり、そこに在日朝鮮人の映画人が参加していることは注目に値する。井上がこの映画の製作にかかわったという資料をいくつか紹介したい。

まず、『東亜日報』の記事によると、「原作脚色　松崎啓次、監督　木村荘十二、撮影　立花幹也、撮影助手　李活影、録音　PCL、出演　菊池のり子、瀧澤修、薄田研二、高橋豊子」であった。[45] この李活影は、のちに井上莞の名で知られる李炳宇（イ・ビョンウ）のことだと考えられる。一九三八年に井上が朝映の『無情』[46]の撮影のために招聘された際の朝鮮の新聞には、「昭和七年に『河向ふの青春』を撮影し、断然映画界に頭角を現し」ており、「三年前には朝鮮鉄道局の招聘で『朝鮮の旅』という朝鮮風景紹介映画も撮

図 6-3　映画『無情』の一場面
韓国映像資料院所蔵・提供，管理番号 DSKT164364。

影し」ているとある。この『朝鮮の旅』の場面は崔承姫が主演した『大金剛山の譜』[47]で多く用いられているという[48]。

井上は芸術映画社の「生え抜きのキャメラマン」と評価されており[49]、同社に入る「以前は丁度新興キネマを脱退した木村荘十二の演出で音画芸術研究所の『河向ふの青春』を作った時、キャメラの立花幹也についてその助手を勤めたり」していた[51]。山形ドキュメンタリー映画祭2005や『文化映画』に掲げられている経歴と照らし合わせてみると、李活影と井上が同一人物である可能性が高いのである。

また、井上は音画芸術研究所が解散したあと一九三六年に芸術映画社に入社し、一九三八年にドイツのヒットラー青少年団（ヒットラー・ユーゲント）が来日した際の様子をカメラに収めている。一九三六年の日独防共協定締結の際にドイツ側の提案を日本が受け入れ、ヒットラー・ユーゲントが一九三八年八月から一一月まで来日して関連歌や写真が発売されていたことは今も知られている。[52] この来日に際し、芸術映画社が映像記録を担当し、井上莞が撮影した。芸術映画社は文部省の委嘱で「日本滞在三ヶ月間の生活をキャメラに収めるべく、文部省の稲垣一穂氏総指揮の下に橋本龍雄氏をチーフとする〝機械化部隊〟を帝都に、富士に、軽井澤に派遣した」。この映画は「単なるニュース記録ではなくむしろ日本の自然と民俗を彼地に紹介する意味を持っている」からであった。[53] 芸術映画社は一九三六年一月に「文化・記録映画の製作」を目的に設立されたが、これだけでは経営が成り立たず、「諸官廳の委嘱映画を製作してい」て、[54] このヒットラー・ユーゲントの来日を記録するのもその一環であったと考えられる。

井上の存在が日本の一般の映画ファンにも知られるようになったのは、ドキュメンタリー『雪国』[55] でカメラを担当し、一九四一年の『空の少年兵』で実質的に演出も担当するようになってからである。二〇〇五年の山形国際ドキュメンタリー映画祭では「在日」をテーマに特集が組まれ、井上の携わったこの二つの作品も上映された。

ところで、映画研究者のピーター・B・ハーイは、プロレタリア映画同盟[56]（プロキノ）の多くのメンバーが「転向」し、PCLや満洲映画協会[57]などに入ったが、「この才能ある若者たちが殺到することによって恩恵を受けたもののひとつに芸術映画社がある」と分析する。そして、井上の場合は「会社に入るという行為自体が転向のひとつの型であるように思われ」たと述べている。[58] 芸術映画社を設立した大村英之助は三四歳で、一九三八年当時の芸術映画社の三〇名余りのスタッフの平均年齢は二六歳という若さであった。[59]

芸術映画社の設立者は、ＰＣＬで活躍しながら音画芸術研究所の松崎啓次などと交流する一方で、社会主義運動をしていた大村英之助であった。大村はＰＣＬの設立者である植村泰二の秘書として初めて映画界に入った。彼は植村泰二の従弟であり、父親は元朝鮮総督府鉄道局長の大村貞一であった。大村は「劇映画の甘さには批判的だったので、現実の社会に当面したドキュメント・フィルムの製作を志し」、芸術映画社を設立した。(60) そして、父親が鉄道局長だったこともあって、芸術映画社の第一回作品は『朝鮮の旅』（中山良夫）となった。(61)

東京朝鮮映画協会の活動

『河向ふの青春』の製作に東京在住の朝鮮人が参加したと『東亜日報』が報じて以来、朝鮮の新聞や雑誌は在日朝鮮人社会では映画製作への関心が高まっていると伝えた。(62) ここでは在日朝鮮人社会と映画の接点であった東京朝鮮映画協会の活動について考えてみたい。

一九三七年七月、東京に在住する朝鮮の文化人たちが中心になって「映画界の醇化向上をモットーに」東京朝鮮映画協会が創立された。(63) 主な構成員は、のちに内地や朝鮮の映画史・演劇史・音楽史などに大きな役割を果たした人々である。同協会は創立時は企画部、監督部、文芸部、編集部、撮影部、演技部、美術部、照明部の八つの部門に分かれていた。企画部は李眞淳、李炳逸、金永華、監督部は企画部のメンバーに朱永渉が加わり、文芸部は李曙郷、朱永渉、李海浪、尹蛍錬、金逸善、編集部は尹蛍錬、林虎権、撮影部は金学成、演技部は李海浪、金東赫、林虎権、郭東爕、金甲均、李秀若、尹蛍錬、南宮英一、洪性仁、洪淳換、張桂園、林星姫、羅琴波、美術部は趙宇植、照明部は朴義遠などがいた。のちには学生芸術座で舞踊指導をしていた趙澤元や声楽を勉強している金永吉（永田絃次郎）、朴外仙、金安羅らも加わった。[64] 東京市淀橋区柏木三丁目三七一番地に事務所も構えたが、資本不足により、外国映画の鑑賞、合評会や映画理論（エイゼンシュタインのモンタージュ理論など）の勉強会ていどの活動に留まり、映画製作に発展することはなかった。

この東京朝鮮映画協会の前身は東京学生芸術座の映画部であった。東京学生芸術座は、東京で演劇を学ぶ一五人の朝鮮人留学生が一九三四年六月に創設した「演劇研究団体」である。[65] この団体は「世界演劇水準に達した東京劇壇でこのようなグループを通じて積極的に演劇を学び、将来朝鮮に行き一緒に働こう」とする意図を持っていた。組織は「文芸部・演出部・演劇部・庶務部」の四つに分け、「戯曲研究、脚本朗読、歌・小説朗読、演劇講座、座談会、見学、公演」活動を行うことにした。一九三五年四月から『나루［渡し船場］』と『소［牛］』を含む六作品をそれぞれ一回ずつ上演している。そして、この上演後に組織を改編して「文芸部、演出部、演技部、美術部、計画部」の六部編成となり、より専門性を高めた。また同年の夏に村山知義の新協劇団が募集した第一回研究生には学生芸術座の団員も応じている。本書の第2章で取り上げているように『春香伝』も上演していた。映画部が新設されたのは一九三六年のことである。

この中心メンバーの朱永渉［주영섭］は大学在学中に東京学生芸術座のリーダーとなったが、[66]「将来朝鮮では演劇のみならず映画も重要な分野として開拓されるべき」だと考え、東京朝鮮映画協会の設立に加わったという。[67] そして、「文学文化に代わり、映画文化の時代がくる」とし、[68] 東宝の京都撮影所に入社した。東京朝鮮映画協会のメンバーたちは帝国日本内を往き来しながら活動しており、こうした越

境は朝鮮や日本の映画史・文化史においても重要な要素である。

例えば、金安羅［김안나］は朝鮮の元山で生まれ、一九三五年に東京中央音楽学校を卒業した。そのあとソプラノ歌手として活動し始め、一九三〇年に内地に渡り、一九三五年の全日本新人演奏会で内地にデビューした。[69] 卒業前からすでに日本ポリドールレコードの専属歌手として朝鮮では音楽活動を始めており、内地で新人デビューしたあとも東京や大阪で行われる「朝鮮歌謡の夕」などに呼ばれるようになった。一九三五年五月一七日と一八日の「朝鮮歌謡の夕」は東亜日報東京支局が後援し、東京学生芸術座を維持するための広報目的もあった。[70] ここには朝鮮ポリドール専属歌手なども出演しているが、内地からは金安羅が出演し、話題を呼んだ。金安羅は一九三七年に新宿ムーランルージュの歌手となり、さらに一九三九年には日本劇場（以下、日劇とする）の専属歌手となった。[71] 日劇では朝鮮を素材にした舞台『朝鮮の春』を上演しており、[72] 金安羅はそこで「アリラン」や「도라지타령［トラジ打令］」を朝鮮語で歌い、人気を博した。[73]

大阪で金安羅の公演をみた詩人の上林猷夫は、金安羅が緑や桃色の朝鮮服を着て「大きな声で半島の唄」を歌うとき客席は超満員となり「何か分からない言葉が早口で飛ん」だと述べている。[74] 観客の在日朝鮮人たちが朝鮮語で反応したことが想像できる場面である。

観客として動員される在日朝鮮人

戦前に在日朝鮮人が多く居住していたのは東京や大阪のような都会であったが、農山漁村や炭鉱地域に暮らす人々もいた。映画館や娯楽施設がないこれらの地域では「巡回上映会」が実施されており、主に「社会教化映画」と呼ばれるものが上映された。こらの地域の住民は映画に観客として動員されていたのである。[75]

社会教化映画は「理想化された帝国の主体のイメージ」を醸成することを目的として作られていた。[76]朝鮮総督府が製作したものも内地で巡回された。朝鮮総督府は一九二五年から「数年間は内地に在住する朝鮮同胞の密集せる居住地に毎年方面を換へて慰問映写を試み永らく郷土の風物に接せない同胞に新しき施設を知らしめ、又興味的映画を加へた巡回映写を」行っていた。[77]朝鮮総督府が作った、内地の在日朝鮮人向けの「慰問映写」という名の社会教化映画は『朝鮮総督府キネマ』にまとめられている。[78]『朝鮮総督府キネマ』の目録にあるすべての映画が在日朝鮮人向けというわけではないが、全体は以下のようになる。

実際にどれくらい上映されたかは不明であるが、製作された映画は、総記、皇室関係、教育・神社・宗教、時事、社会事業、自力更生、産業、警察、体育、地理、風俗、名勝・旧跡、日支事変関係、その他の一四部門に分類され、すべてドキュメンタリーである。このなかでも在日朝鮮人の暮らしを映した作品は「社会事業」の項目に分類されていた。

この「社会事業」に分類された在日朝鮮人映画をもう少し詳しくみていこう。まず、『大阪での生活』(一巻、五〇〇米)は「在阪朝鮮人ノ生活状況ヲ実写セシモノナリ」、『大阪隣保館』(一巻、二〇三米)は「大阪鶴橋町ニ在ル隣保館ニシテ在阪朝鮮人ノ職業紹介、妊産婦、児童保育等ヲ行フ状況ナリ」、『下関昭和館』(一巻、四一一米、一九二九年)は「下関ヲ往来スル朝鮮同胞ノ保護及山口県下在住鮮人ノ指導教化機関ナリ」とある。[79]いずれも大阪の隣保館や下関の昭和館で撮影され、内地の朝鮮人が恵まれた環境で暮らしている様子を収め、在日朝鮮人や朝鮮半島の人々の啓蒙に活用された。

『大阪での生活』と『大阪隣保館』の製作年は不明であるが、『朝鮮社会事業』という雑誌の一九三一年八月号に「朝鮮総督府社会課所蔵のフィルム」として『下関昭和館』と『大阪隣保館』が掲載されていることから、一九三一年以前に製作された可能性が高い。また、この雑誌には『東京相愛館』（一巻、二〇三米）というフィルムが紹介されていて、相愛館を「東京ニ於ケル同胞の保護ヲ目的」とする施設だと説明している。このように朝鮮総督府は被植民者の啓蒙用に在日朝鮮人の生活を撮影していた。(80)

一部の傾向映画やプロキノを除くと、在日朝鮮人は一九三〇年代初めまで朝鮮総督府の目線で撮られていたが、一九三〇年代半ば以降は内地にできた協和会がその役割を果たしていく。内地で一九三六年に始まった協和事業は「外地の人々を内地生活を基準として指導教化して生活の安定向上を図る」ことと「内地の人々の外地同胞に対する理解を啓発して相互の信頼を深め」る二大方針によって実施されており、その主体となったのが協和会であった。(81) 協和会の実施要目は「皇民精神ノ涵養、矯風教化、福祉増進、保護救済、協和事業ノ調査研究、協和事業趣旨ノ普及宣伝、其ノ他協和事業目的達成ニ必要トスル普及宣伝」の七つだった。とりわけ「協和事業趣旨ノ普及宣伝」のなかには「半島同胞ヲ対象トスル普及宣伝」という項目もあり、具体的に「講演、講話、映画、紙芝居、蓄音機、レコード、歌謡等凡ユル適宜ノ方法ニ依ル」とした。(82)

協和事業は中央では厚生省が主管となり、内務省、文部省、拓務省、朝鮮総督府等が主たる関係機関として協力し、地方では道府県に専務職員を設ける。そして、一九三九年には厚生省生活局に中央協和会（以下、協和会とする）が、道府県には地方協和会が設立された。地方の協和会は道府県の外部団体として内地全域に四六か所が設けられ、知事を会長とした[83]。朝鮮総督府の社会教化用の映画は協和会が作るようになり、朝鮮総督府はそれを後援する機関の一つとなったのである。

中央協和会や地方協和会は積極的に映画を利用した啓蒙活動を行い、その一環として講習会も開いた。対象となったのは在日朝鮮人と地域住民らであった[84]。一九四二年には「映画ニ依リ協和事業ノ趣旨ヲ普及シ以テ内鮮融和ノ身ヲ挙グル目的ノ『ともだち』『新興朝鮮』『生命の賛歌』『広東進軍抄』ヲ地方協和会ニ貸出シ事業ノ進展ニ利用」と協和会の事業に既存の宣伝映画が積極的に使われていた様子がうかがえる。こうした協和会の映画利用は一九四〇年からすでに行われていたが、例えば栃木県の講演会や映画会の記録をみると、一九四〇年一月一七日に『日の丸綴方』ほか三本を上映して八〇〇名が集まり、同年七月一日に『日の丸綴方』を上映した際には二五〇〇名が集まっていた[85]。神奈川県協和会は、同年三月に映画館を借りて一週間清水宏の『ともだち』を上映し、八万七〇〇〇名の観客を動員した[86]。富山や名古屋、愛知でもこうした上映会は開かれており、これらの作品のほかにも崔承姫が主演している『大金剛山の譜』や『土と兵隊』[87]、ニュース映画の『日本ニュース』なども上映された。また、朝鮮映画の『アリラン』[88]や『国旗の下に我死なん』[89]なども上映された。朝鮮では検閲で多くのシーンがカットされ、朝鮮民族の抵抗を表す象徴となっていた『アリラン』が、内地で何度も再上映されたのは興味深いところでもある。第3章で論じたように、一九三〇年代後半に内地の映画館にて朝鮮を代表する映画として何度も上映され、一九四〇年初めの協和会の巡回上映でも用いられた。

ところで、協和会の映画会で使われた作品のうち『日の丸綴方』（四巻、井上麗吉、一九三九年）は協和会が振進キネマ社に依頼して製作したものであった。在日朝鮮人と「日の丸」をめぐる美談がテーマ

図 6-4 『国旗の下に我死なん』の広告
出典：『キネマ旬報』第 690 号（1939 年 8 月 21 日号）。坪内博士記念演劇博物館図書室所蔵。

で、この類の美談は映画ばかりでなく、様々なものに使われた。例えば、協和会は「内鮮融和を主眼として映画会を開催し純益金三十三円余を挙げたるを以て国旗五〇流を購入し、町内及隣村居住朝鮮人に無償配布(90)」したこともあった。

映画『日の丸綴方』はこれらの美談からモチーフを得ていた。(91) あらすじを紹介すると、朝鮮から姉・金桃花と弟・金圭泰が叔父を頼ってはるばる東京にやってきたものの、そこは空き家であった。姉は働きながら弟を学校に行かせる。ある日、姉の働きだけではとうてい国旗を買う余裕はないと知った金圭泰は、姉から貰う弁当代を貯金して買おうと考えるが、それでも足りそうにない。そこで古金拾いをするが、学校を無断欠席していたことが姉にばれ、貯金もあやしいと誤解されてしまう。だがその後誤解は解け、武漢陥落の日に新しい日の丸の国旗を買うことができた。これらを打ち明ける金圭泰の作文を先生が教室で読み上げるという内容である[92]。

朝鮮半島生まれの姉弟が困難な環境にも屈せず、日の丸の国旗を掲揚するために奮闘する姿が描かれているこの映画は、協和会の協和事業にしばしば用いられた。例えば、一九三九年一一月に愛知県協和会補導員講習会で上映された「之ノ『日の丸綴方』ノ映画ハ彼等補導員ニ多大ノ感銘ヲ与[93]」えた。参加したある朝鮮人は「日の丸綴方の映画を見て金圭泰姉弟のいたけない（原文ママ）赤心を考へる時実に感心な姉弟だ。私共もあの姉弟に習つてあの姉弟に負けない心の持主となりたい」と感想を述べた[94]。また、この映画は「半島に生まれた幼い姉弟に依つて綴られた、日の丸の国旗にまつはる涙の綴り方こそ、まるで人生の悲劇を悉く姉弟に背負はされたような感がある」と宣伝された[95]。宣伝では、「涙」と「国旗」が強調され、さらに日の丸をめぐる感動作と謳う。親のいない朝鮮人の子ども（小学生）を主人公とし、疑似家族・疑似親の役割をする日本人の先生（または医者）が登場するこうした美談は、一九三〇年代末から朝鮮の映画でもよくパターン化され、消費されていた[96]。

それでは、協和会はこうした映画の上映会を通して何を伝えようとしたのであろうか。協和会の事業は大きく治安対策、皇民化のための諸施策、労働力対策、志願兵・徴兵、渡航管理に区分されるが[97]、『日の丸綴方』はこのなかでも「皇民化のための諸施策」に重点が置かれた作品であった。「皇民化のための諸施策」とは、具体的に「神社参拝・国旗掲揚・献金・創氏改名・日本語の強要・和服の強制など」であり、「ファシズム本国内であったため厳しく実施され」「異質な社会集団としての朝鮮人の存在は許されなかった」という。

『日の丸綴方』はこのような在日朝鮮人の内地への同化過程を表す作品であった。図6-5で分かるように、観客は日本語（国語）を発話する主人公の幼い姉弟が朝鮮人であることを、創氏改名していない名前と姉のチマ・チョゴリから推察できるようになっている。最初はチマ・チョゴリを着て登場した姉弟は最終的に国旗を掲揚し、献金をすることで、「皇民」になっていく。日本人の俳優が演じたこの映画は少国民の朝鮮人が立派な皇国臣民となる過程を描いたものなので、朝鮮の服をまとい、朝鮮の名前を使う設定になっていたのである。[98]

協和会は日本人にも「内鮮一体の協力を求める」目的で、『協和の春』（一九四一年）を製作した。[99]協和会は一九四一年度の事業の一つとして、「内鮮一体は映画を通じて」を実現するために、文化映画『協和の春』を製作し、「特に内地人側の認識を啓発、内鮮一体の協力を求めることになった」。[100]この『協和の春』以外にも同年一二月に『はらから（同胞）』[101]を作るという記事が出ている。

『はらから』は映画製作の記事が出た一か月後の一九四一年一月に協和会の依頼で理研科学映画株式会社が製作しはじめ、八か月かけて全二巻で完成し、文部省文化映画として認定された。山下武郎が演出し、厚生省、内務省、拓務省、朝鮮総督府が後援して、協和会の各支部で上映会が行われるだけでなく、一般映画館でも公開された。[102]

協和会の機関誌であった『協和事業』[103]の一九四一年一二月号によると、『はらから』は「協和会の歌」の歌詞が字幕で示され、関釜連絡船から朝鮮服姿の老若男女が降りて「内地の偉大さに驚いている」場面から始まる。そして、かれらが徐々に内地式の生活に同化されていく様子を描いて一巻が終わる。二巻は「（協和会の）会員勤労者の男々しき活動姿」が展開され、「半島の乙女達が」協和会の献金ででき

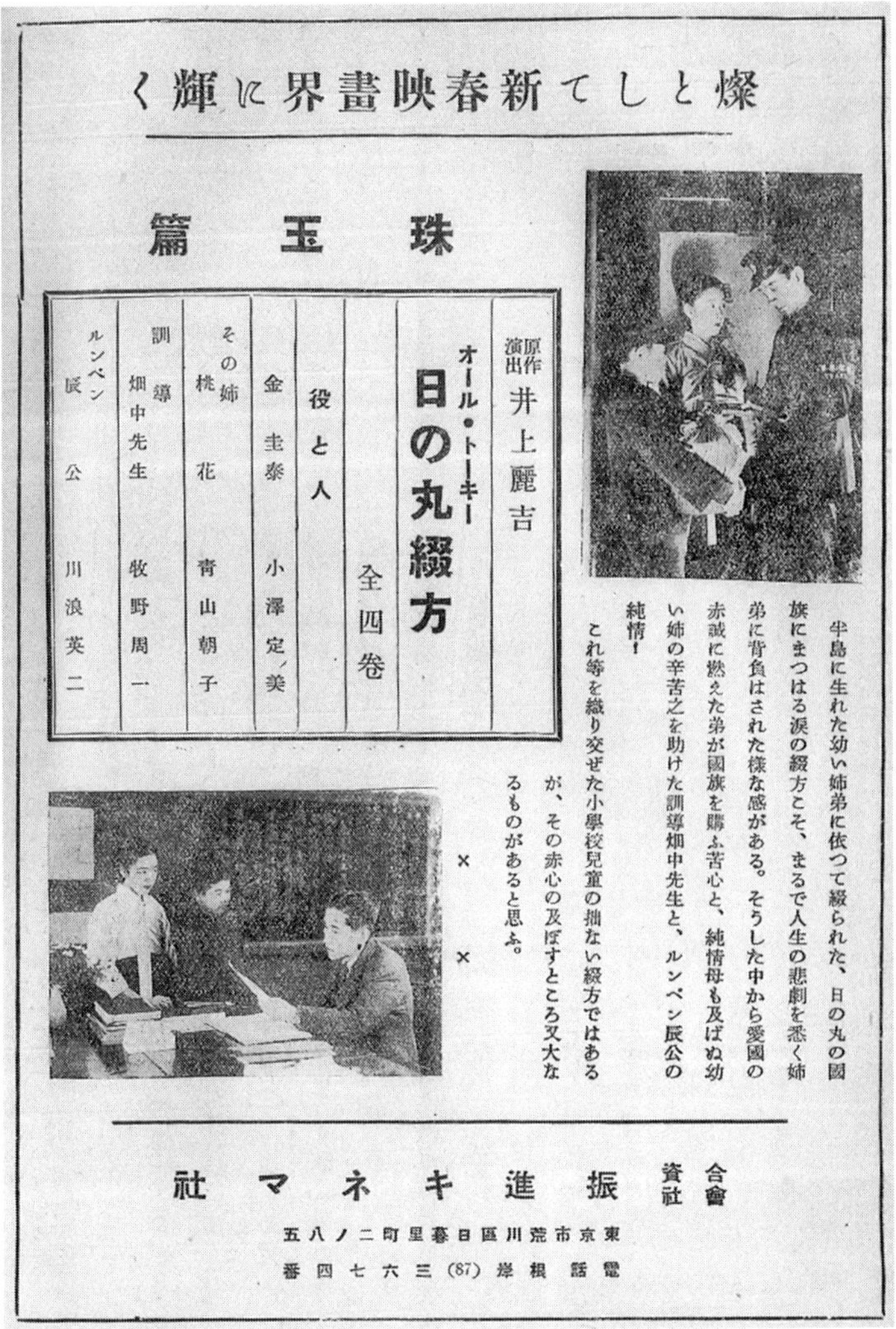

図 6-5　『日の丸綴方』の広告
出典：『映画国策』第 3 巻 2 号（1938 年 2 月号）。坪内博士記念演劇博物館図書室所蔵。

た飛行機の「協和号」に「振袖姿もつゝましく感激の花束を奉げ」「国民共和の歌」を合唱して幕を閉じる。『日の丸綴方』には皇民化される前の朝鮮人を示すため朝鮮服姿が登場したが、『はらから』でも朝鮮服姿の老若男女が協和会の活動によって徐々に同化されていく様子が描かれる。

『はらから』の終幕を飾る飛行機「協和号」の命名式は、協和会の朝鮮人会員による献金を讃える。飛行機の献納活動は、国旗の掲揚とともに貧しい子どもや学生を主人公とした美談によく登場する素材であった。『日の丸綴方』では国旗の掲揚を、『はらから』では飛行機の献納を取り上げており、フィクションとノンフィクションの違いはあるものの、どちらも在日朝鮮人の生活と密接にかかわっていた。協和号に献金した日本人もいたが、海軍は「協和会員（朝鮮出身者）の赤誠に打たれて、半島人のために特にこれだけ別個に命名式を挙げた」のである。[104] この命名式の場面は、大日本航空婦人会といった他の団体よりも多数の献納を成し遂げた在日朝鮮人の「赤誠」と、会場に集まったかれらの規律正しさが強い印象を与える。[105]

命名式には著名な在日朝鮮人も参列していた。例えば、この場にいた作家・張赫宙は「民族とか人種とか、内鮮とか、さういう言葉の介在すら許さない」くらい「緊密化された共感、そして、愛情の一体化」を感じたと述べている。[106] また、東京朝鮮映画協会のメンバーであった永田絃次郎（金永吉）が独唱を披露した。[107]

永田とは『君と僕』で金子を演じた金永吉である。永田は一九二八年に渡日し、陸軍戸山学校軍楽隊の入学試験に合格したテノール歌手である。卒業後、一九三三年に時事新報社主催のコンクールの声楽部門で入選、一九三五年には三浦環主演の歌劇『蝶々夫人』でピンカートンを演じた。一九三七年に東京で設立された朝鮮映画協会に加入し、陸軍省報道部が後援、朝鮮軍報道部が製作した『君と僕』（一九四一年）で朝鮮人志願兵の金子を演じた。その年の一一月に東京劇場で行われた同作品の試写会では独唱をするなど、映画の中でも外でも活躍していた。終戦後もそのまま朝鮮半島に戻らず、在日本朝鮮人連盟の活動をしながら、永田の名前でオペラにも出演した。なかでも村山知義が演出した『春香伝』に出演したことは注目に値するだろう。

4　映画観客としての在日朝鮮人の多層性

在日朝鮮人は内地に移出される朝鮮映画の主な観客として、あるいは協和会の社会教化事業の観客として「動員」される存在であった。しかし、井上莞や東京朝鮮映画協会のように映画作りの現場で活躍していた在日朝鮮人もいた。

さらに、付け加えておきたいのは、観客としての在日朝鮮人が画一的な存在ではなかったことである。第3章や第4章ですでに述べたように、在日朝鮮人の観客は観覧の記録を残すことができた張赫宙や一部の知識人や文化人と多数の大衆に分けられる。この分け方は協和会に動員される際にも適用された。

例えば、一九四〇年、中央協和会は四五万部の会員証を発行し、在日朝鮮人に配布しているが、世帯主は正会員、世帯主に準じて働いているものは準会員となり、会員証をつねに携帯する必要があった。女性、子ども、世帯主でない無職者はこの対象から外されるが、会員証には写真も貼布され、本人確認用の手段となった。一九四一年には国民労務手帳法の公布により、在日朝鮮人は協和会の会員証と国民労務手帳の二つを持ち歩くことになった。しかし、在日朝鮮人でも「学生、教師、会社員などインテリ階層のものには」協和会の会員証の所持が義務づけられていなかった。[108] 社会教化の対象にされるのは誰なのか、ここからも推測できる。

だが、協和会の観客のように「動員」される、あるいは朝鮮から届いた朝鮮映画に集まる以外に、帝国日本の体制に抵抗する在日朝鮮人の映画観客もいたことを最後に付記しておきたい。プロレタリア映画運動の機関誌『プロレタリア映画』の一九三〇年一〇月号に、東京の市ヶ谷刑務所の近くにあった関東自由労働組合S班の「事ム所」で行われた上映会の様子が以下のように描かれている。[109]

全部朝鮮の××（革命）的同志だ。八畳と六畳の二間ブッ通した会場が一杯で庭に溢れて居る。五六名の白い朝鮮服を着た婦人が目立つ。……先づ日本語で挨拶があり直ちに映写にかかる。（はじめにプロキノ・ニュースがうつされ）組合の指導者が力強い口調で映画に現はれる闘争の姿に就いてアヂると、大衆も「異議ナシ」「×××」と、日本語で或ひは力の籠つた朝鮮語で之に応じて居る。……（二本目）隅田川を映写し始めて間もなく、ピケがスパイが来た事を知らせて来た。……「オイッ、映写をやめろッ！やめないか！」とパイ公。（中略）穏やかに「16ミリの映画でして、内務省の検閲も受けて居ますし、それに興行でないんで、届けも必要ないと思つたもんですから、ハハハ」とやる。（中略）交渉の結果、説明無しで、又集合者側では絶対に演説をやらないと言ふ条件づきで映写することになる。

これはプロキノの映画上映会に集まった朝鮮人観客の様子を伝える珍しい資料である。「朝鮮服を着た婦人」五、六名も含む全員朝鮮人の上映会で、観客たちは日本語あるいは朝鮮語で映画の内容に呼応している。ここに警察が来たが、交渉して上映に成功している。こうした事例は在日朝鮮人の映画観客が単に「動員」される客体ではなく、能動的に自ら体制に抵抗していく様子を示しているのである。

一方、帝国日本の植民地統治は「同化」を掲げながらも、支配の前提はあくまでも「差異」であったことはすでに指摘されているとおりである。[110] 在日朝鮮人向けの映画では「差異に根幹を置いた同化」を、内地人向けの映画では「差異」から「同化」へと変遷する様子を写しだし、「差異」と「同化」のポリティクスを示しているのである。

注

(1) 例えば、オフスクリーンの役割を強調する近藤和都は、一九世紀に欧米で多くの人が映像たるものの発明に携わったにもかかわらず、エジソンとリュミエール兄弟だけが発明者と称されるのは、彼らに高額の特許登録料を払い続ける経済力があったからだと述べている。近藤和都『映画館と観客のメディア論』青弓社、二〇二〇年、一一頁。

(2) 藤木秀朗『映画観客とは何者か』名古屋大学出版会、二〇一九年、二五一〜二五二頁。

(3) 『洪吉童伝』(一九三六年)は金蘇峯監督、尹白南脚色、李弼雨撮影。京城撮影所で撮られた作品である。なお、この映画が製作された一九三六年の朝鮮映画界はまだトーキー草創期であり、録音技術も不完全な状態であった。映画音楽家の金管はこの作品について「シナリオが映画的形式を持っておらず、監督には主張するイデオロギーがなく、音はトーキーにおいて初歩的な遠近法を無視し」ているとし、「トーキー洪吉童」としては芸術性もないが、「興行的に低級ファンに歓迎される」と評した。「新映画評　洪吉童伝을 보고［をみて］2」『朝鮮日報』一九三六年六月二六日付。『洪吉童伝』は第2章で論じた『春香伝』と同様に朝鮮に古くから伝わる話であり、観客たちが

すでに知っている物語であった。

（4）京城撮影所では映画『春香伝』よりもこの『洪吉童伝』の方が高収益を上げた。「朝鮮映画噂話」『朝鮮及満洲』第三三八号（一九三六年一月号）、七四〜七六頁。

（5）山崎行彦「朝鮮映画の現在と将来」「朝鮮公論」一九三六年一〇月号、七二〜七四頁。

（6）ここでいう松竹キネマ下賀茂スタジオとは、一九二六年に時代劇の監督・衣笠貞之助が松竹の白井信太郎取締役と契約を結び、発足した衣笠映画連盟を指す。日本映画データベース（http://jmdb.ne.jp/）ではこの時代に作られた映画製作会社を衣笠映画連盟＝松竹下賀茂と表記している。衣笠はこの契約によって松竹下賀茂スタジオで月二本の時代劇を作ることになり、それを松竹が配給した。衣笠スタッフにはのちに特撮で知られる円谷英二がいて、一九二七年には監督として山崎藤江、小石栄一なども加わった。しかし、一九二八年に衣笠が渡欧するため、衣笠映画連盟は解散した。衣笠映画連盟について詳しくは、加納竜一「衣笠貞之助とその周辺」『講座日本映画2　無声映画の完成』岩波書店、一九八六年、田中純一郎「第6章　無声映画の黄金期」『日本映画発達史2　無声からトーキーへ』中央公論社、一九八〇年を参照されたい。

（7）「山崎藤江氏が朝鮮映画社へ」『キネマ旬報』第四三九号（一九三二年六月二一日号）、六頁。

（8）俳優の中根龍太郎が作ったプロダクションで一九二八年六月に設立したが、その二か月後の八月に解散した。なお、中根龍太郎プロダクションの全従業員は解散後に松竹下賀茂スタジオに入社している。詳しくは、立命館大学の「京都映像文化デジタルアーカイヴ　マキノ・プロジェクト」のウェブサイト（http://www.arc.ritsumei.ac.jp/archive01/makino/aruke/aruke6.html）を参照されたい。

（9）中野重治「朝鮮映画と「半島」」『映画雑感――素人の心もち』大日本雄弁会講談社、一九五八年、一六七〜一六九頁。

（10）「朝鮮映画　大阪で上映禁止」『キネマ旬報』第五八二号（一九三六年七月二一日号）、六頁。

（11）「大阪府内の朝鮮映画上映禁止問題」『国際映画新聞』第七四号（一九三六年七月下旬号）、一頁。

（12）「怪！大阪警察当局　朝鮮映画禁止」『東亜日報』一九三六年七月二四日付。

（13）『東亜日報』一九三六年七月二四日付。

(14) 東京府学務部社会課『在京朝鮮人労働者の現状』一九二九年。
(15)『国境』崔寅奎、天一映画社、一九三九年。
(16) 佐藤邦夫「海峡を渡る鳥1」『コリア評論』第二二九号、一九八一年、五三〜五九頁。
(17)「朝鮮映画の現状を語る」『日本映画』一九三九年八月号、一二〇〜一二七頁。
(18) 佐藤邦夫、前掲「海峡を渡る鳥1」。佐藤は東和商事の大阪支部で朝鮮映画の配給を担当し、『漢江』『授業料』『家なき天使』の配給にかかわった。また、日夏英太郎との縁から映画『君と僕』の内地側俳優キャストも担当した。
(19)「洪吉童伝　続編」『キネマ旬報』第五八二号（一九三六年七月二一日号）、九九頁。
(20)『大地は微笑む』（日活、松竹、東亜の競映作、一九二五年）は『逆流に立ちて』（松竹蒲田、一九二四年）とともに「朝鮮人を侮辱し、朝鮮人観を内地人に誤認させた」という酷評も受けた。「朝鮮映画の現状」『キネマ旬報』第三五八号（一九三〇年三月一日号）、五七〜五八頁。
(21) 三社競映となったため、日活は朝鮮でロケーションする予定を変更し、桂川で撮影を行ったが、そのとき三〇〇名余りの朝鮮人が集まった（「大阪朝日新聞　京都滋賀」一九二五年四月九日付）。
(22) 内田吐夢は一九二九年に『生ける人形』を、一九三〇年には『喜劇・汗』を作り、傾向映画を代表する監督となった。なお、内田は一九四一年に満洲映画協会に行ったのち、一九五三年に帰国し、一九五七年には在日朝鮮人炭鉱夫への差別を描く『どたんば』（東映）を作っている。
(23)『喜劇・汗』内田吐夢、小林正原作・脚本、日活、一九三〇年。
(24) 中島信「脊重ひ投げ『汗』連評」『新興映画』第二巻三号、一九三〇年三月号、九二頁。
(25) 小宮麻衣子「祖父、井上莞について」『日本に生きるということ――境界からの視線』山形国際ドキュメンタリー映画祭東京事務局、二〇〇五年。
(26)「井上莞」、前掲『日本に生きるということ』。
(27) 芸術映画社には井上莞以外にも全鎔吉という朝鮮人もいた。『モダン日本　臨時大増刊　朝鮮版』の「東京で活躍している半島の人々」をみると、「映画関係では、最近封切られる『国境』の主役女優金素英」や「藝術映画社の全鎔吉」などを取り上げている（『モダン日本　増刊大増刊　朝鮮版』モダン日本社、一九四〇年）。さらに、彼の名前は「内地に在住する朝鮮人の支那事変後の思想傾向」『思想彙報』第一九号（一九三九年六月号）にもみることができる。また、一九三八年五月六日付の『毎日新報』をみると、「在東京朝鮮映画人たちが漁村映画『颱風』を」という記事が、東京にいる在日朝鮮人映画人たちが芸術映画社と提携し、金永華と全鎔吉監督、中山良夫撮影、石本統吉と金永華製作の映画を作ると伝えているが、実際に製作されたかは不明である。

(28) この映画についての情報は見つかっていないが、当時の文献によると、井上莞の芸術映画社入社第一作で全六巻の劇映画であり、近藤伊与吉、丸山定夫、小杉義男等が出演したという。「文化映画作家伝　井上莞」『文化映画』第一巻四号。

(29) 「在東京朝鮮映画人들『河건너青春』에助演」「東亜日報」一九三三年五月二九日付。

(30) 木村荘十二「音画芸術研究所のころ」『民主文学』第一四〇巻一九〇号、一九七七年、八一～八三頁。

(31) 同前、八二頁。

(32) 『キネマ旬報』第四六〇号（一九三三年二月一日号）、一〇頁。

(33) 川喜多かしこ『東和商事合資会社社史』一九四二年、三五～三六頁。

(34) 同前、三六頁。

(35) 板垣鷹穂「教育者のための映画鑑賞講座」『映画教育』第一一二号、一九三七年、二二一～二二五頁。

(36) 木村荘十二・佐藤忠男「「傾向映画」から満映へ」『講座日本映画２　無声映画の完成』岩波書店、一九八六年、二五〇頁。

(37) 岩崎昶「傾向映画とプロレタリア映画の問題」『映画論』三笠書房、一九三六年、一八二頁。

(38) 飯島正「傾向映画」『日本映画史』上巻、白水社、一九五五年、七七～七八頁。なお、飯島はここで傾向映画は「商業主義映画である以上、資本主義社会の暴露やプロレタリアの階級意識の表現に、ある限度があることも当然で」あり、「本当の意味でのプロレタリア映画ではない」とした。本当のプロレタリア映画とは岩崎昶や佐々元十が作った「解放運動のニュウズ映画や、帝国主義・資本主義反対の主題をもった短編映画」だとしている（同、七八頁）。また、朝鮮の映画人・金幽影も日本のプロキノの機関紙である『新興映画』の座談会に参加し、鈴木重吉の傾向映画『何が彼女をさうさせたか』を事例にしながら「ブルジョア映画会社の作る傾向映画には限度がある」

としている。「新興映画座談会」『新興映画』一九三〇年三月号、六六～七七頁。

(39) 川喜多文化財団が所蔵している内務省検閲済正本（全七巻）の台本を参照した。

(40) 日本大学芸術学部映画学科編『キネマを聞く——日本映画史の証言者30人 part2』江戸クリエート、一九九四年、八七頁。

(41) 『キネマ旬報』第四六一号（一九三三年一月一一日号）、六八頁。

(42) 北川冬彦「各社試写室より　河向ふの青年《ママ》」『キネマ旬報』第四六九号（一九三三年五月一日号）、四三頁。

(43) 佐々木能理男「新映画批評欄『河向ふの青春』」『キネマ週報』第一五三号（一九三三年四月号）、一六～一七頁。

(44) 岸松雄「河向ふの青春」『日本映画論』書林絢天洞、一九三五年、一九一～一九八頁。

(45) 「新技師맞은朝映、『無情』撮影에着手」『東亜日報』一九三八年五月一四日付。

(46) 『無情』は一九一七年に出版された朝鮮初の近代長編小説である。一九三八年朝鮮映画株式会社は第一回作品として『無情』を選択し、朴基采が脚色・監督、金正革潤色、音楽は金管、撮影に李炳宇、録音は崔寅奎がそれぞれ担当している。

(47) 正確には『大金剛山の譜』で、一九三八年の日活多摩川、水ヶ江龍一監督の作品であり、「半島の舞姫」と呼ばれた崔承姫が出演して話題を呼んだ。

(48) 「新進카메라맨［カメラマン］李炳宇氏入京」『朝鮮日報』一九三八年五月一八日付。

(49) 『文化映画』第一巻四号（一九四一年四月号）、七九頁、『新映画』一九四二年五月号。

(50) 木村荘十二は朝鮮の雑誌『朝光』のインタビューで「朝鮮の映画人のなかに知り合いはいるのか」という問いに「知り合いは何人かいるし、挨拶を交わしただけの人もいるが、ほとんど覚えてない」としながら、当時日本にいた徐光霽（ソ・クァンジェ）の名前を出している。「映画監督　木村荘十二氏会見記」『朝光』第六巻七号（一九四〇年七月号）。

(51) 『文化映画』第一巻四号前掲（一九四一年四月号）。また、『新映画』の「〈空の少年兵〉演出の井上莞　紹介」をみても、井上が『河向ふの青春』に参加したとされている（『新映画』一九四二年五月号）。しかし、現存の検閲台本では、撮影「立花幹也、牧島貞一、落合五郎」、撮影事務に「一木和彦、時岡辦三郎」となっており、李活影の名前は見当たらない。

(52) ヒットラー・ユーゲントについては、平井正『ヒトラー・ユーゲント――青年運動から戦闘組織へ』中公新書、二〇〇一年を参照されたい。同書でもヒットラー・ユーゲントの日本での活動はドイツで『極東でのヒットラー・ユーゲント』という映画になったと述べてはいるが（同、一二六頁）、日本国内で映画化されたことには触れていない。

(53) 「WILLKOMMEN HITLER JUGEND!」『文化映画研究』一九三八年九月号。

(54) 「文化映画製作配給所巡り　ドキュメンタリストGESを標榜」『文化映画』一九三八年二月号。

(55) 『雪国』石本統吉、一九三九年。

(56) 日本プロレタリア映画同盟を指す。プロキノとも呼ぶこの団体は一九二九年に結成され、一九三四年に解体された。活動期間は短かったが、『新興映画』や『プロレタリア映画』などの雑誌の発刊や『プロキノ・ニュース』のような映像も残している。詳しくは阿部マーク・ノーネス「日本ドキュメンタリー映画の黎明」山形国際ドキュメンタリー映画祭東京事務局編『ドキュメンタリー映画は語る』未来社、二〇〇六年を参照されたい。

(57) 木村荘十二も満洲映画協会で働いていた。木村は啓民映画部長を担当しており、『旅路』の李圭換は朝鮮で朝鮮映画協会への加入圧力を避けるため満洲に渡り、木村に会ったと回顧している。李圭換はこのとき木村に朝鮮映画部を設置してくれないかとお願いしたが、当時満洲映画協会の理事長であった甘粕正彦に反対されたという。한국예술연구소 편『이영일의 한국영화사를 위한 증언록 성동호・이규환・최금동 편』도서출판 소도［韓国芸術研究所編『李英一の韓国映画史のための証言録　成東鎬・李圭煥・崔琴桐』図書出版ソド］、二〇〇三年。

(58) ピーター・B・ハーイ『帝国の銀幕――十五年戦争と日本映画』名古屋大学出版会、一九九五年、一〇四～一〇五頁。

(59) 「文化映画製作配給所巡り　ドキュメンタリストGESを標榜」『文化映画』一九三八年二月号。

(60) 田中純一郎『日本教育映画発達史』蝸牛社、一九七九年。

(61) 同前。なお、田中は大村がGESで製作した第一回作品を『朝鮮鉄道の旅』としているが、『朝鮮の旅』ではないかと思われる。大村は、朝鮮戦争後の北朝鮮の復興を撮ったドキュメンタリー『千里馬（チョンリマ）』（宮島義男、一九六四年）のプロデューサーとしても活躍した。
(62) 例えば、『特高月報』（一九三五年四月三〇日号）によると「在阪朝鮮人慎允珍」の映画製作所が設立された。また、『東亜日報』一九三八年五月一一日付は「在東京映画人中心」で「亜細亜映画社」が創立されたと報じている。さらに、『毎日新報』一九三八年五月六日付には「在東京朝鮮映画人たちが漁村映画『颱風』を製作に着手」という記事もあった。
(63) 『東亜日報』一九三七年七月一五日付。
(64) 「東京朝鮮映画協会」『幕』第二号（一九三八年三月号）、三三頁。
(65) 「学生芸術座俯瞰図」『幕』第一号（一九三六年一二月号）、六〜一一頁。
(66) 李海浪は「立教大学の在学中」としているが、『京城日報』（一九三九年八月九日付）によると、朱永渉は法政大学英文学部を卒業し、東宝の京都撮影所で演出を務めていた。
(67) 유민영『이해랑평전』태학사［柳敏榮『李海浪評伝』テハク社］、一九九九年、一二七頁。また、「プロローグ」東京学生芸術座編『幕』第一号（一九三六年一二月創刊号）も参照。
(68) 「詩☆演劇☆映画」『幕』第三号（一九三九年六月号）。
(69) 「全日本新人演奏에金安羅出演」『東亜日報』一九三五年五月一日付。
(70) 「東京에서開催된朝鮮歌謡의밤」『東亜日報』一九三五年五月一九日付。
(71) 「金安羅嬢日本劇場専属으로」『朝鮮日報』一九三九年九月二七日付。
(72) 「アトラクション『朝鮮の春』日劇舞踊家　金安羅」『映画評論』第一三号（一九四一年五月一一日号）。
(73) 「新春東京興行界를風靡하는朝鮮色」『朝鮮日報』一九四〇年一月九日付。
(74) 上林猷夫「金安羅は唄ふ」『音楽に就て――詩集』現代詩精神社、一九四二年。
(75) 藤木秀朗は帝国日本が「東亜民族」を「創造／想像」するために帝国日本をファンタジー化していたと考え、その過程には「映画による動員」があったとしている。藤木、前掲『映画観客とは何者か』二二五頁。
(76) 同前、二二六頁。
(77) 朝鮮総督府官房文書課編『朝鮮総督府キネマ』一九三八年、一〇頁。

(78) 同前。

(79) 大阪に急増していた在日朝鮮人を内地に「同化」させることを目的にし、一九三四年までに大阪府協和会の傘下に一〇か所の隣保館を、府内一五か所の警察署管内には協和会を設置したという。「破竹之勢、朝鮮人의阪神地方進出！」『朝鮮日報』一九三九年六月二七日付。昭和館は「内鮮協和の象徴」として、朝鮮総督府、山口県、慶福会などと朝鮮の篤志家たちからの寄付により、一九二八年五月に下関市内に建てられたものである。詳しくは、「内鮮協和の象徴『昭和館』」『朝鮮社会事業』一九二八年六月号、五二〜五四頁を参照されたい。

(80) 朝鮮総督府は「日本内地における文部省の教育映画製作や大日本映画協会の科学映画製作企画などと共に今後映画事業の地位と役割そして映画政策上重大な意味を持っている」と考えていた（「映画企業의将来」『朝鮮日報』一九三六年六月二一日付）。また、김정민［キム・ジョンミン］によると、朝鮮総督府は一九二〇年三月から映画製作を開始するため、活動写真班を作った。総督府に一九二〇年一一月情報委員会が設置されると、活動写真班はその傘下の文書課に置かれたが、一九二四年一二月に情報委員会の解散とともに内務局社会課へ移転した。一九三二年二月に内務局社会課は宗教課を吸収し、学務局社会課となるが、このとき活動写真班は文書課へ戻った。一九四〇年以降は情報課の映画班となった。詳細は김정민「조선 총독부 내무국 사회과의 교화 영화 정책 출현 배경에 관한 고찰」『한국문학연구』［キム・ジョンミン「朝鮮総督府内務局社会課の教化映画製作の出現背景に関する考察」『韓国文学研究』］第三七号、二〇〇九年、二八七〜三三四頁を参照されたい。

(81) 中央協和会編『協和事業年鑑　昭和一六年度版』一九四二年、四〜五頁。

(82) 同前、七〜八頁。

(83) 協和会について研究した樋口雄一によると、協和会の「組織的な中核となったのは特別高等警察で」「すべての在日朝鮮人は全国各警察部署内ごとに組織され、警察部長を会長に、特高課内鮮係を幹事とする協和会支会にくみこまれ」ていた。中央協和会ができたのは一九三九年であるが、「在日朝鮮人対策の具体的施策は、すでに関東大震災における在日朝鮮人虐殺をきっかけにはじまり、日中戦争の拡大にともなうファシズム体制への志向の強化と並行するかたちで朝鮮人統制の組織化が進行」していた。詳しくは樋口雄一『協和会――戦時下朝鮮人統制組織の研究』社会評論社、一九八六年、中央協和会編、前掲『協和事業年鑑　昭和一六年度版』二二頁を参照されたい。

さらに、朴慶植『朝鮮問題資料集　第四巻　在日朝鮮人統制組織「協和会」機関誌』三一書房、一九八二年、樋口雄一編『協和会関係資料集　全五巻』緑蔭書房、一九九一年も参照されたい。

(84)「宣伝映画ノ利用ニ関スル件」『中央協和会　昭和十七年度事業現況』一九四三年三月一三日。なお、協和会の講演会や映画会に集まった内地人と朝鮮人の割合をみると、例えば、一九四〇年一〇月一七日の京都府堀川支部の講演会では内地人一〇〇名に朝鮮人三〇〇名が、一一月五日の同支部の講演会には内地人八〇名に朝鮮人二七〇名が集まっている（中央協和会編、前掲『協和事業年鑑　昭和一六年度版』三六三頁）。

(85) 同前、三五一頁。

(86) 同前、三五三頁。

(87)『土と兵隊』田坂具隆、日活、一九三九年。

(88) 一九四〇年五月一二日岡山県味野支会（中央協和会編、前掲『協和事業年鑑　昭和一六年度版』三六七頁）。

(89)『国旗の下に我死なん』岡野進一、李翼、山中裕撮影、一九三九年。朝鮮文化映画協会と日本文化映画社の第一回合作作品である。朝鮮文化映画協会は一九三九年四月に設立され、その第一回作品として、「内鮮一体の精神を体をもって」具現した李元夏の実話に基づいたこの作品を作った。「文化映画協会第一回作　国旗아래서 나는 죽으리」『朝鮮日報』一九三九年七月一四日付。

(90)「社会運動の状況」一九三七年三月六日（朴慶植、前掲『朝鮮問題資料集』第四巻、八五九頁からの引用）。

(91) 文献によっては金桃華と表記しているものもある。

(92)『映画教育』第一三一号（一九三九年一月号）、四八〜四九頁。なお、日本映画情報システムではこの映画がドキュメンタリーに分類されているが（https://www.japanese-cinema-db.jp/Details?id=36128）、正確には劇仕立てドキュメンタリーとみた方がいいだろう。監督の井上麗吉は本名・岩田房太郎、青年時代には井上麗三という芸名で俳優活動をしていた。一九二五年に振進キネマ社を設立し、社会教育映画を手がけることになり、一九四〇年まで四五本のドキュメンタリーや劇映画を作った。青地忠三「井上麗吉を憶う」『視聴覚教育』第八巻五号、一九五四年。

(93)「愛知県協和会補導員講習会」『協和事業彙報』第一巻三号（一九三九年一一月号）、二〇頁（朴慶植、前掲『朝鮮問題資料集』第四巻、七一頁からの引用）。

(94) 同前。
(95) 『映画国策』一九三八年二月号の広告。
(96) 例えば、『授業料』(崔寅奎、一九四〇年)の朝鮮人児童と日本人教師、『仰げ大空』(金永華、一九四三年)における朝鮮人児童と白川医師の関係などが挙げられる。
(97) 樋口雄一編、前掲『協和会関係資料集』第一巻、四頁。
(98) この作品は朝鮮半島生まれの幼い姉弟を主人公としているが、どちらも俳優は日本人で、姉・桃花は青山朝子が、弟の主泰は小澤定美が演じた。
(99) 「彙報　映画『協和の春』製作」『日本映画』第六巻五号(一九四一年五月号)。
(100) 同前。
(101) 『協和の春』が中央協和会の一九四一年度事業の一つとして、内地人向けに作られていたことを考えると、『はらから』と同一作品である可能性は高いが、本章では、ひとまず別の作品とみなすことにした。
(102) 「協和事業映画『はらから』完成さる」『協和事業』第三巻一一号(一九四一年一一月号)。ただし、ここでは朴慶植、前掲『朝鮮問題資料集』第四巻、四六七頁を参考にした。
(103) 協和会の機関誌は『協和事業』以外にも『協和事業彙報』『協和事業研究』『與生事業研究』などがあった。その他にも在日朝鮮人を対象に『協和叢書』(全一八冊)や『協和国語読本』、創氏改名時には改名手続を解説するリーフレットが配布された。樋口雄一、前掲『協和会　戦時下朝鮮人統制組織の研究』一四七頁。
(104) 張赫宙「愛情の一體——献納飛行機命名式並記念大会参観記」『協和事業』第三巻五号(一九四一年五月号)。ここでは朴慶植、前掲『朝鮮問題資料集』第四巻からの再引用である。
(105) 武田行雄「『協和号』命名式の感激」『協和事業』第三巻五号(一九四一年五月号)。
(106) 張赫宙、前掲「愛情の一體」。
(107) 永田絃次郎については、金英達「美声のテノールに揺れるアイデンティティー——金永吉の名前と国籍の変転」『ほるもん文化』第八号、一九九八年、一八〇～一八六頁、『新映画』一九四一年一一月号のグラビア(キャスティング)を参照されたい。

(108) 樋口雄一、前掲『協和会　戦時下朝鮮人統制組織の研究』一四六頁。

(109) 山田三吉『プロレタリア映画』一九三〇年一〇月号。なお、ここでは、プロキノを記録する会、並木晋作『日本プロレタリア映画同盟（プロキノ）全史』合同出版、一九八六年、九七〜九八頁からの引用である。

(110) 水野直樹『創氏改名』岩波新書、二〇〇八年。

終章　帝国日本で「朝鮮／映画」を観るということ

本書は、帝国日本において朝鮮あるいは朝鮮映画がどのように位置づけられていたのか、そして朝鮮映画が帝国日本を移動しながら様々な場でどのように観られていたのかに注目した。まず、内地の映画で朝鮮が表象される社会的・文化的背景を念頭に置きつつ、ある作品が生み出され、そして受容されていくコンテクストを考えた。

この時代に作られた映画作品は現存するものが非常に少ないため、本書では個別の作品分析を避けている。また、帝国と植民地という「特殊」な状況のなかでエスニックな属性を越え、朝鮮で映画にかかわったり、それを観に集まった在日朝鮮人や在朝日本人の姿をより立体的に描こうと試みた。かれらは映画を観るだけの受動的な存在ではなく、積極的に映画製作にかかわり、映画を分析し、新聞や雑誌に投稿する能動的な人々であった。また、内地や朝鮮の映画人や文化人たちも社会的・政治的制約のある厳しい条件のもと、協力し合って映画の製作に情熱を傾けた。

本書で注目したいのは、帝国日本で映画にかかわった人々のより立体的な様相であった。映画研究者の加藤幹郎は、一九三〇年代の映画観客を「インテリ／ミイチャン・ハアチャン」の二つに区分し、インテリの観客が多い銀座とミイチャン・ハアチャンが多い浅草に分けている。さらに、雑誌『日本映画』の「東京映画館見てある記」（一九三八年二月号）の記事を事例に、人々が銀座の日本劇場で『朝鮮レビュー　春香伝』をみてから日比谷映画劇場まで歩きながら目にしたかもしれない風景を分析している。浅草と日比谷までの間には美容院、切手売り場にネオンが並び、映画を観終わった人あるいはこれから映画を観に移動する人々を楽しませてくれる。とりわけ、加藤はここで美容院に注目し、映画を観終えた女性たちが入って座っている風景を外から男性が覗き見しているとする。女性たちは映画館や劇場のなかでは『朝鮮レビュー春香伝』をみながら植民者の視線を楽しんでいたが、美容院では男性の視線にさらされる客体となっているとしたのである。このような立場の転換が「相互監視の場」であると した。ここで加藤は東京という「メトロポリス が相互監視の場と化し、映画館という現実逃避装置を論じる言説のなかに、浅草界隈の食欲に銀座界隈の虚飾が対置され、メトロポリスの明暗、高級街と低級街、都市の衛生と不衛生、高級な映画作品と低級な映画作品、ジェンダーの対立、男子席と婦人席、宗主国（日本）と従属国（朝鮮）、見る主体とみられる対象といった二分法がまぎれこむ」とした。(1)

本書が一次資料としている活字メディアはまさにこうした二分法によって残され、生まれたものである。京城の映画館の風景や映画館街の人々の様子を伝える日本語や朝鮮語の活字メディアは京城や東京というメトロポリスのなかで映画館や映画館街がいかにして他者である女性や被植民者を取り込み、あるいは排除しながら成立してきたかを伝えていた。それらの記事は読み手に映画館や映画館街との「相互監視の場」となっていた。また帝都の東京に朝鮮映画が上映される際に集まる朝鮮人観客を見るメディアのまなざしは、この二分法がそのまま適用されていた。しかし、こうした二分法は、朝鮮映画や在日朝鮮人を常に抑圧される側として受動的に捉える危険性をはらむ。本書ではこのような危険を避けつつ、帝国日本という限られた環境にいながらも朝鮮映画にかかわった人々や観客がいかにしてより多様でダイナミックな様相を構成してきたのかを描き出そうとした。

さて、一九四五年八月一五日に帝国日本は解体した。そして、植民地だった朝鮮半島は、一九四八年に南北に分断される。社団法人朝鮮映画社に所属し、映画製作にかかわっていた朝鮮の映画人たちは八月一六日に会社の倉庫を破ってカメラを取り出し、解放の瞬間をカメラに収めて『解放ニュース』を作った(2)。解放直前の朝鮮の映画界には、朝鮮総督府が主導して一九四二年五月に設立された朝鮮映画配給社と、同年九月に設立された朝鮮映画製作株式会社があった。一九四四年五月には朝鮮映画配給社が朝鮮映画製作株式会社を吸収し、社団法人朝鮮映画社(朝映)となる。朝鮮映画配給社は総資本金一五万円のうち、朝鮮映画製作株式会社と朝鮮興行連合会がそれぞれ五万、『毎日新報』と『京城日報』がそれぞれ二万五〇〇〇円を出して作られた。もう一つの朝鮮映画製作株式会社は総資本金二〇〇万円であり、在朝日本人や朝鮮人の資本を集めて設立された。このように「朝映の構造は朝鮮内日本人資本家と朝鮮有数の巨富で日帝に巨額の戦争献金を寄付するなど朝鮮人親日資本家で構成されていたため」、解放されると朝映のすべての財産は米軍政の管理下に置かれた(3)。解放直後は「朝映に入社した映画人と入社してない映画人(4)、左翼と右翼の映画人との間の葛藤があり」「これはのちに映画運動組織の分裂」を生み、「左・右翼に分かれた映画人たちは朝映での映画活動を取り上げ、相手を罵」るようになった(5)。

さらに、南北の分断によって文藝峰ら俳優や「朝鮮の舞姫」崔承姫、そして姜弘植[6]などの映画人は北で活躍するようになった。朝鮮半島に帰らず、日本に残っていた永田絃次郎（金永吉）は帰国事業で北朝鮮に渡っている。

また、朝鮮映画『半島の春』で主人公を演じた金素英と、『漁火』の監督・安哲永は、あこがれのハリウッドの地に立つことができた。アメリカで祖国の独立運動をしていた安昌浩の息子フィリップ・アン[7]がハリウッドで俳優として活躍しており、一九四八年のアカデミー賞授賞式にこの二人を招待したのである[8]。二人はハリウッドを視察し、その経験を韓国の映画界に活かそうとしたが、それを実現することはできなかった。金素英はもともとアメリカ在住で韓国に戻らなかったし、安哲永は朝鮮戦争期に行方不明となったのである[9]。

帝国日本の解体後まもなく南北に分断された朝鮮半島だけでなく、在日朝鮮人社会や日本人社会も朝鮮半島の分断とともにイデオロギーや信念による分裂を経験することになった。終戦直後の活動で目を引くのは、第2章でも取り上げたが「春香伝」のオペラ化である[10]。作曲家の高木東六は朝連（在日本朝鮮人連盟）から依頼され、一九四八年にオペラ『春香伝』を上演した。高木によると、『春香伝』は一九三九年から二年をかけて楽曲を完成したものの、「戦禍で消滅し」、再び「全然、別個の作品」に仕上げたのだという[11]。高木はもともと朝鮮と縁のある音楽家であった。一九四〇年代初めにピアニストとして活躍していたが、朝鮮から内地に渡った舞踊家の趙澤元の依頼で「朝鮮舞踊組曲」を作曲し、その功績が認められ、大阪宝塚少女歌劇団の指揮者にもなったのである。そのうちの一曲「朝鮮の太鼓」が文部大臣賞を受賞し、「満洲建国記念」の懸賞楽曲でも一等賞に選ばれている。

高木は一九三〇年代に舞台『春香伝』をみて、「オペラ的な素材を発見し、さっそく演出者であった村山知義氏の元へ、台本の執筆依頼に行ったが、第二作では、村山氏があべこべに僕の創作欲に刺激を受けて、激励してくれた」という[12]。オペラでは主人公の夢龍役に『君と僕』に出演した永田絃次郎（金永吉）が、脚本は村山知義が担当した。戦時下で朝鮮映画や朝鮮モノ、様々な文化交流にかかわっていた人々は、帝国解体後も「チョウセン」を媒介にして交流を続けていたのである。

また、舞台『春香伝』で香丹役を務めた北林谷栄は、戦後も劇団民芸に所属しながら、在日朝鮮人が登場する『オモニと少年』[13]（一九五八年）や『にあんちゃん』[14]（一九五九年）、『キューポラのある街』[15]（一九六二年）など数多くの映画や、『口笛は冬の空に……』[16]（一九六一年）、『こちら社会部 近くて遠い人』[17]（一九六三年）などのテレビドラマで「朝鮮の御婆さん」やオモニを演じた。

芸術映画社を設立し、井上莞に撮影を任せて『空の少年兵』や『雪国』を作った石本統吉は、一九四六年四月から一九四七年三月までほぼ毎月一本製作した『朝連ニュース』に演出スタッフとしてかかわっている[18]。井上莞（李炳宇）は建青（朝鮮建国促進青年同盟）の傘下にある朝鮮映画協会に協力し、『スポーツニュース』を作った[19]。その後は日韓の映画交流で架け橋の役割を果たした。一九六〇年代から韓国で多くの作品を作り東京ロケも行っていた映画監督の金洙溶によると、「李炳宇さんは日本人に帰化をしていて、撮影機材及び撮影助手をレンタルするそんなシステムを持って」いたという。それで、韓国から日本にロケに行くと、「機材、カメラマン、助手、照明技師、進行」まで担当してくれるので、撮影を短期間で終えられたと述べている[20]。

植民地と内地を行き来しながら映画の製作や配給などで交流していた映画人たちは、何の準備もでき

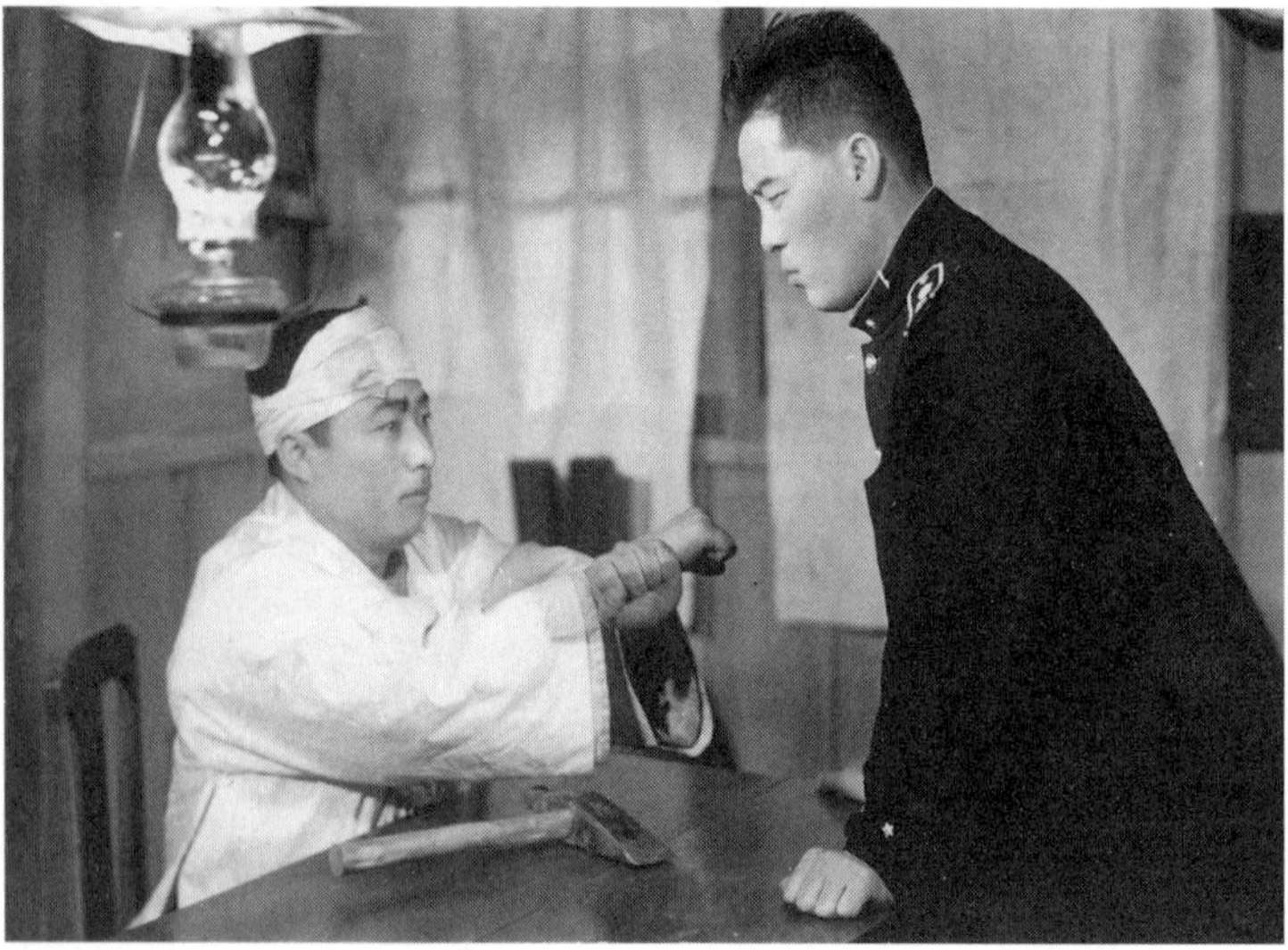

図終 -1 『旅路』のスチル写真
筆者所蔵。

ないまま母国の解放と帝国日本の解体を迎えた。続く朝鮮半島の南北分断と朝鮮戦争、そして強まる冷戦体制により、帝国日本内で「国境」を跨ぎながら映画活動を続けた映画人は、ナショナルな枠組みで語ることのできない曖昧な素材と見なされ、長い間在日朝鮮人の映画史でも、日本映画史でも、朝鮮半島の映画史でも注目されてこなかった。

植民地朝鮮で製作された劇映画は、一五〇本を超えるといわれている。そのうち二〇〇〇年代初頭に現存するのは三本のみであった。しかし、二〇〇四年に中国電影資料館で『軍用列車』（一九三八年）、『漁火』（一九三九年）、『志願兵』（一九四一年）、『家なき天使』[21]（一九四一年）の四本が、二〇〇五年に『迷夢』（一九三六年）、『半島の春』（一九四一年）、『朝鮮海峡』（一九四三年）の三本が、二〇〇六年に『兵隊さん』[22]（一九四四年）が発掘されて状況は大きく変化した。二〇〇七年には無声映画の『青春の十字路[23]』（一九三四年）が韓国国内で、二〇一四年には中国電影資料館で『授業料』が見つかった。[24]

さらに二〇一九年にはロシアのゴスフィルモンドで『근로의 끝에 가난이 없다 稼に追付く貧乏なくて』（一九二九年？）、『オンドル[25]』（一九四一年）、京都のおもちゃ博物館で『京城だより[26]』（一九二〇年代末から一九三〇年代初め推定）が見つかり、『純情は神の如し』（一九二七年）と共に二〇二一年に韓国映像資料院において映像と解説が公開された。[27] 植民地期の朝鮮映画は、日本や韓国よりもその他の国で見つかる点数がはるかに多い。朝鮮映画は帝国日本で製作されると他国へ移出されたためで、帝国が解体されてからフィルムが朝鮮半島に戻るまで一〇〇年近くの歳月を必要とした。今も朝鮮映画やその関連資料はどこかにひそかにしまわれているかもしれない。帝国期の朝鮮映画はまだまだ母国に戻って来られず、旧帝国内を彷徨いつづけているのである。

最後に本書を書くきっかけについて少し述べたい。本書は、二〇〇五年山形国際ドキュメンタリー映画祭の「日本に生きるということ――境界からの視線」に参加したことがきっかけで着想を得た。筆者はそれまで戦後日本映画における在日朝鮮人表象という研究に取り組んできており、その研究で博士号を修得したばかりであった。博士論文を書きながら戦前との連続性について考察すべきと思うようになり、研究テーマとして帝国日本映画における朝鮮とは何かを考えて間もない頃でもあった。この映画祭では、大阪プラネット代表の安井喜雄（現、神戸映画資料館代表）がコーディネートした多くの映画が上映された。そのなかでも日夏英太郎（許泳）、金井成一（金学成、『家なき天使』のカメラ担当）、井上莞（李炳宇）など、帝国日本内を跨ぐ映画人たちの作品は集まった観客の目を引いた。かれらの作品以外

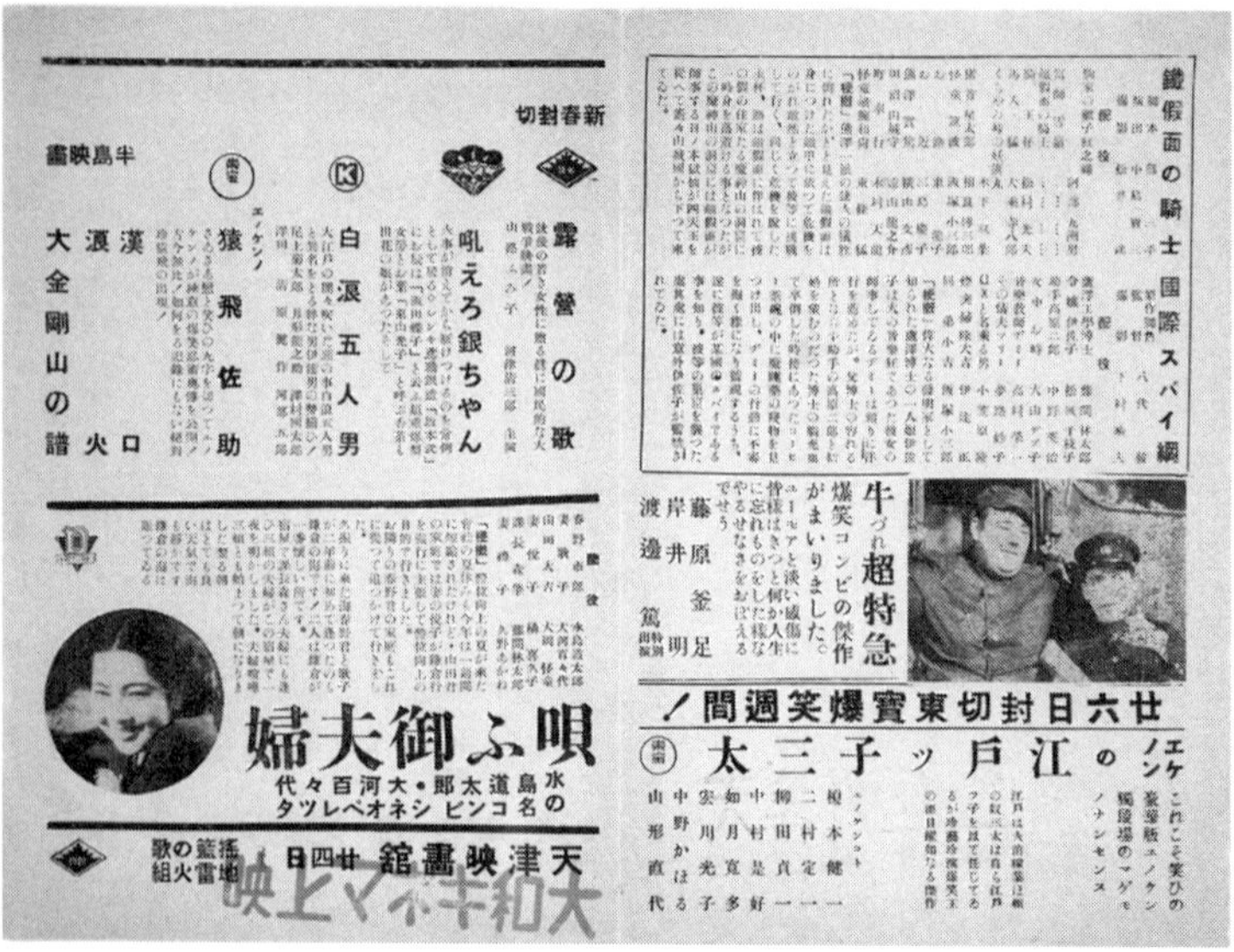

図終-2　中国の映画館「大和キネマ」のプログラムに紹介された朝鮮映画
出典：関西大学アジア・オープン・リサーチ・センター「アジアの映画関連資料アーカイブ」。

にも、日夏を描くドキュメンタリー映画『三つの名前を生きた映画人』[28]、金井成一を描いた『三つの名前を持つ男』[29]なども上映された。前者は韓国で、後者は日本で作られているが、まさに帝国日本を往還しながら映画にかかわった人々は、日本や韓国といった一国中心のナショナルな枠組みでは捉えられないことを物語る出来事でもあった。

さらに、二〇〇六年からは韓国映像資料院の「日本語雑誌にみる朝鮮映画」という資料集の蒐集と翻訳、解題作業にかかわるようになった。戦前内地で出版された映画雑誌で朝鮮映画がどのように考えられており、どのように報じられたのかが、この作業からみえてきたのである。そして二〇〇〇年代半ば以降、日本で戦前の雑誌が次々と復刻され、以前よりも資料へのアクセスもよくなってきた。こうして朝鮮映画に関する記事を集め、翻訳し、解題をつけると、帝国日本で朝鮮映画は誰に観られるものとして想定されていたのかがわかってくるのである。

本書はこの二つの出来事とその間の一〇数年にわたる研究成果をまとめたものであり、今後の課題も多く残している。例えば、一九二〇年代日本のプロレタリア映画運動と朝鮮とのかかわり、内地の炭鉱などを対象にした移動映写会とそれを見た在日朝鮮人労働者との関係、映画経験を在朝日本人と在日朝鮮人に分け、それをさらにジェンダーや子どもについて分析すること、在日朝鮮人観客の階層を語ることはできなかった。また、一九三〇年代後半から内地映画でも、斎藤寅次郎が監督をし、柳家金語楼と立花潤子が朝鮮人夫婦を演じた喜劇『素晴らしき金鉱』[30]、清水宏の『自由の天地』[31]、高木孝一の『流旅の人々』[32]などに朝鮮人が登場したが、本書でこれらの作品に触れることはできなかった。満洲にできた満洲映画協会と朝鮮の映画人や内地の映画人をつなぐコネクションにも触れていない。満洲映画協会が刊行していた雑誌『満洲映画』には「日本映画紹介」と「日本映画批評」にたびたび朝鮮映画が紹介されていたし、満洲や中国の映画館のパンフレットでは朝鮮映画が紹介されていた（図終-2参照）[33]。帝国日本の朝鮮映画の全貌やその観客性を明らかにするためには、日本、朝鮮半島はもちろんのこと、満洲や中国の映画館までその対象を広げる必要がある。これらは筆者の今後の研究課題とし、筆を擱きたい。

注

（1）加藤幹郎『映画館と観客の文化史』中公新書、二〇〇六年、二四七〜二五二頁。

（2）한상언『해방공간의 영화・영화인』이론과 실천［ハン・サンオン『解放空間の映画・映画人』イロングザシル

チョン」、二〇一三年、二一一〜二一二頁。

（3）同前、二四頁。

（4）映画界や演劇界から離れた人々や牢獄生活を送っていた映画人、文化人以外は親日疑惑から自由ではなかった。

（5）前掲、한상언『해방공간의 영화・영화인』三八頁。

（6）姜弘植は北朝鮮に渡り、北朝鮮初の劇映画『わが故郷』を監督した。彼は一九一〇年代末に東京に留学し、東京歌劇団の団員となったが、ここで舞踊家の石井漠に会ったという。また、日活で村田實演出の『青春の歌』（一九二四年）にも出演したのち、一九二五年に朝鮮に戻り、多くの映画と演劇などに出演している。詳しくは、한상언『월북영화인시리즈2 강홍식전』한상언영화연구소편［ハン・サンオン『越北映画人シリーズ2 姜弘植伝』ハン・サンオン研究所編］、二〇二一年を参照されたい。

（7）フィリップ・アン（Philip Ahn, 安必立、一九〇五〜一九七八）は一九三〇年代から一九七〇年代までハリウッド映画で朝鮮人、中国人、日本人などアジア人の役を演じた。詳しくは、Chung, Hye-seung, *Hollywood Asian: Philip Ahn and the Politics of Cross-ethnic Performance*, Temple University Press, 2006 を参照されたい。

（8）「조선의 영화인이 동경했던 일을 봉준호가 해냈다『뉴시스』［「朝鮮の映画人が憧れていたことをポン・ジュノが成し遂げた」『ニューシス』］二〇二一年一月四日付。

（9）朝鮮戦争期に多くの文化人が行方不明となり、未だその生死も確認できない人が多い。

（10）オペラ化の前に民青東京本部の支援のもと、文化座による公演が行われているが、オペラはこれが初の試みであった（『朝鮮中央時報』一九四八年一一月一一日付）。

（11）高木東六『高木東六　愛の夜想曲』日本図書センター、二〇〇三年、二一七頁。

（12）同前。

（13）『オモニと少年』森園忠、一九五八年。

（14）『にあんちゃん』今村昌平、日活、一九五八年。

（15）『キューポラのある街』浦山桐郎、日活、一九六二年。

（16）『口笛は冬の空に……』石島晴夫演出、一九六一年三月三一日、ＮＨＫ放映。

(17) TBSが劇団民芸に依頼し、制作した『こちら社会部』シリーズは、新聞社の社会部で働く記者たちのセリフやそこに集まってくる事件などを通して様々な社会の問題に取り込もうとしたドラマであった。しかし、最初の企画時は二三回の放映を予定していたものの、一二回で打ち切られている。
(18) 終戦直後の日本では朝連が制作するニュース映画や映画制作団体に多くの日本人映画人がかかわっていた。詳しくは、丁智恵「占領期の在日朝鮮人による民主主義メディア――越境メディアとしての朝連ニュースと原爆報道」『芸術世界』(東京工芸大学芸術学部紀要)第二五号、二〇一九年、一一~二〇頁を参照されたい。
(19) 同前、一四頁。
(20) 한국영화사연구소「2012년 한국영화사 구술채록연구 시리즈〈생애사〉김수용」한국영상자료원［韓国映画史研究所「二〇一二年韓国映画史口述採録研究シリーズ〈生涯史〉」韓国映像資料院］、二〇一二年、二一八~二一九頁。
(21) 『미몽［迷夢］』梁柱南、京城撮影所、一九三六年。
(22) 『兵隊さん』方漢駿、朝鮮軍報道部、一九四四年。
(23) 『청춘의 십자로［青春の十字路］』安鐘和、金剛キネマ社、一九三四年。
(24) 詳しくは、정종화『조선영화라는 근대 #식민지와 제국의 영화교섭사』박이정［チョン・ジョンファ『朝鮮映画という近代 植民地と帝国の映画交渉史』パクイジョン］、二〇二〇年を参照されたい。
(25) 帰山教正はこの作品について、朝鮮総督府官房情報課が製作した唯一の認定文化映画だとしながらも、その意図は理解できなかったとした(帰山教正「朝鮮映画の印象」『映画旬報』第五一号(一九四二年六月二一日号)、一八~二〇頁。
(26) 『京城だより』大毎キネマクラブ、一九二〇年代製作推定。
(27) (온/오프라인) 시네마테크 발굴수집복원전［オン/オフライン シネマテークKOFA発掘収集復元展］(二〇二一年六月一〇日~七月四日) 韓国映像資料院のHPから。
(28) 김재범『세 개의 이름을 가진 영화인』신동아파나비전［キム・ジェボム(金載範)『三つの名前を生きた映画人』新東亜パナビジョン］、一九九七年。

(29)『二つの名前を持つ男　キャメラマン金学成・金井成一の足跡』田中文人、二〇〇五年。
(30)『素晴らしき金鉱』斎藤寅次郎、東宝、一九四一年。
(31)『自由の天地』清水宏、松竹、一九三六年。
(32)『流旅の人々』高木孝一、南旺映画、一九四一年。
(33)プログラムにある「半島映画」の『漢口』は『漢江』、『浪火』は『漁火』の誤字である。さらに『大金剛山の譜』は「半島映画」ではなく、内地で作られた日本映画であるが、崔承姫が主演したことで「半島映画」に分類されたのかもしれない。

あとがき

二〇〇四年三月に戦後日本の映像における在日表象で博士号を修得した私は、次のテーマとなるものを模索中であった。この頃、偶然にも韓国映像資料院が次々と植民地期の映画を世界各地で発掘し始めており、さらに周辺にも植民地期の映画を研究する研究者たちが増えて交流をするようになった。植民地期の歴史資料を読み込む輪読会に参加することができ、歴史研究者たちと話し合う機会も増えた。「在日」表象にばかり注目し、歴史という視点から映画を観てこなかった私は、この歴史研究者たちとの交流によってようやく映画史や文化交流史の必要性にも目を向けるようになった。終章でも書いているように、二〇〇五年の山形国際ドキュメンタリー映画祭はこうした研究テーマをより固める契機となったのである。

植民地期の朝鮮の映画人は朝鮮映画のナショナルな性格を乗り越え、可能な限り、朝鮮の外部へ映画を持ち込もうとし、その欲望は時代的・社会的状況とあいまって、内地や満洲や帝国日本の外延でも叶えるようになっていた。本書はこうした朝鮮映画がいかなる場所で、どのような人々によって作られ、見られ、見せられたのかに着目した作業であった。

とはいえ、本書は着目から長い時間を要したものである。その際に様々な制度と研究助成金に恵まれた。二〇〇四年四月から始まった京都大学人文科学研究所でのＪＳＰＳ外国人特別研究員の時代から二〇一八年度までいただいた科学研究費は、この作業を進めていく上で大きな力となった。科学研究費を申請するたび、研究計画書を書き直し、内容を固めることができ、そのおかげで様々な学会や研究会で発表する貴重なチャンスを得ることができた。

二〇一九年の一〇月から二〇二〇年の三月まで現在の本務校である岩手大学人文社会科学部からいただいたサバティカル研修制度は本稿の全体像を構想し、中身を考えていく上で有益な時間となった。この六か月にわたる研修制度は資料の補充調査や集中して原稿を書く時間を提供してくれた。また、この一〇数年にわたる研究期間中、謝辞を述べたい方や研究会や学会がたくさんいらっしゃるが、ここで名前をいちいち挙げることは控えたい。

ところで、本書の作業を進めるなか、二〇二二年三月末にアメリカのアップルテレビで八部シリーズ『パチンコ』が公開された。在米コリアンの作家ミンジン・リの同名小説を原作としている。文学作品はさることながら、とにかくアップルテレビというグローバルな媒体を経由する同作は、場所と時間にしばられず、いつでもどこでも見られる。同作は日本では「反日ドラマ」というレッテルが貼られ、韓国ではＫカルチャーの一つとして捉えられ、人気を博している。この日韓の『パチンコ』の受け取り方の温度差は興味深いものであるが、これについては改めて論じたい。

ただ、著者が同作に注目する理由は、アメリカのプロデューサーや監督がグローバルなレベルで日中韓の俳優を集め、在日コリアンの物語を映像化する際にいかに「在日」らしさをカメラに写すことができるのか、そして、その試みはハリウッドやアメリカのテレビドラマの形式から自由になりえるのか、などである。巨額のグローバルな資本を注ぎ、ほとんどセット撮影しているこのドラマでローカリティはその意味を持たなくなった。時代が変わり、植民地期の朝鮮半島や在日コリアンの歴史はグローバルなコンテンツになった。

なお、本書はこの一〇数年間に発表してきた拙論と口頭発表をもとにしているが、大幅に加筆・修正を加えているため、初出の形を離れたものもある。初出一覧は以下のようなものである。最後に本書は法政大学出版局の奥田のぞみ氏から声をかけられ、ようやく出版物として世の中に出るみちのりとなった。奥田氏は原稿を丁寧に読み込み、適切なコメントと添削を加えてくれた。奥田氏がいなかったらこの研究成果を出版することは不可能だったのかもしれない。最初の企画から考えてみれば四年の時間が経ってしまったが、その間根気よく待って下さった奥田氏にはこの場を借りて感謝の意を申し上げる。

初出一覧

第1章、第2章、第4章、第5章は初出から大幅に加筆・修正を行っており、とりわけ、一部は原型を離れるほど改変している。

序章、第3章、第6章、終章は書下ろし

第1章「一九二〇年代視覚メディアの一断面――『大地は微笑む』と朝鮮」『立命館産業社会論集』第四三号、二〇〇七年、三五〜五七頁

第2章「一九三〇年代日本帝国内における「文化」交流――映画『春香伝』の受容を中心に」『立命館言語文化研究』第二四巻二号、二〇一三年、五五～七二頁

第4章「복합영화상영관 메이지좌의 사회사 야마모토 조호 외 편 『명동 길거리문화사』 한국학중앙연구원 [「複合映画上映施設明治座の社会史」山本浄邦ほか編『明洞街角の文化史』韓国学中央研究院]、二〇一九年、三七～五五頁

第5章「映画『授業料』の受容」中里まき子編『無名な書き手のエクリチュール――3・11後の視点から』朝日出版社、二〇一五年、八七～九五頁

梁仁實

二〇二二年九月

著者紹介

梁　仁實（やん・いんしる／양 인실）

韓国済州生まれ。立命館大学大学院社会学研究科博士後期課程修了。博士（社会学）。現在，岩手大学人文社会科学部人間文化課程准教授。専門は在日コリアン表象，日韓の文化交流史。主な業績は「1930年代京城と「女／性」表象――2010年代以降の韓国映画を中心に」（岩手大学人文社会科学部紀要『アルテス　リベラレス』2020年），「영화관객으로 재조일본인을 상상하기 일본어신문」『부산일보』를 중심으로『식민지 문화정치와「경성일보」: 월경적 일본문학・문화론의 가능성을 묻다』역락（「映画観客として在朝日本人を想像する　日本語新聞『釜山日報』を中心に」金孝順編『植民地の文化政治と「京城日報」: 越境の日本文学・文化論の可能性を問う』ヨクラク，2020年），「복합영화상영관 메이지좌의 사회사」（「複合映画上映館　明治座の社会史」韓国学中央研究院編『明洞　街角の文化史』2019年）などがある。

サピエンティア　**66**

朝鮮映画の時代
帝国日本が創造した植民地表象

2022年10月17日　初版第1刷発行

著　者　梁 仁 實
発行所　一般財団法人　法政大学出版局
〒102-0071 東京都千代田区富士見2-17-1
電話03(5214)5540／振替00160-6-95814
印刷　平文社／製本　積信堂
装幀　奥定泰之

ISBN 978-4-588-60366-2　Printed in Japan

事項索引

あ 行

相生館　166
「愛馬進軍歌」　211, 226, 232
『愛を尋ねて』사랑을 차저서　112, 114–115, 117, 149
『仰げ大空』우러르라 창공　94, 106, 270
『秋晴れ』　242
浅草東京倶楽部　119
「明日の正チャン」　50
『新しき出発』새로운 출발　104, 154
『新しき土』　14, 16, 123, 146, 151
吾嬬館　12
『有りがたうさん』　14, 143–144
『アリラン』아리랑　27, 33, 109–112, 114–118, 120–122, 149–150, 253
『アリラン峠』아리랑 고개　112
『アリランの唄』　118–119
『主なき小舟』임자없는 나룻배　119, 121–122, 151
『闇光』암광　27, 31–32, 36, 66, 111, 148
『暗殺』암살　162–164, 187
『家なき天使』집없는 천사　4, 184, 198–200, 202–203, 210–211, 213, 217–228, 233, 239, 263, 278
『漁火』어화　12, 112, 126–127, 152–153, 276, 278
今里劇場　8, 10
『牛』소　83, 249
『美しき犠牲』　137
『美しき青春』아름다운 청춘　94–95
『馬』　4, 18
優美館（우미관）　161–163, 166, 168, 177, 185
『海と戦う人々』바다와 싸우는 사람들　28, 63
『海の秘曲』해의 비곡　27, 29–32, 36, 56, 63–64, 111, 115
『雲英伝（寵姫の恋）』운영전　27, 31–32, 62–63, 111, 148
エトナ映画社　78, 101, 150
『大阪での生活』　251–252
『大坂夏の陣』　135, 155
『大阪隣保館』　251–252
『奥村五百子』　208, 231
オーヂオシネマ研究所　78
『己が罪』　59
音画芸術研究所　241–243, 246, 248

か 行

偕楽館（가이라쿠칸）　45, 166
『風の中の子供』　16, 109
『火倫』화륜　28, 63
『河向ふの青春』　241–246, 248, 265
『漢江』한강　89, 92, 123, 125, 137, 152, 206, 220–221, 239–240, 263
『韓国一周』　25
『喜劇・汗』　240, 263
紀新洋行（기신양행）　130, 190, 233
砧撮影所　141
『君と僕』그대와 나　130, 132–142, 144–147, 155, 183–184, 258–259, 263, 277

『逆流に立ちて』 33-36, 263
協律社（협률사） 161
『協和の春』 256, 270
喜楽館（기라쿠칸） 45, 47, 161, 165, 168, 171, 177, 184
「金玉均の死」김옥균의 죽음 85
銀座映画劇場 219-220
「百済哀史」백제애사 138
「クックコック」 43, 57
『熊の唄』 153
『軍用列車』군용열차 5, 12, 92-93, 141-142, 200, 203, 278
芸術映画社 242, 246-248, 263-264, 277
『京城』경성 143
京城劇場（게이조게키조） 161
京城高等演芸館（경성고등연예관） 161
京城撮影所（경성촬영소） 32, 78, 193, 237-238, 261-262
京城府民館（경성부민관） 100, 172, 192, 238
京龍館（게이류칸） 161, 168
劇芸術研究会（극예술연구회） 75
劇団阿娘（극단 아랑） 136
劇団高協（극단 고협） 136
『月下の盟誓』월하의 맹서 76
『検察官』 84
『洪吉童伝』홍길동전 9-10, 119, 149, 237, 239, 261-262
『洪吉童　続編』홍길동 속편 112, 149
「皇国臣民の誓詞」황국신민의 서사 210-211, 222, 228, 231-232
『豪州への呼び声』 147-148
光武台（광무대） 161, 167, 172, 186
高麗映画協会（高映／고려영화협회：고영） 93-94, 106, 200, 212, 217-218, 224-225, 233-234, 238
黄金館（고가네칸） 118, 161, 189
黄金座（고가네자） 126, 161, 177-178, 184, 194
国際劇場 219-220
『国旗の下に我死なん』국기 아래서 나는 죽으리 253-254, 269
『国境』국경 125, 132, 152, 180, 239, 263
『国境警備の歌』남편은 경비대로 33
『国境の血涙』 36, 65, 70
『金剛恨』금강한 33

さ　行

『サヨンの鐘』 144
三映社 170, 217, 238-239
『志願兵』지원병 57, 278
『下関昭和館』 251-252
『自由の天地』（1926） 36, 66
『自由の天地』（1936） 281, 284
『授業料』수업료 4, 90, 92, 94, 117, 125, 145, 179, 184, 198-212, 214-218, 220-223, 225-231, 239, 270, 279
『春香女伝』 74, 99
『春香伝』춘향전 9, 11, 71-106, 122, 175, 225, 249, 259, 261-262, 276-277
『春香夜話』춘향야화 93
『純精神の如し』 118
『将軍の息子』장군의 아들 163, 187
松竹座 172, 176
『正チャンの冒険』 48, 69
『昭和 19 年』소와 19 년 94, 106
『新暗行御使』신암행어사 97
新協劇団 8, 80-81, 84-88, 91, 101-102, 249
新宮座（신구자） 149
新興キネマ 68, 117, 123, 135-136, 151, 217, 242, 246
『新興朝鮮』 253
『新・春香伝』 97
『沈清』심청 109, 130, 132, 141, 154, 190
『人生劇場』 187, 207

『水仙花』수선화　154
『図生録』도생록　125, 152, 220
『正義は勝つ』정의는 이긴다　10
『成春香』성춘향　97–99
青春座（청춘좌）　75, 99
聖峰映画園（성봉영화원）　5, 93, 121, 141, 151, 154
『生命の賛歌』　253
『聖林紀行』성림기행　153
『世界の女王』　36, 47, 65
『薔花紅蓮傳（幽霊は語る）』장화홍련전　112–113, 119, 149
『僧房悲曲』승방비곡　28, 63
『空の少年兵』　242, 247, 277

た　行

第一劇場（다이이치게키조）　161, 176
大金剛山の譜　152, 253, 265, 284
大正館（다이쇼칸）　45, 161, 168, 176
大勝館（浅草）　126
『大地は微笑む』　21–24, 28, 36–49, 51–59, 67, 239–240, 263
『太白山脈』태백산맥　71
大陸劇場（다이리쿠게키조）　161, 185, 192, 214
『台湾志願兵』　135
『旅路』나그네　12–17, 91–92, 96, 109–111, 115, 117, 121–130, 141, 151–154, 179, 182, 184, 193, 203–204, 206, 243, 266, 278
『丹青』　84
団成社（단성사）　18, 33, 102, 149, 161, 166–168, 171, 175–177, 185–186, 189, 192
中央館（주오칸）　32, 161, 166–168, 176, 184, 190
朝鮮映画株式会社（朝映／조선영화주식회사：조영）　88–90, 92, 94, 96, 104, 130, 154, 238, 245, 265
朝鮮映画興行株式会社（조선영화흥행주식회사）　237
朝鮮映画社（조선영화사）　106, 137, 275
朝鮮映画製作株式会社（조선영화제작주식회사）　104, 106, 275
朝鮮映画製作者協会（조선영화제작자협회）　104
朝鮮映画配給社（朝鮮映配／조선영화배급사：조선영배）　94, 152, 275
『朝鮮海峡』조선해협　94, 106, 278
朝鮮楽劇団（조선악극단）　138–139, 182, 185, 194
朝鮮キネマ株式会社（조선키네마주식회사）　30–32, 36, 56, 62–64, 77, 111, 115, 148, 217
朝鮮軍報道部（조선군보도부）　132–133, 135–137, 148, 259, 283
朝鮮劇場（조선극장）　161, 163, 166–168, 176–177, 189
朝鮮声楽研究会（조선성악연구회）　75, 99
朝鮮総督府キネマ　191, 251
『朝鮮の旅』　245–246, 248, 266
朝鮮俳優新興劇団　8
築地小劇場　81, 84, 102, 202
『土と兵隊』　253, 269
『綴方教室』　11, 201–205, 225–226, 230
伝通館　60
東亜倶楽部（도아구락부）　150, 166, 168, 172, 189
桃花館（도카칸）　149
桃花劇場　161
東京学生芸術座（동경학생예술좌）　81, 83–84, 102, 120, 249–250
東京朝鮮映画協会（동경조선영화협회）　248–249, 258–259
東洋劇場（동양극장）　75, 99–100, 161,

177
『東洋平和の道』 153
東和商事 152–153, 168, 170–171, 214, 218–221, 238–239, 243, 263
遠山プロダクション 32
『どたんば』 263
『ともだち』 57, 142–144, 253

な 行

中根龍太郎プロダクション 238, 262
『浪速女』 4, 18
浪花館（나니와칸） 161, 165, 173, 184, 188, 182
『南鮮の兄弟へ』남조선의 형제들에게 10
「南鮮罹災地実写」남조선수해지 실사 10
『日章旗の下に』 118, 150
日本プロレタリア映画同盟（プロキノ） 63, 241, 243, 247, 266
『女人轉心』 143–144

は 行

パーク劇場 9, 119, 239
『白蛇伝』 105
『はらから』 256, 258
『半島の春』반도의 봄 93–94, 132, 183–184, 276, 278
『半島の舞姫』 126, 152
PCL 映画製作所 242, 247
『日の丸綴方』 253–258
日比谷映画劇場 152, 274
『風雲城史』 238
『福地万里』복지만리 220
『復活』 84
『冬の朝鮮』 6–7, 18
『扶餘回想曲』부여회상곡 139
『兵隊さん』병정님 137, 152, 228, 278, 283
『防共の誓ひ』 117, 150
『望楼の決死隊』 70

ま 行

マキノ撮影所 78
マキノプロダクション 135
『街の灯』 150, 172
『街の手品師』 45
丸ビル会館 173–174
満洲映画協会 94, 106, 128, 133, 169, 247, 263, 266, 281
『宮島』 26
『無窮花の丘』무궁화 동산 153
武蔵野館（新宿） 126
『無情』무정 104, 154, 245–246, 265
明治座（메이지자） 137–139, 159–162, 164, 166, 169, 173–186, 188, 192–194, 214

や 行

ヤマニ洋行 112, 115, 117
「陽山道」양산도 136, 139–140
『雪国』 242, 247, 266, 277
尹白南プロダクション(윤백남프로덕션) 32
横田商店 25
吉沢商店 25
『吉野山の櫻』 26

ら 行

「落花三千」낙화 삼천 137–139
『李朝・暗行記』 97
『隣人愛の麗容』아름다운 이웃사랑 150
『ルームペンはどこへ』룸펜은 어디로 33
『烈女　春香伝』열녀 춘향전 64, 77

わ 行

『若い人』 109
若草劇場（와카쿠사게키조） 161, 172, 177–178, 183–184, 194
『吾ら今ぞ征く』우리 지금 출정한다 94, 106

人名索引

あ　行

青木将　62
青山朝子　270
赤木蘭子　87
秋田雨雀　83, 85
朝霧鏡子　136, 140, 142, 144, 157
麻生磯次　73
阿部一正　215
甘粕正彦　266
アン，フィリップ（필립 안）　276, 282
安鐘和（アン・ジョンファ／안종화）　31, 64, 100, 283
安夕影（アン・ソギョン／안석영）　79, 101, 130
安碩柱（アン・ソクジュ／안석주）　79, 101
安哲永（アン・チョリヨン／안철영）　16, 127, 152–153, 276
安英一（アン・ヨンイル／안영일）　8
李翼（イ・イク／이익）　269
李仁錫（イ・インソク／이인석）　136
李月華（イ・ウォルファ／이월화）　30, 64, 100
李元夏（イ・ウォンハ／이원하）　269
李活影（イ・カツエイ／이활영）　245–246, 265
李基世（イ・ギセ／이기세）　130, 154, 238
李圭換（イ・ギュファン／이규환）　109, 119, 121–123, 151, 154, 266
李慶孫（イ・ギョンソン／이경손）　187
李秀若（イ・スヤク／이수약）　248
李周璟（イ・ジュギョン／이주경）　30
李眞淳（イ・ジンスン／이진순）　248
イ・スンジン（이순진）　175
李曙鄕（イ・ソヒャン／이서향）　248
李彩田（イ・チェジョン／이채전）　30
李創用（イ・チャンヨン／이창용）　77, 145, 200, 212, 217, 224, 233, 238
李泰俊（イ・テジュン／이태준）　83
李炳逸（イ・ビョンイル／이병일）　248
李弼雨（イ・ピル／이필우）　78–79, 101, 154, 261
李海浪（イ・ヘラン／이해랑）　248
李晩熙（イ・マンヒ／이만희）　188
李銘牛（イ・ミョンウ／이명우）　79, 149
李英載（イ・ヨンジェ／이영재）　201
飯島正　86–87, 123, 136, 145, 221, 224, 264
飯田心美　128
飯田信夫　148
石井漠　90, 282
石橋良介　165, 173–175, 183, 188, 192
石本統吉　242, 264, 266, 277
伊丹万作　14
市川左團次壽美蔵　30
一木和彦　242, 265
伊藤宣二　233
伊藤博文　25–26
稲垣一穂　247

稲畑勝太郎　25
板垣鷹穂　126, 152, 243
井上莞（李炳宇）　241–242, 245–247, 259, 263–265, 277, 279
井上正夫　42, 45, 57
井上麗吉　253, 269
林権澤（イム・グォンテク／임권택）　187
林星姫（イム・ソンヒ／임성희）　248
林和（イム・ファ／임화）　83, 136, 221
林虎権（イム・ホグォン／임호권）　248
岩崎昶　14, 16, 129, 146, 243, 264
岩本憲児　16
巖谷三一（槇一）　57
禹寿栄（ウ・スヨン／우수영）　198, 209
上原謙　14
植村泰二　248
牛原虚彦　42–44
内田岐三雄　146
内田吐夢　109, 240, 263
内海愛子　144
梅島昇　57
エイゼンシュタイン，セルゲイ（Sergei Eisenstein）　249
エジソン，トーマス（Thomas Alva Edison）　261
エルザエッサー，トーマス（Thomas Elsaesser）　96
呉泳鎮（オ・ヨンジン／오영진）　95
呉榮錫（オ・ヨンソク／오영석）　89
大木顕一郎　201
太田恒彌　14
大槻憲二　223–224
大村英之助　242, 247–248, 266
大村貞一　248
大森勝　66
丘きよし　215
岡田順一　171
岡田嘉子　44–45
岡野進一　269
尾崎士郎　207
小澤定美　270
織田小星　50, 69
落合五郎　265
大日方傳　136

か　行

甲斐太郎　121–122
帰山教正　3, 134, 283
郭東燮（カク・トンソプ／곽동섭）　248
加藤幹郎　274
金原金蔵　161
樺島勝一　48–49, 51, 69
辛島驍　83
川田芳子　33
河津清三郎　136
川端康成　144
姜弘植（カン・ホンシク／강홍식）　276, 282
上林猷夫　250
鎌原正巳　123
菊池のり子　245
菊池盛央　202
菊池幽芳　59
岸雅夫　150
岸松雄　244
来島雪夫　127, 204, 230
北川冬彦　244
北林谷栄　277
北原白秋　43
北村壽夫　140
衣笠貞之助　155, 262
金安羅（キム・アンナ／김안나）　249–250
金逸善（キム・イルソン／김일선）　248
金甲均（キム・カプギュン／김갑균）

248
金管（キム・グァン／김관） 261, 265
金相徳（キム・サンドク／김상덕） 215
金肇盛（キム・ジョソン／김조성） 100
金貞九（キム・ジョンク／김정구） 137, 140
金正革（キム・ジョンヒョク／김정혁） 265
金信哉（キム・シンジェ／김신재） 212
金スチャン（キム・スチャン／김수창） 8, 18
金洙溶（キム・スヨン／김수용） 277
金素英（キム・ソヨン／김소영） 109, 130–132, 136, 140, 153, 276
金台俊（キム・テジュン／김태준） 71
金兌鎮（キム・テジン／김태진） 125
金斗漢（キム・ドゥハン／김두한） 163
金東赫（キム・トンヒョク／김동혁） 248
金学成（キム・ハクソン／김학성） 248, 279
金美賢（キム・ミヒョン／김미현） 72
金文輯（キム・ムンシプ／김문집） 83
金幽影（キム・ユヨン／김유영） 63, 154, 264
金永華（キム・ヨンファ／김영화） 106, 248, 264, 270
木村荘十二 208, 231, 241–246, 265–266
久原良子 14
久保文憲 118
熊谷久虎 109
CLAMP 97
栗島すみ子 42, 57
黒田省三 4
高仁文（コ・インムン／고인문） 238
小石栄一 262
河野鷹思 147
古賀太 14
古賀政男 149
小杉勇 109, 136
小杉義男 264
小林一三 169
小林貞弘 59
今日出海 152
近藤伊与吉 264

さ 行

斎藤寅次郎 281, 284
三枝源次郎 47, 65
坂田重則 42
佐々元十 264
佐々木信子 5, 141, 203
佐々木能理男 244
佐田至弘 50
佐藤邦夫 221, 263
佐藤勝太 32
佐藤卓己 216, 227
佐藤武 141
忍節子 140
島津保次郎 42, 126
清水千代太 35
清水宏 14, 16, 57, 66, 109, 142–144, 253, 281, 284
沈薫（シム・フン／심훈） 77
沈影（シム・ヨン／심영） 136, 140
松風軒栄楽 70
白井信太郎 262
ジレル，コンスタン（Constant Girel） 25
菅原慶乃 164
鈴木重吉 115, 117, 119, 123, 126, 158, 264
鈴木譲 42
薄田研二 202–203, 205–206, 212, 242, 245
津村秀夫 119

皇なつき　97
徐月影（ソ・ウォリョン／서월영）　109
徐光霽（ソ・グァンジェ／서광제）　80, 92, 141, 265
曾根純三　42
園田實生　192, 238
ソン・ヒョジョン（송효정）　162, 187

た　行

高木孝一　281, 284
高木東六　74, 97, 276–277
高島愛子　47
高田稔　42
高橋豊子　245
高橋仏焉　73
高峰三枝子　109
瀧澤修　87, 242, 245
竹田敏彦　70
田坂具隆　269
立花潤子　281
立花幹也　241–243, 245–246, 265
田中一三　150
田中三郎　120
田中純一郎　60, 266
田中博　174
谷口千吉　141
民門敏雄　118
崔寅奎（チェ・インギュ／최인규）　106, 152, 179, 198, 200, 221, 225, 229, 233, 239, 263, 265, 270
崔承姫（チェ・スンヒ／최승희）　13, 82, 87, 126, 152, 155, 179, 246, 253, 265, 276, 284
チェ・ドンフン（최동훈）　162, 187
崔楠（チェ・ナム／최남）　188
崔南周（チェ・ナムジュ／최남주）　89, 154
蔡萬植（チェ・マンシク／채만식）　68
チャップリン，チャールズ（Charles Chaplin）　150, 172
張桂園（チャン・ケウォン／장계원）　248
張赫宙（チャン・ヒョクジュ／장혁주）　16, 81–83, 86–88, 94, 96, 102, 127, 144, 197, 204, 224–225, 258–259
朱永渉（チュ・ヨンソプ／주영섭）　4, 120, 122, 248–249, 267
趙宇植（チョ・ウシク／조우식）　248
趙廷來（チョ・ジョンレ／조정래）　71
趙錫元（チョ・ソグォン／조석원）　130
趙澤元（チョ・テグォン／조택원）　13, 74, 90, 124, 137, 139, 249, 276
趙恵伯（チョ・ヘベク／조혜백）　80
チョウ，レイ　96
鄭殷圭（チョン・ウンギュ／정은규）　238
鄭進永（チョン・ジニョン／정진영）　122
鄭芝溶（チョン・ジヨン／정지용）　83
チョン・ジョンファ（정종화）　206
全鎔吉（チョン・ヨンギル／전용길）　263–264
椿三四郎　117–118, 150
円谷英二　262
寺川信　26, 62
遠山満　32–33, 65
時岡辦三郎　265
徳永熊一郎　118–119, 172–173, 176, 183, 191
外村大　7
友成用三　65
豊田正子　201–202, 226
トルストイ（Lev Nikolaevich Tolstoy）　30

な　行

羅雄（ナ・ウン／나웅）　79

羅雲奎（ナ・ウンギュ／나운규） 33, 109, 111-112, 114, 122
羅琴波（ナ・グムパ／나금파） 248
中川紫郎 117, 149-150
中川尭司 78, 101
中島信 240
永田絃次郎（金永吉／김영길） 124, 136, 140, 211, 232, 249, 258-259, 270, 276-277
中西伊之助 73
中根龍太郎 238, 262
中野英治 45
中野重治 10-11, 238
中山晋平 43
中山良夫 248, 264
半井桃水 73
南宮英一（ナムグン・ヨンイル／남궁영일） 248
成瀬巳喜男 109
仁木独人 81
西川秀洋 18, 32
西亀元貞 93, 105, 117, 137, 145, 221, 223, 228, 234
丹羽文雄 92, 143, 205
根津新 42

は 行

ハーイ，ピーター・B（Peter B. High） 247
朴義遠（パク・ウィウォン／박의원） 248
朴外仙（パク・ウォソン／박외선） 13, 124, 249
朴基采（パク・ギチェ／박기채） 106, 154, 265
朴齋行（パク・ジェヘン／박제행） 109
朴承弼（パク・スンピル／박승필） 186
朴響林（パク・ヒャンリム／박향림） 159
朴興植（パク・フンシク／박흥식） 81, 188
橋本龍雄 247
筈見恒夫 92, 104, 224
秦豊吉 73
羽田登喜子 140
花柳章太郎 57
早川孤舟 100
林浩治 81
林千歳 33, 35
林房雄 83
方洙源（パン・スウォン／방수원） 221, 223-224
韓雪野（ハン・ソリャ／한설야） 180
方漢駿（パン・ハンジュン／방한준） 137, 152, 187, 200, 229, 283
韓龍（ハン・リョン／한룡） 100
東山光子 7
日夏英太郎（許泳／허영） 132-133, 135-136, 139, 144-145, 147-148, 158, 183, 263, 279-280
黄徹（ファン・チョル／황철） 136
ファンク，アーノルド（Arnold Fanck） 14
藤木秀朗 10, 62, 235-236, 267
藤森成吉 85-86
古川兼秀 83
古家新 48-49, 51
ペク・ヒョンミ（백현미） 74
白晃（ペク・ファン／백황） 222
卜恵淑（ポク・ヘスク／복혜숙） 187
洪淳換（ホン・スンファン／홍순환） 248
洪性仁（ホン・ソンイン／홍성인） 248
洪吐無（ホン・トム／홍토무） 149

ま 行

前田夢郎　31, 36, 77
牧島貞一　265
松浦築枝　118
松崎啓次　242–243, 245, 248
丸山定夫　136, 202, 242, 264
水井れい子　6, 142
水ヶ江龍一　152, 265
溝口健二　18, 42, 45, 109
三宅邦子　136
宮島義男　266–267
宮塚利雄　112
村岡花子　221
村田宏壽　240
村田實　42, 282
村山知義　8, 74, 79–84, 87–92, 94, 96–98, 102–103, 225, 249, 259, 277
文藝峰（ムン・イェボン　문예봉）　90, 102, 109, 121–122, 136, 140–141, 206, 276
森富太　62, 100
森尾鉄郎　147
諸口十九　33

や 行

八木保太郎　145, 198, 200–201, 206–209, 211–212, 214, 217, 223, 228
安井喜雄　279
安田憲邦　33
柳家金語楼　281
山崎行彦（山崎藤江／金蘇峯／김소봉）　237–238, 262
山下武郎　256
山中裕　269
山本嘉一　47
山本嘉次郎　18, 201
山本武利　24
山本直樹　67
梁慶一（ヤン・ギョンイル／양경일）　97
兪鎭午（ユ・ジノ／유진오）　83
ユ・ソニョン（유선영）　11, 169
柳致眞（ユ・チジン／유치진）　75, 81–83, 102, 198, 201, 206
湯浅克衛　152
尹仁完（ユン・イナン／윤인완）　97
尹鐘悳（ユン・チョンドク／윤종덕）　238
尹蚩鍊（ユン・ヒョンドン／윤형동）　248
尹白南（ユン・ベクナム／윤백남）　10, 18, 31–32, 64–65, 77, 100, 148, 261
尹逢春（ユン・ボンチュン／윤봉춘）　33, 124, 149, 152, 154
呂圭亨（ヨ・ギュヒョン／여규형）　73
吉田百助　37, 42, 57, 66
吉村廉　70
米澤正夫　118

ら 行

李香蘭（リ・コウラン／이향란）　133–134, 136–137, 139–140, 142, 144, 154–155, 179
リュミエール兄弟（frères Lumière）　25, 261
レッシング，ゴットホルト（Gotthold Ephraim Lessing）　8

わ 行

若山治　42
分島周次郎　32, 78, 176, 193, 237–238
王平（ワン・ピョン／왕평）　121–122
王必烈（ワン・ピリョル／왕필열）　64, 148